D1328999

Por qué
las familias
abusan
de sus hijos

DIRECTOR DE LA COLECCIÓN
Dr. Pedro Herscovici

EDICIÓN ORIGINAL
Jossey-Bass Publishers. San Francisco

TÍTULO ORIGINAL
Understanding Abusive Families

TRADUCCIÓN
L. Wolfson

DISEÑO DE TAPA Y MAQUETACIÓN DE INTERIORES
Sergio Manela

JAMES GARBARINO / JOHN ECKENRODE

Por qué las familias abusan de sus hijos

Enfoque ecológico

sobre el maltrato de niños

y de adolescentes

Con la colaboración de los integrantes
del Centro para el Desarrollo de la Vida Familiar
de la Cornell University

Frank Barry / Kerry Bolger / Patrick Collins
Martha Holden / Brian Leidy / Michael Nunno
Jane Levine Powers / Marney Thomas

GRANICA

BARCELONA - BUENOS AIRES - MÉXICO - MONTEVIDEO - SANTIAGO

© 1997 by Jossey-Bass Inc. Publishers
de la edición original en inglés.
© 1999 EDICIONES GRANICA, S. A.

Balmes, 351, 1º 2ª - 08006 BARCELONA
Tel.: +34 93 211 21 12 - Fax: +34 93 418 46 53
E-mail: barcelona@granica.com

Lavalle 1634, 3º - 1048 BUENOS AIRES
Tel.: +54 11 4374 14 56 - Fax: +54 11 4373 06 69
E-mail: buenosaires@granica.com

Bradley, 52, 1º piso - Col. Anzures
11590 MÉXICO D. F.
Tel.: +52 5 254 40 14 - Fax: +52 5 254 59 97
E-mail: mexico@granica.com

Antonio Bellet, 77, Piso 6, Of. 607 - Providencia
Santiago - CHILE
Tel. - Fax: +56 2 235 06 67
E-mail: santiago@granica.com

Salto, 1212 - 11200 MONTEVIDEO
Tel.: +59 82 409 69 48 - Fax: +59 82 408 29 77
E-mail: montevideo@granica.com

http:// www.granica.com

Esta edición se publica por acuerdo con el editor original,
Jossey-Bass Inc. Publishers.

Todos los derechos reservados. Ninguna parte de esta publicación se
puede reproducir, almacenar en un sistema de datos o transmitir en
ninguna forma o por ningún medio electrónico, mediante fotocopiadora,
registro o de cualquier otro modo, a menos que se obtenga previamente
el permiso escrito del editor.

ISBN: 84-7577-776-7
Depósito Legal: B-43.256-99
Impreso en LIFUSA (Sant Boi de Llobregat - Barcelona).
Impreso en España - *Printed in Spain*

ÍNDICE

PREFACIO

La primera edición en inglés de este libro se publicó en 1980. Desde entonces sucedieron muchas cosas en el campo del abuso y el descuido del niño. Se escribieron, presentaron y publicaron miles de monografías profesionales. En los congresos de la especialidad se realizaron centenares de miles de seminarios. Millones de niños sufrieron maltratos y muchos de ellos debieron ser atendidos por sistemas de protección de la infancia. Varios de los pioneros de este campo abandonaron la escena, ya sea porque se retiraron de la vida activa o porque fallecieron: Vincent DeFrancis, Ray Helfer, Jolly K., Henry Kempe, Norman Polansky, Donna Stone y Roland Summit, para nombrar sólo unos pocos. Surgieron nuevas organizaciones en tanto que otras desaparecieron. En Estados Unidos los profesionales crearon la Sociedad Profesional Norteamericana sobre el Abuso de Niños. Luego de un período de madurez, la Comisión Nacional para la Prevención del Abuso Infantil se convirtió, con un leve cambio de nombre, en la Comisión Nacional para Prevenir el Abuso Infantil. El papel conductor asumido por el gobierno nacional en lo tocante al maltrato de niños se fue diluyendo. Esta nueva edición de *Por qué las familias abusan de sus hijos* refleja todos estos procesos históricos al mismo tiempo que conserva su visión original.

El prefacio de la primera edición comenzaba de este modo: "En este libro se presenta un enfoque ecológico y evolutivo sobre el maltrato de niños y adolescentes. Por tratarse de un libro con perspectiva, procura exponer y desarrollar una particular concepción del maltrato, que según creemos echará luz sobre su prevención, protección y rehabilitación. Nuestro pro-

9

pósito es contar la historia de las familias abusivas de un modo que las vuelva más humanas y normales. Queremos tornar más comprensibles a esas familias y lo que sucede en ellas".

En esta versión reafirmamos ese objetivo. Hemos reunido en calidad de colaboradores a los participantes del Centro para el Desarrollo de la Vida Familiar de la Cornell University. Este Centro tuvo su origen a mediados de la década de los setenta como parte del compromiso asumido por el Estado de Nueva York de hacer algo respecto del abuso y el descuido del niño, y con los años pasó a ser una sede importante de formación, proyectos demostrativos e investigaciones. Como lo corrobora el repaso de sus respectivas biografías, los integrantes del Centro que han contribuido a esta edición tienen hondas y sólidas raíces en la historia de este campo de estudios y su linaje intelectual se remonta a la generación de los "pioneros", los líderes que inventaron la protección moderna del niño en la década de los '60 y comienzos de la de los '70.

Allí donde entendimos que el material de la primera edición aún era vigente, procuramos mantener el carácter de la versión original, pero por otro lado actualizamos la obra en dos aspectos importantes. En primer lugar, la nueva selección y organización de los temas y capítulos refleja nuestra mejor comprensión actual del campo. En segundo lugar, quisimos incluir referencias y ejemplos actualizados sin por ello desechar las fuentes clásicas (como las primeras obras de Henry Kempe, Ray Helfer y Brandt Steele).

Por lo tanto, éste es en su mayor parte un libro nuevo, escrito por nuevos autores. En la Primera Parte ofrecemos, en el Capítulo 1, una introducción al maltrato infantil que incluye tanto las definiciones de los conceptos básicos como algunas perspectivas ecológicas y evolutivas. El Capítulo 2 expone una historia del maltrato infantil como cuestión práctica y de política pública, fundamentando la exposición con los datos más actualizados sobre las pautas de incidencia y prevalencia. El Capítulo 3 se ocupa del contexto comunitario del maltrato infantil y del tema del apoyo social. La Primera Parte concluye con el Capítulo 4, centrado en la comprensión de cómo y por qué se vuelven abusivas ciertas relaciones familiares.

La Segunda Parte se inicia con el Capítulo 5, donde examinamos el maltrato psicológico. El enfoque de cuestiones especiales continúa en el Capítulo 6, donde se considera el abuso sexual, y en el Capítulo 7, donde se estudia el abuso en las familias institucionales ("maltrato infantil *in loco parentis*"). En la Tercera Parte, que abarca los Capítulos 8 y 9, pasamos revista a los problemas especiales del maltrato a adolescentes. Finalmente, en el Capítulo 10 brindamos un panorama del "desarrollo de la vida familiar y de la protección del niño". Todo esto trasunta nuestro compromiso básico de comprender, prevenir y tratar el maltrato infantil en el marco de otros empeños más amplios tendientes a apoyar la salud de las familias, las comunidades y los niños.

En nuestra condición de miembros y docentes del Centro para el Desarrollo de la Vida Familiar queremos poner de manifiesto el apoyo que nos brindó nuestro hogar institucional colectivo: el Colegio Superior de Ecología Humana de la Cornell University. Dedicamos esta obra a John Doris, director y fundador del Centro, quien se retiró de la vida activa en 1993 como profesor emérito de Desarrollo Humano y Estudios sobre la Familia. Agradecemos al decano Francille Firebaugh haber apoyado y estimulado este proyecto, así como a nuestros colegas del Centro que lo asistieron técnicamente –en especial a Suzanne Aceti, coordinadora de la recepción de manuscritos y de las referencias bibliográficas–. También agradecemos y manifestamos nuestro aprecio a numerosos colegas del Centro y de todo el mundo cuyos trabajos enriquecieron nuestro pensamiento y aumentaron nuestro saber. Por último, les agradecemos a nuestras familias, que siempre nos apuntalan.

JAMES GARBARINO
JOHN ECKENRODE
Ithaca, Nueva York
Julio de 1997

*Para John Doris, mentor y amigo,
director y fundador del Centro para el Desarrollo
de la Vida Familiar*

PRIMERA PARTE

INTRODUCCIÓN
A ALGUNOS CONCEPTOS
BÁSICOS

CAPÍTULO 1

JAMES GARBARINO / JOHN ECKENRODE

EL SIGNIFICADO DEL MALTRATO

El problema social al que llamamos maltrato infantil tiene mil facetas.

• Dick Brown es un trabajador social individual que se desempeña en la Secretaría de Bienestar Infantil de una ciudad norteamericana de mediano tamaño. Nunca tiene en sus manos menos de treinta casos de abuso y descuido infantil, y él es el responsable de investigarlos y manejarlos. Para ello debe decidir en cada caso qué grado de peligrosidad presenta la situación de una familia y cuáles son sus perspectivas de mejoría. Un día cualquiera tal vez deba resolver si un bebé de seis meses corre peligro de ser asesinado, si una madre adolescente está en condiciones de hacerse cargo de sus dos hijos, que en la actualidad se encuentran en hogares sustitutos, o si un padre que ha atacado sexualmente a su hijastra de diez años realizó los suficientes progresos en sus sesiones de asesoramiento psicológico como para volver al hogar sin constituir una amenaza para la niña en el futuro. En el curso de su tarea, Dick tal vez sea agredido por un padre airado, intimidado por un fiscal y extenuado por diversas exigencias que se superponen. Al igual que el resto de sus compañeros de trabajo, Dick se siente agotado y tal vez no dure más de un año en su cargo actual.

• Joan Havens tiene 23 años y es madre de tres niños de cinco, tres y un año. Su vida es una sombría procesión que va del trabajo al cuidado de los niños, y debe hacerlo sola, pues ya no vive con el padre de las criaturas. Tiene pocos amigos, y a la mayoría de ellos no les va mucho mejor en lo que respecta a hacer frente a las dificultades cotidianas. Joan se gasta todo lo que gana en el alquiler, la poca comida que puede comprarle a la familia, cerveza y cigarrillos. Sus tres hijos muestran señales de negligencia materna; a menudo no los atiende nadie y tienen la mirada opaca de los niños cuya dieta física y emocional es inadecuada. Casi nunca van al médico y mantienen escasísimo contacto con personas ajenas a la familia.

Con frecuencia Joan siente deseos de dejar de seguir luchando, y a veces lo hace. En una de esas ocasiones, un vecino llamó a la policía porque los tres pequeños se habían quedado solos toda la noche sin comida en la casa. Joan pasa gran parte del tiempo solitaria y apática, pero a veces se pone furiosa. Esto no es nada nuevo para ella: su vida ha sido así desde que tiene memoria.

• Melinda Sue Jones es una muchacha de quince años que huyó de la casa hace dos semanas, cuando las cosas se pusieron tan insoportables allí que ya no lo toleró más. Su madre se casó por segunda vez hace cuatro años y Melinda Sue no se lleva bien con el padrastro. Para asegurarse de que Melinda Sue no se metiera en líos, éste fue excesivamente estricto con ella en un principio. Eso no fue agradable. De pronto, el año pasado, las cosas cambiaron y él empezó a tratarla con más simpatía. Se le ocurrían cosas graciosas, la hacía sentarse en su regazo y "accidentalmente" entraba al cuarto de baño cuando Melinda Sue se estaba bañando. Unos meses atrás, un día en que la madre se había ido de compras, él entró en el dormitorio de la niña y tuvo relaciones sexuales con ella. Melinda Sue le dijo que no quería, pero él la amenazó con matarla si se negaba o si se lo contaba a alguien, así que Melinda Sue debió hacer lo que le pedía. Sucedió otras tres veces, hasta que se decidió a huir. Ahora vive en la calle con un chico a quien conoció haciendo auto-stop.

• Bob Thompson tiene 16 años. Cuando era pequeño su padre lo golpeaba, y Bob se comportaba bastante bien. Al llegar a la adolescencia empezó a salir con un grupo de chicos de la escuela que tenían fama de ser "bravos". Su padre le prohibió que anduviera con "esos punks" (como él los llamaba), pero Bob le contestó que haría lo que se le antojase. El padre le pegó con un cinturón y con el puño para enseñarle "a no contestar". No hablaron más sobre los amigos de Bob hasta un par de semanas después, cuando Bob fue detenido por la policía debido a que había entrado a la escuela de noche con sus amigos y golpeado al encargado, que los atrapó. Por estar acusado de invasión de propiedad, Bob tendrá que cumplir una condena de un año en la escuela de capacitación del Estado.

¿Cómo podemos ayudar a Dick a que cumpla un buen servicio con su carga de tareas y pueda manejar el diluvio de nuevos informes, cada uno de los cuales exige una investigación cabal y apunta a una situación que tal vez presente una amenaza inmediata de muerte o de daño permanente para un niño? ¿Cómo podemos ayudar a Joan a tener una vida mejor y ofrecer a sus hijos un cuidado más responsable? ¿Cómo llegar hasta Melinda Sue antes de que caiga víctima de otras tragedias peores en su vida callejera? ¿Cómo detener la cadena de acontecimientos que han llevado a Bob a una escalada de violencia y van a obligar a recluirlo en una cárcel por asalto?

¿Dónde podemos hallar los recursos necesarios para tratar el problema del abuso y el descuido? Hasta la década de los setenta, la conciencia pública sobre la situación de los niños abusados y descuidados era escasa. Esto se ha modificado en gran medida gracias a los esfuerzos de pediatras, asistentes sociales, jueces, psicólogos, periodistas, investigadores, políticos y ciudadanos particulares que iniciaron una cruzada al respecto. A principios de la década de los ochenta, nueve de cada diez norteamericanos identificaban el abuso de niños como uno de los problemas fundamentales que enfrentaba Estados Unidos (Magnuson, 1983). En la década de los noventa, podemos advertir que la conciencia pública ha llegado a su punto más alto, pero la batalla, aunque no está perdida, tampoco ha sido ganada. Un estudio financiado por el gobierno federal muestra que entre 1986 y 1993 hubo un aumento del 98% en la tasa nacional de maltrato infantil. En 1990, el Consejo Asesor sobre Abuso y Descuido Infantiles declaró que Estados Unidos debía reaccionar frente a este problema social como si constituyera una situación de emergencia nacional (*U.S. Advisory Board on Child Abuse and Neglect*, 1990).

Más de dos décadas de investigaciones profesionales y debate público nos han ayudado enormemente a comprender a las familias abusadoras y lo que significa ayudarlas para que puedan cuidar a sus niños, o, de lo contrario, cómo proteger a éstos de todo daño. Nuestro objetivo en este libro es revisar el maltrato a niños y jóvenes y aclarar las cuestiones vinculadas con la prevención y el tratamiento. A tal fin, debemos considerar el maltrato tanto evolutivamente (desde la infancia hasta la adolescencia) como ecológicamente (con las perspectivas de los sistemas individuales, familiares, culturales e institucionales). Confiamos en que estas perspectivas ayuden a los profesionales a ocuparse del abuso y el descuido de una manera útil y científicamente sólida.

Para empezar, examinaremos el significado del *maltrato* sin dejar de lado nuestros enfoques evolutivos y ecológicos. Usaremos el término general *maltrato* para incluir tanto el *abuso* como el *descuido*. Estas palabras tienen tanta significación social que pensamos que debemos utilizarlas, aunque para los fines de nuestra discusión no será necesario trazar distinciones sutiles (Walters, 1975). Comenzaremos por las diversas fuentes que consideran el abuso como concepto y problema central; más adelante incorporaremos al debate el descuido, y por último redondearemos nuestras ideas sobre el maltrato en general (Fontana, 1968).

Problemas vinculados con la definición del abuso

Definir el abuso es difícil, pero esta dificultad no debe detenernos en el examen del problema. Muchas cosas en la vida no pueden definirse con precisión y pese a ello hay que afrontarlas de todos modos. La ausencia de una definición precisa del tiempo no nos impide usar relojes. Nuestra imposibilidad de dar una definición concluyente del amor no nos impide amar. Ni el tiempo ni el amor han sido definidos de manera satisfactoria, pero ambos existen y han sido objeto de gran cantidad de demostraciones científicas. Lo mismo sucede con el abuso (Bourne y Newberger, 1979). Uno de los mejores análisis del abuso infantil llega a la siguiente conclusión: "Se han ofrecido una variedad de definiciones del abuso infantil y ninguna de ellas está libre de ambigüedades" (Parke y Collmer, 1975).

El problema básico para la definición del abuso es que el significado de la mayoría de los actos humanos está determinado por el contexto en que se producen, el cual consta de los siguientes elementos: 1) la intención del actor; 2) el efecto que tiene el acto sobre su receptor; 3) el juicio valorativo de un observador sobre el acto; y 4) el origen del criterio sobre el cual se basa ese juicio. Estos cuatro elementos –intencionalidad, efecto, evaluación y criterios– son los fundamentales para definir el abuso. En principio, puede definirse como *abuso* cualquier conducta de un progenitor que da por resultado una lesión en el niño. Según esta definición, la prueba del abuso se halla en el efecto que tiene en el niño la conducta parental. Ahora bien: si un pequeño es golpeado pero no lesionado, ¿eso niega el carácter abusivo del acto? Los niños dotados de gran entereza, que logran prosperar pese a haber pasado una infancia llena de privaciones, no serían clasificados como niños abusados, no importa de qué manera los hubieran tratado. A la inversa, si una acción parental inocente lastima por accidente al niño, podría ser tildada de abuso. Definiciones recientes del maltrato infantil consideran que a los niños que están en peligro de sufrir maltrato, aunque todavía no lo hayan padecido, debe clasificárselos como maltratados (Sedlak y Broadhurst, 1996).

Esto nos lleva al tema de la intención. Dos precursores en el estudio del abuso infantil incluyen la intención en su definición. Definieron el abuso como toda "lesión física *no accidental* derivada de actos u omisiones de parte de los progenitores o tutores" (Kempe y Helfer, 1975). Si bien esta acepción no carece de problemas –sigue basándose en las lesiones sólo físicas–, representa un avance al enunciar que basta con que el progenitor tenga la intención de realizar el acto. Así, una persona puede ser abusadora porque ignora los posibles efectos de su conducta.

Podría aducirse que el uso de la fuerza es en sí mismo abusivo, aun cuando no haya lesiones físicas concretas. El teórico e investigador David Gil (1970) sugiere que el uso de cualquier fuerza física para castigar a un niño es abusivo. El sociólogo Murray Straus concuerda con esta postura, y en su libro *Beating the Devil Out of Them* (1994) reúne un conjunto impresionante de investigaciones para documentar su posición. Según ésta, el abuso es el uso intencional, no accidental de la fuerza dirigida contra un niño. Esta definición considera que cualquier paliza que se le dé a un niño es un abuso, en cuyo caso el término "abusivo" podría aplicarse a la mayoría de los progenitores. En otras palabras, no sería necesario que el progenitor tuviese la intención de dañar a un niño para abusar de él. La conclusión natural es suponer que cualquier uso de la fuerza contra un niño es abusivo. Muchos estudiosos rechazan esta definición diciendo que es demasiado general (y también, quizás, porque no conciben una crianza que no sea violenta) (Parke y Collmer, 1975). No obstante, muchos otros piensan que el sustento cultural del uso de la fuerza contra los niños está en el corazón mismo del problema del abuso (Garbarino, 1997; Straus, Gelles y Steinmetz, 1980).

La siguiente cuestión es la evaluación realizada por un observador. Algunos investigadores aseveran que los criterios de abuso infantil se fundan en normas de la comunidad (Parke y Collmer, 1975). Definen el abuso como "una lesión física no accidental resultante de actos (u omisiones) de los progenitores o tutores *que transgreden las normas de la comunidad concernientes a la manera de tratar a los niños*" (el subrayado es nuestro). De acuerdo con este punto de vista, son las personas que integran la comunidad las que mejor pueden interpretar sus normas e identificar los actos que las transgreden. Hay pruebas empíricas según las cuales, si bien tales normas varían, existe entre los diversos grupos étnicos de Estados Unidos un grado sorprendente de consenso (Giovannoni y Becerra, 1979).

Con una perspectiva antropológica, otros científicos entienden que el abuso es un rótulo culturalmente determinado que se aplica a conductas y lesiones (Walters y Parke, 1964). Por ejemplo, la escarificación facial que forma parte de un rito tribal de iniciación no es equivalente a las heridas provocadas en el rostro por una pelea violenta. Ciertos hechos y conductas extraen su significado del contexto en el que ocurren. Este argumento antropológico es coherente. Si bien el medio determina el efecto de tales acciones, el poder de la cultura para establecer qué es lo correcto tiene límites. Algunas culturas tienen costumbres dañinas para los niños; el infanticidio de la antigua Esparta no es sino un ejemplo (aunque extremo). Nuestra propia cultura contiene elementos (como el racismo y el sexismo) lesivos para los niños.

Lo cierto es que ciertas diferencias culturales son sólo eso, diferencias de modalidad, en tanto que otras constituyen acciones intrínsecamente dañinas para los niños. Enfrentamos muy a menudo el problema de distinguir las diferencias legítimas de modalidad respecto de las costumbres basadas en errores culturales, o sea, en valores contrarios a los niños. Un antropólogo recuerda que en Hawaii las madres nativas le cuestionaban la costumbre norteamericana "abusiva" de obligar a los niños a dormir en cunas y cuartos alejados de sus padres (Korbin, comunicación personal, 1978). ¿Se trata de un caso de abuso emocional o de una diferencia cultural?

Según nuestra definición del abuso infantil, detrás de las opiniones sostenidas por los padres tiene que haber alguna autoridad. En el peor de los casos, tales opiniones pueden regirse por el modelo de una conducta parental abusadora o basarse en suposiciones incorrectas sobre los niños. Por lo tanto, nuestra definición incluye, además del criterio ya establecido de las creencias vigentes sobre la crianza, basadas en la costumbre, un segundo criterio: la mejor comprensión científica de las relaciones entre padres e hijos. La evaluación que lleva a considerar abusiva la conducta parental debe hacerse sobre la base tanto de la cultura como de la ciencia.

Los hombres de ciencia saben, por ejemplo, que el rechazo del niño en desarrollo puede ser lesivo para su psique (Rohner, 1975). Algunos investigadores mencionan pruebas convincentes acerca de la conexión entre el uso del castigo físico y el deterioro del desarrollo psicológico y la competencia social. Sin embargo, esta cultura apoya tan fuertemente el castigo físico que sólo los más empeñosos defensores de los niños sostienen que el hecho de zurrarlos es en y por sí mismo abusivo, y las pruebas empíricas son debatibles. Las personas razonables de buena voluntad pueden diferir al respecto, y de hecho lo hacen.

Decir que en una familia existe abuso es extraer una conclusión sobre la vida de esa familia, y pensamos que ésta debe basarse en una combinación de normas de la comunidad y conocimientos profesionales. La inquietud antes citada de las madres hawaianas es un buen ejemplo. Por más que nos desagrade la ambigüedad que ello implica, el proceso de definir el abuso es, en la práctica, una negociación entre la cultura y la ciencia, el saber popular y la pericia profesional. No es sencillo, pero así funcionan las cosas. Las diferencias culturales, a menos que haya pruebas de lo contrario, son sólo eso.

Elementos para una definición del abuso

Hasta ahora hemos empleado en nuestro análisis la palabra "niño". Ello se debe a que gran parte de las investigaciones han examinado el abuso sobre niños pequeños, sin tomar en cuenta a los adolescentes. Hemos utilizado estos casos porque componen la mayoría del material con que contamos. No obstante, uno de nuestros propósitos en este libro es elaborar las consecuencias y aplicaciones de cualquier definición del abuso para los adolescentes. Aquí sólo mencionaremos dichas consecuencias y aplicaciones en forma sumaria; el tema se ampliará en los Capítulos 8 y 9.

Nuestro interés por la adolescencia nos lleva más allá de la bibliografía conocida sobre el abuso infantil. Definimos como *maltrato* todo acto de omisión o comisión por parte de un progenitor o tutor que, por una combinación de valores de la comunidad y de apreciaciones de expertos profesionales, se considera inapropiado y lesivo. Esta definición abarca los cuatro puntos antes mencionados: intención, efectos, evaluación y criterios. La palabra "inapropiado" define al acto del progenitor; la palabra "lesivo" remite al efecto que tiene ese acto sobre el desarrollo de la víctima. Ambos se definen mediante un juicio de valor basado en las normas de la comunidad y la experiencia de los profesionales. Una conducta parental inapropiada puede generar lesiones físicas, emocionales o psicosociales.

No siempre podemos predecir con exactitud qué efectos tendrá el abuso, pues con gran frecuencia las víctimas sufren daños múltiples, y además la susceptibilidad individual al daño varía. Por otra parte, aunque hay en principio distintos tipos de maltrato, en la práctica se superponen tanto que rara vez asistimos a un solo tipo de abuso, al menos si observamos a una familia perturbada a lo largo de un período prolongado. Esta superposición y coincidencia es una de las razones por las cuales hemos preferido vincular los términos "abuso" y "descuido" con el nombre más general de "maltrato".

Los actos por comisión (marca distintiva típica del abuso) suelen ir acompañados de actos por omisión (característica fundamental del descuido). En la práctica, el abuso y el descuido suelen observarse en la misma familia; algunas estimaciones indican que se dan juntos en la mitad de los casos (Garbarino y Crouter, 1978a; Garbarino y Carson, 1979a). Un reciente estudio realizado en el Estado de Florida informó que más de la mitad de los niños que sufrían abusos físicos en una muestra de familias derivadas a los Servicios de Protección del Niño estaban expuestos además a maltrato psicológico (Crittenden, Claussen y Sugarman, 1994). El abuso y el descuido pueden darse también en secuencia, como cuando el descuido de uno de los progenitores expone a la víctima al abuso del otro. (Esto sucede a menudo en los casos de abuso sexual.) Ya sea que empleemos los términos "abuso", "descuido" o "maltrato", lo fundamental sigue siendo proteger al niño o adolescente de toda lesión o explotación, así como establecer y hacer cumplir normas rigurosas sobre el cuidado del niño y el adolescente.

La definición del abuso exige formular tanto lo que los padres y tutores deben hacer como aquello que tal vez no hagan. Al hablar de tutores incluimos al Estado (que, como enseguida veremos, no suele ser un dechado de virtudes en esta materia). El concepto de lo que es "inapropiado" es muy importante, sobre todo al hablar del abuso sobre el adolescente. Tiene en cuenta que las conductas parentales deben juzgarse dentro del contexto de la etapa evolutiva en que se encuentra el menor. Conductas que podrían ser apropiadas para la crianza de niños pequeños (como un alto grado de coacción) pierden sentido y propiedad tratándose de jovencitos.

Un problema muy común de los padres es la dificultad para modificar los hábitos que se forjaron al criar a sus hijos pequeños cuando éstos se vuelven adolescentes. Los muchachos son mucho más capaces de tener un pensamiento abstracto que los niños, y pueden evaluar en forma independiente tanto sus propias motivaciones como las de otros. Esta capacidad exige a los padres razonar junto con sus hijos adolescentes y consultarlos para tomar las decisiones familiares y fijar las reglas. Puede resultar difícil hacer esto en el momento en que el adolescente comienza a reafirmar su independencia, y genera disturbios incluso en familias que, por lo demás, tienen un buen funcionamiento (Hill, 1980; Steinberg, 1977).

A la postre, la mayoría de los padres reconocen la necesidad de introducir algún ajuste en la nueva situación de tener hijos adolescentes, pero algunos no lo hacen y corren un riesgo particular de convertirse en abusadores. Tenemos que dirigir nuestra atención a las pautas de conducta que imponen un alto riesgo a las víctimas, o sea, las formas de trato que pueden causar a la mayoría de los niños y adolescentes normales algún daño social o psicológico. Las consecuencias del abuso y el descuido no están bien documentadas, y la fortaleza del ser humano ante las dificultades descarta la formulación de una relación causal directa entre el maltrato y el deterioro en el desarrollo. Tenemos que ir más allá del daño y centrarnos en los riesgos y peligros.

Al explicar el significado del abuso y descuido del niño, muchos aplicamos la analogía de la fiebre. Lo típico es que se considere el abuso y descuido como indicadores de la existencia de problemas subyacentes en la familia, del mismo modo que la fiebre indica la existencia de una infección en el organismo. Creemos que ésta es una buena analogía y puede extendérsela aún más. La mayoría de los estados febriles no son en sí mismos peligrosos; por lo general son una señal de alarma pero no plantean una amenaza directa al organismo. Sin embargo, si la fiebre es muy alta (sobre todo en niños muy pequeños), se torna peligrosa. Asemejamos esto a lo que sucede con el abuso y el descuido del niño.

Si bien la mayoría de los daños *físicos* producidos a sus hijos por padres abusivos o negligentes son desconsoladores desde el punto de vista social y moralmente reprensibles, en sí mismos no constituyen una amenaza a la salud del niño a largo plazo (Martin, 1976). Sólo los casos más extremos de abuso y descuido físico constituyen un peligro para la vida del niño o generan una incapacidad grave en él. Estas lesiones afectan fundamentalmente a niños muy pequeños y no son demasiado frecuentes. La información proveniente del Tercer Estudio Nacional de Incidencia en Estados Unidos muestra que, de los 2,8 millones de niños maltratados que, según se estimaba, existían en 1993, un número comparativamente pequeño (1.600) fueron casos fatales y sólo alrededor de 560.000 sufrieron lesiones o impedimentos graves (Sedlak y Broadhurst,

1996). Como luego veremos, crece el interés por encontrar la manera de centrar la atención en los casos más graves, por ejemplo, requiriendo la creación de servicios especializados en maltratos "catastróficos" (Haugaard y Garbarino, 1997).

Cifras como éstas han dado origen a la pertinaz opinión de que el abuso y el descuido del niño no constituyen serios problemas médicos. Hace tres décadas, Gil (1970) llegó a esta conclusión luego de repasar los datos disponibles; dijo que el problema del abuso infantil que da lugar a lesiones graves es secundario, al menos en comparación con otros problemas más difundidos que minan las posibilidades evolutivas de millones de niños en la sociedad norteamericana, como la pobreza, la discriminación racial, la desnutrición o la inadecuada provisión de atención médica y educación.

Si bien el gran aumento de casos registrados desde que Gil emprendió su estudio, a fines de los años sesenta, sin duda ampliaría la magnitud del problema, las cifras presentadas en el Tercer Estudio Nacional de Incidencia indican en rigor que los daños físicos serios son sólo una parte relativamente pequeña del problema del maltrato infantil (Sedlak y Broadhurst, 1996). ¿Significa eso que es un problema secundario? A todas luces, no es así. La mayoría de los profesionales y la población en general reconocen en forma casi instintiva que el problema del maltrato va más allá del hecho de que el niño sufra daños físicos graves. Considérese, por ejemplo, el abuso sexual. Si bien en numerosos casos éste es acompañado de actos de violencia, la ausencia de una violación no disminuye la gravedad del abuso (Summit y Kryso, 1978). ¿Por qué?

El clima coactivo en que tiene lugar casi siempre el abuso sexual produce una amenaza emocional para el niño. Aunque nuestras enunciaciones formales sobre el maltrato infantil se centran en las consecuencias físicas, la mayoría reconoce que el meollo del asunto no está en el ámbito físico sino en el ámbito emocional y psicológico. Esto nos permite distinguir entre el uso corriente y culturalmente aprobado de la fuerza contra los niños –lo que podríamos denominar, provocativamente, "violencia doméstica normal"– y el abuso, sin dejar de reconocer al mismo tiempo que la "violencia doméstica normal" puede ser una de las causas subyacentes del abuso (Gelles, 1978). Desde luego, el daño físico nos preocupa; nadie que tenga sensibilidad moral puede quedar indiferente frente a un niño golpeado o lastimado.

Sin embargo, es más importante el daño evolutivo. Gamezy (1977) sostiene que los efectos del abuso infantil (definido principalmente como el resultado de un ataque físico) no son tan simples ni tan absolutos como nos harían creer muchas declaraciones públicas. Muchas víctimas de abuso infantil sobreviven y no repiten esa pauta de conducta con sus propios hijos. La verdadera cuestión, entonces, no radica en una acción específica sino más bien en la pauta general de relaciones parento-filiales y su probable efecto en la competencia social, intelectual y moral del niño, entendiendo por "competencia" la capacidad del niño para hacer un uso adecuado de sus recursos a fin de cumplir las tareas pertinentes para cada etapa particular de su desarrollo.

Tipos de maltrato

Las dificultades que enfrentamos para formular una definición práctica del abuso cambian, pues, a medida que cambia el curso de desarrollo de la víctima. El uso de la fuerza física plantea cuestiones diferentes según que se la ejerza con niños pequeños o con adolescentes; el abuso emocional puede cobrar una forma en la niñez y otra en la adolescencia. Al centrarnos en el hecho de que el acto sea o no inapropiado así como en la lesión evolutiva, nuestra definición reinstaura el estudio del abuso y el descuido junto a los problemas centrales vinculados con el desarrollo humano. Esto es provechoso tanto para las investigaciones generales sobre el desarrollo del niño como para el estudio del maltrato. Una vez definido éste, pasaremos ahora a describir sus diversas formas.

Abuso físico

Cuando llegamos allí, el bebé estaba llorando y pudimos advertir que su pierna estaba extrañamente torcida y tenía señales de haber sido golpeado en el rostro. Se lo veía muy mal.

No se puede decir que mi papá no me quería, pero tampoco se puede decir que me quería. Cuando me golpeaba,
usaba cualquier objeto, desde un cinturón hasta una botella de cerveza. Y una botella de cerveza hace doler un poco. Si él se ponía loco, uno podría fácilmente ser arrojado
por una ventana... A mí me arrojó una o dos veces.

El abuso físico implica el uso inapropiado de la fuerza de
un modo que es evolutivamente lesivo. Las heridas reales no son
tan importantes como la forma en que se producen. Los jóvenes
que terminan lesionados después de alguna competencia de-
portiva nunca arrastran las heridas emocionales de las víctimas
del abuso. Un chico puede estar orgulloso de tener una cicatriz
en la ceja después de un torneo de box, pues para él representa una proeza atlética; pero si la herida es el resultado de la paliza que le dio su padre borracho porque llegó un rato después
de la hora hasta la cual se le dio permiso, es probable que el muchacho la viva de otro modo.

No obstante, aun en estos casos hay variantes. Algunos niños y jóvenes se sienten orgullosos de su capacidad para recibir
y soportar ataques físicos. Creemos que esto representa una dis-
torsión en el sistema de valores y rehusamos convalidar la violencia de este tipo. Las heridas físicas, salvo que sean muy graves, sanan en un período relativamente breve; en cambio, las
heridas emocionales perduran más. El uso de la fuerza física
contra los niños parece trasuntar la combinación de una creencia efectiva en que la fuerza es un instrumento para moldear la
conducta, con la falta de buenas alternativas y la tensión emocional del progenitor: "Una buena paliza en el trasero le comunica que yo hablo en serio"; "¿Qué otra cosa puedo hacer cuando se escapa a la calle o rompe algo?"; "Estaba tan enfurecido
que hasta podía escupirlo, pero una vez que me descargué me
sentí mejor".

Straus, Gelles y Steinmetz (1980) exploraron la significación
de la violencia en la familia llegando a la conclusión de que está
hondamente arraigada en ciertos aspectos básicos del modo en
que ella funciona, en particular el hecho de que en la familia se
haga hincapié en la demostración de poder y los valores autorita-

27

rios. En el Capítulo 2 examinaremos con más detenimiento el papel central de la hipótesis de la "cultura de la violencia".

Si el empleo de la fuerza contra los niños tiene un dudoso valor, contra los adolescentes es lisa y llanamente catastrófico. Más que cualquier otro tipo de abuso, el uso de la fuerza física contra los adolescentes ilustra la imposibilidad del progenitor de adaptarse a la nueva etapa de su hijo. A medida que los hijos crecen, algunos padres habituados a darles una zurra como medida disciplinaria aumentan el grado de fuerza que aplican. Patterson (1982) ha analizado esto en función de los "ciclos de las peleas": cuando un padre o madre se enfrenta con un adolescente que se le resiste, su inadecuada estrategia disciplinaria puede intensificarse y convertirse en una confrontación física. El crecimiento del adolescente hace que su tamaño aumente, y los padres que siguen recurriendo a castigos corporales advierten que no les queda otro remedio que aumentar el grado de la fuerza aplicada. Pensamos que precisamente la fuerza necesaria para someter a un adolescente torna abusiva esta costumbre. El castigo corporal durante la niñez es una mala táctica disciplinaria, pero durante la adolescencia es peor aún (Coopersmith, 1967; Homans, 1975; Jeffrey, 1976; Bandura, 1977; Gilmartin, 1978).

Esta opinión se refleja en el hallazgo realizado en un estudio nacional norteamericano, según el cual el uso total de la fuerza que aplican con sus hijos la mayoría de los padres disminuye al llegar la adolescencia (Gelles, 1978). El sentido común dictamina que deban apartarse de las medidas disciplinarias físicas y encarar un tipo de medidas más maduras, de base psicológica. Debido a su corpulencia, los adolescentes (sobre todo los varones) de los que se abusa físicamente sólo presentan por lo común heridas menores. La cantidad de fuerza necesaria para producir una concusión en un bebé probablemente apenas dé lugar a un ojo amoratado en el caso de un adolescente, cuyo cuerpo está mejor equipado para hacer frente al ataque. Esto contribuye al hecho comprensible de que a menudo los Servicios de Protección del Niño, si se ven obligados a elegir por su exceso de trabajo, prefieran ocuparse de los niños pequeños y no de los adolescentes. Sin embargo, la tolerancia del adolescente al abuso físico puede enmascarar una susceptibilidad igual o aun mayor al abuso emocional.

Abuso emocional

Cuando mi mamá me miraba y me decía: "Eres un inútil... Desearía que nunca hubieses nacido", yo quería que me tragara la tierra.

Lo único que yo quería era que mi mamá me dijese que me amaba. Pero ella ni siquiera podía decirme eso. Nos peleábamos mucho. Me acuerdo de que nos poníamos a pelear y yo le gritaba: "¿Por qué no puedes decirme que me quieres? Es lo único que quiero que me digas... ¿por qué no lo haces?". Ella nunca me abrazaba o cosas así.

El maltrato psicológico bajo la forma de abuso emocional es muy difícil de definir teórica y prácticamente, pero constituye el núcleo mismo del maltrato a niños y adolescentes. El Capítulo 5 se ocupará de este tema con detalle, así que en este punto sólo lo bosquejaremos. En el caso de los bebés, el abuso emocional típico implica la negativa del progenitor a mostrarse sensible ante él. Puede implicar la ausencia de ciertas conductas normales, como una sonrisa o una expresión verbal, o el rechazo del niño y quiebre del vínculo normal progenitor-hijo. En el caso de niños más grandes, constituye una pauta de conducta que castiga al niño por su autoestima y comportamiento social normal, impidiéndole en forma activa convertirse en un individuo social y psicológicamente competente. Hay muchas conductas parentales inapropiadas que pueden dañar emocionalmente a los adolescentes. Una de ellas es el control excesivo. Nuestras entrevistas con víctimas adolescentes nos brindaron buenos ejemplos.

Papá empezó a no dejarme salir cuando encontraba alguna mancha en los platos. La última vez que lo hizo estuve seis meses sin salir, y la cosa se puso tan mal que tenía que pedirle permiso para cualquier cosa: si podía levantarme, si podía ir al baño, si podía sentarme a la mesa con él, si me autorizaba a irme a la cama, si podía darme un baño. Todas esas cosas que uno da por sentadas. Y su respuesta era siempre la misma: "¿Te lo mereces, crees que te lo mereces?". Bueno, por supuesto, yo merecía comer. Uno tiene que comer para vivir, ¿no? La cosa se puso realmente fea.

Es inapropiado forzar reiteradamente a los adolescentes a hacer algo que los desacredite ante sus pares, u obligarlos a respetar limitaciones que son social y psicológicamente asfixiantes. La necesidad parental de controlar todas y cada una de las acciones del adolescente, que está naturalmente programado para ser más independiente y no menos, puede hacerle a éste la vida insoportable. El control excesivo puede retardar el desarrollo privando al adolescente de oportunidades para tomar decisiones y aprender de los errores normales. Si un padre o madre hipercontrolador enfrenta la resistencia del adolescente, puede atacarlo o rechazarlo, y el rechazo parental es una forma sumamente dañina de abuso emocional.

Creo que a mí siempre me rechazaban. Con frecuencia mis padres me alababan, eran muy buenos conmigo hasta que yo sentía una especie de calorcito, y entonces de pronto me rechazaban por completo. No recuerdo haber hecho nada que fuera para ellos lo suficientemente bueno.
A los doce años quedé embarazada, y mi familia me rechazaba muchísimo, y mi madre no quería que nadie supiese que yo estaba embarazada, así que me sentí muy sola. Dejé la escuela, y cuando venía gente de visita me obligaban a quedarme en mi cuarto y permanecer allí, a veces durante un día y medio. Pero la última vez que lloré fue cuando estuve en el hospital. Me llevó mi madre, y habían resuelto hacerme una cesárea porque mamá no quería que nadie supiera ni me tuviera que llevar al hospital. Yo no tenía con quién hablar, y quería ver a mi bebé, pero no me dejaron, y mi madre decidió que debían bautizarlo antes de llevarlo a la casa donde lo adoptarían. Así que después de haber bautizado al bebé entró a mi cuarto como si estuviera de paseo y me dijo: "Tuve que sostener al bebé y lo bautizamos, le pusieron un nombre". Y se fue, porque yo no podía volver a casa hasta el día siguiente. Esa noche lloré, y fue la última vez que lloré, cuando tenía trece años.

El rechazo parental es dañino. Sus efectos lesivos están tan bien documentados que puede llamárselo justificadamente un acto psicológicamente maligno (Rohner, 1975). Más allá de los casos groseros que acabamos de mencionar, una sucesión de pequeños ataques como las críticas continuas, el desdén por la idiosincrasia personal del adolescente o la burla por su manera de vestirse pueden tener un efecto corrosivo grave. Sin duda alguna, el rechazo cumple con los dos criterios del abuso que hemos establecido: es inapropiado y es lesivo. Puede generar una baja autoestima y poner en peligro el logro de importantes metas evolutivas. Los niños que no son apreciados y amados por sus padres suelen inferir que no son dignos de ser amados. Pero el rechazo parental puede tomar incluso formas más extremas.

> Me fui porque creo que yo no le importaba a nadie..La noche anterior mi mamá me dijo que nunca me había querido. "Vete a vivir con tu amigo", me dijo, y agregó: "No vales nada. ¡Vete al diablo! No quiero volver a ver tu cara en esta casa".

Algunos progenitores manifiestan un rechazo tan completo por sus hijos que los echan de la casa sin tomar los debidos recaudos por su cuidado. En un país como Estados Unidos y en el siglo XX es inapropiado suponer que un adolescente será capaz de mantenerse o de encontrar refugio sin ayuda. La negativa a tenerlos en el hogar expone al adolescente a un peligro físico, emocional y sexual. Aunque se suele decir que estos adolescentes se marcharon de sus casas, lo que realmente sucede es que "son arrojados" de ellas.

Abuso sexual

> Cuando terminé de bañarme, él me dijo que me sentara en su regazo en la cama mientras mirábamos TV. Mamá estaba en la tienda y él me estaba cuidando, como siempre. Luego me dijo que me sacase el pijama y lo tocase ahí. Le dije que no quería, pero me obligó, y después me tocó por todas partes. Cuando eso terminó me sentí muy mal, aterrada.

Para los adultos, los niños se encuentran sexualmente en una zona prohibida; por lo tanto, el abuso sexual es la forma más extrema de conducta inapropiada. El abuso sexual –particularmente si lo comete un pariente o un adulto responsable por el niño– obliga al niño o joven a efectuar una elección inapropiada entre la obediencia y la integridad personal. Puede provocar muchos daños, de los cuales los más previsibles son la disfunción sexual y ciertos problemas de internalización como el temor, la angustia y la depresión (Kendall-Tackett, Williams y Finkelhor, 1993). Los examinamos en el Capítulo 6, donde consideramos más específicamente este tema.

Descuido

Llamé al personal del servicio de protección porque esos niños nunca tienen la comida que necesitan. Los dejan solos en el apartamento, a veces cuatro noches por semana. La mayor tiene apenas 9 años, y es demasiado pequeña como para ocuparse del bebé. Cuando leí en el periódico acerca de esos niños que murieron en el incendio porque estaban solos, me dije que algo tenía que hacer.

En el caso de los niños, el descuido o negligencia es probablemente una mayor amenaza social que el abuso activo. Más de la mitad de los incidentes de maltrato investigados por los organismos dependientes del Servicio de Protección del Niño implican descuido (National Center on Child Abuse and Neglect, 1995). En un estudio clásico, Downing (1978) analizó los casos de treinta niños que murieron después de haber sido atendidos por dicho Servicio, pero en cuyos certificados de defunción se mencionaban causas naturales. Comprobó que la mitad de esas muertes eran directamente atribuibles a la negligencia de los padres; por ejemplo, el hecho de que no les dieran a sus hijos ciertos medicamentos que les habían sido prescriptos. Entre los más pequeños, el descuido puede implicar toda clase de daños y la exposición a riesgos innecesarios, dado que el bebé depende en muy alto grado de sus padres para la satisfacción de sus necesidades elementales.

Entre los niños mayores, el descuido puede significar un empobrecimiento físico y psicológico si les es negada la atención de necesidades vitales básicas. En ambos casos, debemos explorar, más allá de los padres, qué ocurre con la comunidad que permite dicho descuido. Como los adolescentes son mucho más capaces que los niños de manejarse solos para su higiene personal y las necesidades de la vida diaria, el descuido físico *per se* deja de ser un problema tan acuciante a partir de cierta edad. Para los adolescentes, el descuido significa normalmente que el progenitor no puede mantener contacto con él o supervisarlo de manera efectiva. El hecho de que un padre o madre no sepa el paradero de su hijo de doce años a medianoche es un signo de descuido, como lo es la negativa permanente a conversar con él (por más que sea un chico poco comunicativo).

El descuido se diferencia de las formas abusivas de maltrato porque no implica un contacto físico inapropiado entre el niño y quienes lo cuidan, y superficialmente puede parecer más pasivo que activo. No obstante, numerosos niños y adolescentes descuidados parecen no menos heridos que las víctimas de otras formas más activas de abuso. La indiferencia, el quebrantamiento de sus promesas y el retraimiento son conductas parentales inapropiadas y lesivas para niños y adolescentes, quienes pueden sentir que no se merecen el cuidado y preocupación de sus padres. Esta clase de descuido es capaz de dar origen a comportamientos muy autodestructivos.

Estos ejemplos brindan un panorama sobre las formas que puede adoptar el maltrato. No hemos intentado presentar una lista exhaustiva de conductas abusivas, ni de categorizar sus causas y efectos; estas tareas no son realmente factibles ni necesarias en este momento. Nuestra preocupación es el bienestar de los niños. Desde nuestro enfoque, el gran problema es saber si las familias están haciendo o no lo que deben hacer en su provecho. Si lo están, la natural capacidad humana de adaptación y crecimiento nos garantiza que el proceso dará como resultado un ser humano completo. Si no lo están, los niños sufrirán, como también, a su modo, los padres.

Hay muchos abusos que se producen en forma simultánea (por ejemplo el sexual y el emocional) o consecutiva (presión emocional seguida de expulsión del hogar, o rechazo seguido de maltrato físico).

> Me golpean. Uno se siente muy mal por adentro. Ahora mismo me siento mal. Me gritan y se ríen de mi pelo y me dicen que yo nunca voy a tener ni el tamaño de un hormiguero, o algo así. Después empiezan a pegarme con un cinturón o cualquier otra cosa, lo que tengan a mano.

> Mi papá se ponía tan loco si yo no le preparaba la cena a tiempo que... me arrojaba contra la pared y me gritaba: "Te mereces esto, perra holgazana". Yo nunca podía ir a ver un partido o salir con chicos, nada de eso. Nunca dejaba la casa lo bastante aseada para él, siempre me decía que había algo más que hacer. Al final, me escapé.

Una última cuestión que merece mencionarse en torno del problema de la definición es el concepto de maltrato catastrófico. Los niños maltratados en forma catastrófica son las víctimas de un intento de asesinato, tortura, mutilación, violación, prostitución forzada o falta de satisfacción de las mínimas necesidades propias de su desarrollo. Estos niños corren un alto riesgo de morir, o de desarrollar serias discapacidades físicas y psicológicas. Si un progenitor perpetra un maltrato catastrófico, la índole extrema de la transgresión justifica la presunción de que le serán quitados sus derechos sobre el niño (a diferencia de la presunción actual de reunificación familiar luego de una separación inicial protectora). Más aún, se considera que los hermanos que conviven con un niño sujeto a un maltrato catastrófico (como los hermanos de un niño que fue asesinado por un progenitor) corren también un riesgo extremo de desarrollar el mismo problema que la víctima inmediata, y sobre esta base serán alejados del cuidado de ese progenitor.

El maltrato es un fenómeno multifacético. Para comprenderlo en cada una de sus partes y en su totalidad, necesitamos adoptar una perspectiva ecológica acerca del comportamiento y el desarrollo humanos.

Una perspectiva ecológica

La naturaleza y el medio social humano pueden operar en armonía o en oposición. El grado de riesgo y de daño que experimenta un individuo depende de la interacción de estas dos fuerzas. En casos extremos, los hechos naturales pueden poco menos que anular las diferencias del entorno. Así también, las condiciones del medio pueden ser tan extremas (ya sea positivas o negativas) como para imponerse a las condiciones biológicas más poderosas. La característica de la naturaleza humana consiste en que nos convertimos en lo que las condiciones estimulan.

Comprender la interacción de la naturaleza y la crianza en la génesis del riesgo social y personal es difícil; tan difícil, en verdad, que la mayoría de los investigadores ni siquiera intentan manejar al mismo tiempo ambos miembros de la ecuación. Más bien dejan que uno varíe mientras mantienen el otro constante, como en los estudios de gemelos univitelinos genéticamente idénticos que son criados por separado para averiguar el papel de la naturaleza y la crianza en la inteligencia, o los estudios destinados a saber de qué manera reaccionan dos bebés recién nacidos ante un estímulo constante, como un rostro sonriente.

Los investigadores pueden asimismo variar en forma sistemática un factor, dejando que los demás varíen al azar; tal es lo que sucede cuando se presentan a los niños tres estilos de enseñanza distintos para ver qué efecto genera en ellos cada uno. Es poco frecuente que un investigador sea realmente capaz de observar la acción recíproca de la naturaleza y la crianza en el desarrollo. En lo que respecta al riesgo, esto es muy desafortunado. Los responsables de las políticas públicas necesitan información confiable acerca de los costes y los probables beneficios de diferentes abordajes del maltrato infantil. Estos estudios de costes y beneficios deben dar cuenta del efecto de dichas alternativas tanto en el individuo y su familia como en la comunidad en su conjunto. Al calcular esos costes y beneficios, debemos comprender cómo se inserta la historia en el desarrollo individual y cultural. En cierto sentido, nuestro interés por el desarrollo es un interés por la biografía.

Debemos admitir la interdependencia de los individuos, familias y sociedades. Los acontecimientos producidos en el plano de las naciones (el gran cuadro) pueden reverberar en la vida cotidiana del individuo y la familia (el pequeño cuadro). Un ejemplo es que los cambios mundiales en los mercados de trabajo provocan desempleo y éste afecta las relaciones familiares y priva al niño de una relación cariñosa con sus padres. A la inversa, millones de decisiones individuales pueden generar grandes cambios sociales; es lo que ocurre, por ejemplo, si millones de mujeres resuelven postergar la procreación para seguir una carrera universitaria. Comprender la interacción de la biografía y la historia es esencial para comprender el desarrollo humano.

Un elemento importante que nos ayuda a aplicar este concepto a la práctica es la incipiente perspectiva ecológica sobre el desarrollo humano. Con la palabra "ecológica" lo que aquí queremos transmitir es el interés por la forma en que el organismo y su entorno inmediato (el nicho ecológico) se influyen mutuamente y reaccionan entre sí. Este proceso de adaptación y ajuste recíprocos implica que las influencias y conductas cambian permanentemente, a veces de modo sutil, otras de modo tajante. Significa que en los casos de maltrato la relación íntima entre el niño y sus padres no puede comprenderse sin comprender cómo afectan las condiciones ambientales la interacción entre ellos.

El enfoque más útil para abordar la ecología del desarrollo humano es el propuesto por Urie Bronfenbrenner (1979). Como la mayoría de los marcos de referencia, se apoya en algunos términos especiales que ahora pasaremos a definir. Ya hemos dicho que la ecología del desarrollo humano es el estudio científico del modo en que los individuos se desarrollan en interacción con su medio social, definido como una red de sistemas interrelacionados. El recién nacido marca la conducta de su madre respecto de alimentarlo pero está limitado a su regazo o su cuna, y tiene pocos medios para comunicar sus necesidades y deseos. El de diez años, en cambio, influye en muchos adultos y en otros niños situados en muchos medios distintos, y dispone de numerosas formas de comunicación. El mundo del adolescente es aún más amplio y diverso, como lo es su capacidad para gravitar en él. El niño y su entorno negocian su relación mutua a lo largo del tiempo mediante un proceso de reciprocidad. Es imposible predecir confiablemente el futuro de uno sin saber algo acerca del otro. ¿La privación económica perjudica el desarrollo? Dependerá de la edad del niño cuando aquélla se produce, de su sexo, de las oportunidades profesionales que le depara el futuro, de la calidad de su vida familiar en el pasado, de las expectativas y presupuestos que tenga en materia económica y de que se haga referencia al corto o al largo plazo.

En suma, todo depende. Al formularnos y responder preguntas relativas al riesgo evolutivo, podemos y debemos considerar siempre los niveles más próximos, los mundos mayores y menores. Si advertimos que los cónyuges tienen conflictos a raíz de la caída en el nivel de ingresos de la pareja, tenemos que mirar hacia el exterior de ésta, hacia la economía que deja sin trabajo a uno mientras tal vez acoja al otro en la fuerza laboral. También debemos tener en cuenta la cultura que define el mérito personal del individuo en términos monetarios y que echa la culpa a las víctimas del disloque económico por las pérdidas que sufren. Pero también debemos mirar hacia el interior, a las relaciones parento-filiales afectadas por los cambiantes roles y situaciones de los padres. Y debemos mirar "en forma transversal" a los miles de sistemas involucrados (familia, lugar de trabajo, economía) para ver cómo se adaptan a las nuevas condiciones con el correr del tiempo. Bronfenbrenner nos ofrece una terminología para expresar estas inquietudes de un modo sistemático, que favorece el estudio científico y promete ensanchar nuestra comprensión.

Microsistemas

El sistema más inmediato al individuo en desarrollo es el *microsistema*, el medio efectivo en que el niño experimenta y crea la realidad. Al principio, para la mayoría de los niños el microsistema es muy reducido: es el hogar, donde se produce la interacción con una sola persona por vez (interacción diádica) en actividades simples como la alimentación, el baño, las demostraciones de afecto. A medida que el niño crece, aumenta normalmente la complejidad: hace más cosas con más personas y en más lugares. Según Bronfenbrenner, esta mayor capacidad para hacer más es el fundamento mismo del desarrollo.

El juego ocupa un sitio prominente en el proceso de desarrollo desde los primeros meses de vida, y más adelante se le suma el trabajo. Jugar, trabajar y amar (lo que Freud denominaba la esencia de la existencia humana normal) son las principales actividades que caracterizan el microsistema del niño. Uno de los rasgos propios del maltrato es que mina la capacidad que tiene el niño para efectuar actividades más complejas y, por ende, empobrece su desarrollo.

Sin embargo, el grado en que se producen el juego, el trabajo y el amor, así como su nivel de complejidad, son variables. Así, una de las fuentes de daño o riesgo sociocultural es tener una gama muy limitada de actividades, lo que da lugar a una experiencia empobrecida y, consecuentemente, a un microsistema atrofiado en el que la reciprocidad se ve restringida; o sea, donde no hay una interacción genuina y ambas partes se evitan o procuran mantenerse ajenas a la otra. Uno de los aspectos más importantes del microsistema como fuerza del desarrollo es la existencia de relaciones que vayan más allá de la simple díada. El desarrollo del niño se ve estimulado al observar a otras díadas (como la formada por la madre y el padre), en las que la presencia de un tercero realza las diferencias con la propia experiencia diádica del niño y le permite a éste aprender de ellas.

En la medida en que el aumento del número en el microsistema del niño implica relaciones recíprocas más duraderas, los microsistemas más amplios y complejos, en función de la edad del niño, significan un mayor desarrollo (Summit y Kryso, 1978). La riqueza social del niño se mide por la presencia de relaciones multifacéticas recíprocas y duraderas que dan importancia al juego, el trabajo y el amor. Este punto es decisivo para comprender a las familias abusivas. Pero antes debemos examinar el nivel siguiente de los sistemas.

Mesosistemas

Los *mesosistemas* son las relaciones entre los diversos contextos en los que el individuo en desarrollo experimenta la realidad.

La riqueza de los mesosistemas para el niño se mide por el número (cantidad) y profundidad (calidad) de las conexiones. Bronfenbrenner recurre al ejemplo del niño que el primer día de clase va a la escuela solo. Esto significa que entre el hogar y la escuela hay un solo nexo: la participación del niño en ambos. Si la debilidad de este vínculo persiste, el niño podría sufrir riesgos, en particular si hay discrepancias entre el hogar y la escuela en materia de valores, experiencias, objetos y estilos de conducta.

Los hogares que no valoran la educación, en los que no hay libros ni personas instruidas, que no fomentan la lectura u otras habilidades intelectuales básicas, y que no emplean el lenguaje formal propio de la enseñanza ponen en peligro el desarrollo escolar del niño. Si en cambio todos estos nexos son fuertes, el desarrollo de la competencia educativa se verá favorecido. Y el éxito escolar del niño será aún más probable si la similitud entre ambos medios es apuntalada por la participación en ellos de otras personas.

Es importante, entonces, que los padres visiten la escuela y aun que los maestros visiten el hogar. El principio central es que cuanto más fuertes y diversos son los vínculos entre ambos medios, más poderoso será el mesosistema resultante. Estos mesosistemas son decisivos para brindar retroalimentación a los padres y protección contra el maltrato a los hijos. El cuidado del niño no se limita al microsistema de la familia. Una rica gama de mesosistemas es tanto un producto del desarrollo como su causa. Un pobre conjunto de mesosistemas refleja y a la vez genera un desarrollo defectuoso, en particular en todo aquello que involucra al hogar y la escuela.

Exosistemas

¿Qué determina la calidad de los mesosistemas del niño? Son los acontecimientos producidos en sistemas en los que éste no participa pero en los que suceden cosas que gravitan directamente en los padres y otros adultos que interactúan con él. Bronfenbrenner los llama *exosistemas*; son las situaciones que influyen en el desarrollo del niño pero en las que él no se ve directamente involucrado. Incluyen los lugares de trabajo de los padres (en los que la mayoría de los niños no participan) y los centros de poder (como los consejos escolares o juntas de planificación urbana) donde se toman las decisiones que afectan la vida diaria del niño. En lo que respecta a estos exosistemas, el riesgo puede producirse de dos maneras.

La primera es que los padres u otros adultos significativos se vean afectados de un modo tal que su conducta en el microsistema del niño se empobrezca. Por ejemplo, Melvin Kohn (1977) comprobó que si los padres trabajan en sitios donde se les exige una actitud conformista en lugar de autónoma, esta orientación se refleja en la crianza de sus hijos, ya que aspectos importantes del desarrollo de éstos resultan anulados. Otros ejemplos son aquellos aspectos de la experiencia laboral de los padres que mutilan la vida familiar, como horarios de trabajo muy largos o inflexibles, necesidad de viajar muchas horas hasta el lugar de trabajo, o el estrés.

La segunda manera en que el exosistema entraña riesgos deriva de las decisiones adoptadas en esos medios que afectan en forma adversa al niño o lo tratan con injusticia. Por ejemplo, si el consejo escolar suspende las actividades extracurriculares de la escuela a la que asiste el niño, o si la junta de planificación urbana decide construir una autopista que pasa por su barrio, estos sucesos ponen en peligro el desarrollo del niño. Así pues, el riesgo derivado del exosistema se produce cuando el niño carece de defensores eficaces de su causa en los organismos decisorios. El psicólogo George Albee (1979) afirma que la "falta de poder" es el factor fundamental que lleva al deterioro del desarrollo y a la psicopatología. Esta falta de poder desempeña por cierto un gran papel en el destino de ciertos grupos de niños y hasta puede ser importante al considerar casos individuales, como cuando los padres procuran dar a su hijo una segunda oportunidad cuando se halla en dificultades. El riesgo generado en el plano del exosistema es en gran medida una cuestión política.

Macrosistemas

Los mesosistemas y exosistemas se establecen dentro de los amplios esquemas ideológicos e institucionales de una particular cultura o subcultura. Estos son los *macrosistemas*.

Los macrosistemas son los marcos de la acción para la ecología del desarrollo humano. Reflejan los supuestos compartidos por un pueblo acerca del modo en que deben hacerse las cosas. Identificar un macrosistema no consiste meramente en nombrar un grupo, como el de los israelíes o los árabes, los suizos, los latinoamerianos, los afroamericanos, los anglosajones o los hindúes. Más allá de la simple identificación del grupo, se centra en los valores, creencias, experiencias colectivas, intereses e ideas que componen una cultura, como la tradición judeocristiana, la ética protestante, el comunismo o el fascismo. Lo que necesitamos no son meros rótulos sino variables que permitan comparar a estos grupos en forma sistemática con respecto a cierta escala común, como la orientación colectivista o individualista, o el nivel de instrucción por oposición a la ausencia de educación.

Pero los macrosistemas son algo más que estos amplios factores descriptivos. El término alude a la organización del mundo tal como es y como podría ser. La existencia del cambio histórico demuestra que el "podría ser" es muy real. Ese "podría ser" se da a través de la evolución (muchas decisiones individuales guiadas por una común percepción de la realidad) y de la revolución instaurada por un pequeño grupo de dirigentes. Por ejemplo, el hecho de que luego de la Segunda Guerra Mundial la población norteamericana se asentara cada vez más en los suburbios de las grandes ciudades fue la resultante de un intrincado conjunto de decisiones individuales, avances tecnológicos e iniciativas de grandes empresas. En su conjunto, remodelaron la experiencia familiar y escolar de millones de niños (Straus, Gelles y Steinmetz, 1980). La quiebra del comunismo y la guerra en la ex Unión Soviética en la década de los noventa modificó el paisaje institucional e ideológico de millones de familias, que dejaron de vivir en un sistema comunista único y pasaron a vivir en numerosos sistemas nacionales diferentes. Cabe presumir que estos cambios tuvieron repercusiones en los hogares y las escuelas de todos esos sistemas sociales tan rápidamente diferenciados.

¿Cuál es el riesgo en lo que atañe a los macrosistemas? El riesgo es caer en una ideología o encauzamiento cultural que amenace con empobrecer los microsistemas y mesosistemas del niño, y con poner a los exosistemas en su contra. Es una política económica nacional que tolere y hasta estimule el disloque económico y la pobreza de las familias con niños pequeños. Es el apoyo institucionalizado a un alto grado de movilidad geográfica que disocie los vecindarios y quiebre las conexiones con la escuela. Es un esquema que no brinde apoyo a los padres, tolerando o aun aceptando expresamente los intensos conflictos que se plantean entre el papel de progenitor y el de trabajador. Es un esquema de valores racistas o sexistas que degrade a ciertos progenitores y por ende eleve el nivel de tensión de sus hijos. En general, es riesgoso cualquier esquema o fenómeno social que menoscabe la capacidad y disposición de los adultos para cuidar a los hijos, y de los hijos para aprender de los adultos.

El riesgo del macrosistema es que el mundo se oponga al niño, lo cual se produce en los microsistemas. Como antes señalamos, el microsistema es el medio inmediato en que se desarrolla el niño. Los microsistemas evolucionan igual que el niño, influidos por fuerzas externas e internas. El medio "escuela" es muy distinto en verano que en otoño para los mismos niños (que, por supuesto, no son los mismos). El medio "familia" tal como lo experimenta un primogénito es diferente del que experimentan sus hermanos. Debemos recordar que el microsistema tiene una vida propia; también él se desarrolla.

Importa recordar que la definición de Bronfenbrenner nos habla del microsistema como un patrón de conducta experimentado por el individuo en desarrollo. La realidad en la que vivimos y sobre la cual actuamos está conformada por los mapas cognitivos que llevamos en nuestra cabeza. Podríamos discutir quién lo dijo mejor: si Shakespeare en *Hamlet* ("pues no hay nada bueno o malo/sólo el pensamiento lo vuelve tal") o el sociólogo W.I. Thomas ("Si los hombres definen unas situaciones como reales, ellas son reales en sus consecuencias") (Thomas y Thomas, 1928; Coopersmith, 1967; Homans, 1975; Jeffrey, 1976; Bandura, 1977; Gilmartin, 1978). Cada niño construye los microsistemas a la vez que es plasmado por éstos. El microsistema de un niño se convierte en una fuente de riesgo evolutivo cuando se empobrece socialmente. El niño se verá perjudicado si hay muy pocos participantes, muy escasa interacción recíproca, y/o si prevalecen pautas de interacción psicológicamente destructivas. Un microsistema debe ser un portal abierto al mundo. Bronfenbrenner lo reconoce cuando, al referirse a los microsistemas y al desarrollo del individuo, enuncia lo siguiente: "El estado evolutivo del individuo se refleja en la gran variedad y complejidad estructural de las actividades que inicia y mantiene sin ser instigado o dirigido por otros" (Bronfenbrenner, 1979, pág. 55). El fruto de un microsistema sano es un niño cuya capacidad para comprender y abordar con éxito esferas cada vez más amplias de la realidad va en aumento. Además de aprender a ser competente en lo social y en lo intelectual, ese niño aprende a respetarse a sí mismo y a tenerse confianza. El maltrato infantil afecta directamente estas áreas del desarrollo.

CAPÍTULO 2

FRANK BARRY / PATRICK COLLINS

DIFUSIÓN E HISTORIA DEL ABUSO Y EL DESCUIDO DEL NIÑO

¿Qué difusión ha alcanzado el problema del abuso y el descuido del niño? Este polémico interrogante ha ocupado el centro del debate sobre el bienestar del niño durante más de un siglo, pese a lo cual no se ha llegado aún a una respuesta definitiva. Uno de los grandes obstáculos para encontrarla, y en general para el avance en el campo del maltrato infantil, ha sido la falta de consenso sobre las distintas definiciones del maltrato. En Estados Unidos, la definición legal del maltrato infantil varía según los estados, tornando dificultosa la comparación de datos provenientes de estados diversos. También las definiciones científicas han sido muy variables e impidieron realizar comparaciones entre los distintos estudios.

Fuentes oficiales de datos relativos al abuso y el descuido del niño

Como reacción frente a la creciente inquietud acerca del maltrato infantil y la falta de consenso en torno de los alcances del problema, desde principios de la década de los ochenta el gobierno norteamericano comenzó a dedicar un monto significativo de recursos a la medición de la incidencia del abuso y el descuido del niño. En la actualidad, hay tres fuentes oficiales de datos al respecto. El Sistema Nacional de Datos sobre el Abuso y el Descuido del Niño (National Child Abuse and Neglect Data System, NCANDS) proporciona la información sobre niños de la que se dio cuenta ante las oficinas estaduales de los Servicios de Protección del Niño (Child Protection Services, CPS). Por su parte, los Estudios Nacionales sobre la Incidencia del Abuso y el Descuido del Niño (National Incidence Studies of Child Abuse and Neglect), conocidos como NIS-1, NIS-2 y NIS-3, suministran datos sobre niños cuyo maltrato no sólo era conocido por los CPS sino además por una cantidad de profesionales que atienden a la comunidad. Finalmente, el Informe Uniforme sobre el Delito del FBI (Uniform Crime Report, UCR) documenta los casos fatales. Todas estas fuentes se consideran oficiales, pero cada una de ellas tiene virtudes y limitaciones especiales. Las analizaremos en términos de lo que pueden y no pueden decirnos sobre la difusión del abuso y el descuido del niño en Estados Unidos. Interesa señalar que la disponibilidad de estadísticas oficiales concernientes al maltrato infantil no contribuyó demasiado a aplacar el debate sobre la difusión del problema.

Datos de los Servicios de Protección del Niño

El NCANDS es un sistema voluntario de recopilación y análisis de datos desarrollado en forma conjunta por el gobierno nacional norteamericano y los gobiernos estaduales. Desde la sanción de la Ley de Prevención y Tratamiento del Abuso del Niño, en 1974, todos los estados deben mantener registros de los maltratos informados y presuntos. Estas leyes federales exigen que los estados identifiquen el maltrato y respondan a él, pero no los obliga a dar cuenta de dicha información al gobierno nacional. El propósito del NCANDS es compilar datos de los estados a nivel nacional mediante convenios voluntarios, cosa que ha venido haciendo desde 1990.

Antes de esa fecha, la Asociación Humanista Norteamericana (American Humane Association, AHA) y la Comisión Nacional para Impedir el Abuso del Niño (National Committee to Prevent Child Abuse, NPCA) llevaron a cabo encuestas anuales correspondientes a los estados y reunieron datos sintéticos similares. La NCPCA continúa realizando un estudio anual en los cincuenta estados, cuyos resultados son muy congruentes con los del NCANDS. En la Figura 2.1 se presenta el índice de informes sobre casos de maltrato para los años 1976 a 1995, así como el índice de casos fundamentados para los años 1990 a 1995, utilizando los datos de AHA, NCPCA y NCANDS. (Se entiende por "casos fundamentados" aquellos que los CPS investigaron hasta llegar a la conclusión de que, en efecto, podía legítimamente considerárselos casos de maltrato.)

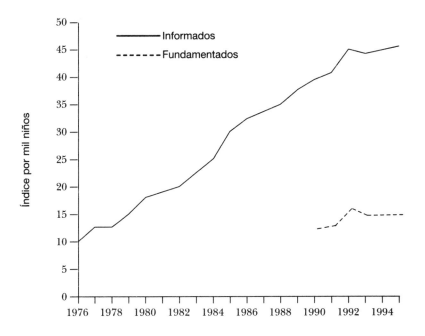

Figura 2.1. Índice de casos de abuso y descuido de niños informados ante los CPS y fundamentados por este organismo

Fuentes: American Humane Association, 1988; National Committe to Prevent Child Abuse, 1996.

Las estimaciones derivadas de las fuentes de los CPS muestran un aumento sustancial y sostenido del índice de casos informados en el período de 19 años para el cual se dispone de información. Los índices de casos fundamentados, que sólo existen para los años 1990 a 1995, sólo presentan un muy moderado aumento. Esto indica que, a medida que los CPS manejan más y más casos, el índice de fundamentación disminuye. Una explicación corriente de esta tendencia es que los profesionales y la población en general se han vuelto más sensibles al maltrato infantil y ahora dan cuenta de casos menos graves, los que a su vez es más difícil que sean fundamentados. Otra explicación de la caída del índice de fundamentación es que los recursos aplicados a las investigaciones no aumentaron al mismo ritmo que la información de casos de maltrato por parte de la población, lo cual llevó a que se efectuaran estudios menos rigurosos.

La principal limitación de las estimaciones de AHA, NCPCA y NCANDS es que sólo representan el subconjunto de los casos que fueron informados ante los CPS. Si bien las opiniones en cuanto a cuál es la proporción del total de casos que llegan a conocimiento de los CPS no son coincidentes, se acepta por lo general que un gran número de casos no se informan ante los CPS. Los estudios nacionales de incidencia, que examinaremos con más detalle en este capítulo, nos aclaran en parte este punto, pues brindan estimaciones del número de niños maltratados en Estados Unidos conocidos por diversos tipos de profesionales que actúan en la comunidad, incluidos los casos de los que no se dio cuenta a los CPS.

Otro problema de los informes estaduales y del uso de los datos de los CPS para determinar la difusión del maltrato infantil es que los tipos de casos que investigan los CPS presentan un sesgo. Una de las formas de ese sesgo se vincula con el tipo de maltrato (abuso o descuido). Como a menudo el abuso es más fácil de detectar que el descuido, y por ende es más fácil que se informe sobre él, los datos de los CPS están sesgados en favor del abuso. Por ejemplo, en 1993 los CPS investigaron el 40% de los casos de abuso identificados a través del más amplio NIS-3, pero sólo el 18% de los casos de descuido. También se observan sesgos dentro de las categorías del abuso y el descuido. Por ejemplo, es mucho más probable que se investigue el abuso físico y no el emocional, y más probable que se investigue el descuido físico y no el emocional o educativo.

Otro sesgo muy citado de los datos informados es el llamado "sesgo de la verificación". Según esta hipótesis, las familias de escasos recursos económicos son más visibles para el sistema de servicios sociales y por consiguiente es más probable que sean objeto de informes de maltrato. Por el contrario, las familias de buenos recursos económicos y sociales pueden buscar ayuda en forma privada (por ejemplo, terapeutas) y por lo tanto son menos visibles para el sistema de servicios sociales y es menos probable que interactúen con éste.

Los Estudios Nacionales sobre la Incidencia del Abuso y el Descuido del Niño (NIS)

Los NIS constituyen un estudio periódico que cuenta con la aprobación del Congreso de Estados Unidos y que realiza el Centro Nacional sobre el Abuso y el Descuido del Niño. Hasta ahora se completaron tres series, en lo que se dispone de datos para los años 1980, 1986 y 1993. Estos estudios ofrecen una medida más abarcativa de la incidencia del maltrato infantil que las del NCANDS u otras fuentes de los CPS, porque además de las filiales de los CPS la encuesta abarca a los profesionales que trabajan en hospitales, organismos encargados del cumplimiento de las leyes, escuelas y guarderías. De este modo, contiene datos no informados a los CPS o que éstos descartaron y no investigaron. Otra gran ventaja de los NIS es que emplean un conjunto estándar de definiciones que son las mismas para todos los casos, independientemente del estado en que hayan tenido origen.

Una diferencia importante entre las tres series de los NIS es que en el NIS-1 se empleó un único conjunto de definiciones, en tanto que en el NIS-2 y el NIS-3 se utilizaron dos definiciones estandarizadas diferentes del abuso y el descuido. Las definiciones empleadas en el NIS-1 tomaban como criterio el daño infligido al niño, considerándolo maltratado sólo si ya había sufrido un daño a raíz del abuso o el descuido. En el NIS-2 y el NIS-3, como respuesta a las críticas de que la norma del daño era muy conservadora, se añadieron definiciones basadas en la norma del riesgo que corría el niño. Según esta norma, se tiene en cuenta a los niños que sufren un abuso o descuido que los coloca en una situación de riesgo inminente de ser dañados. Importa señalar que estas dos categorías no se excluyen mutuamente. O sea, los niños que por el tipo de maltrato que sufren cumplen con la norma del daño son incluidos, por lo común, en ambos grupos. En la Figura 2.2 se presentan las estimaciones registradas por el NIS-3 para los años 1980, 1986 y 1993 de los índices de niños abusados o descuidados en Estados Unidos, según cada una de las dos normas mencionadas.

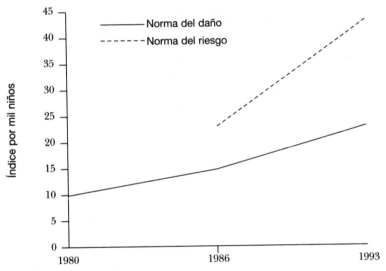

Figura 2.2. Índice de maltrato infantil según las normas del daño y del riesgo

Fuente: Sedlak y Broadhurst (1996).

Estos datos muestran aumentos sustanciales y estadísticamente significativos en los índices de maltrato desde que se realizó la primera serie de estos estudios en 1980. La tasa de aumento es más notable en el lapso de siete años transcurrido entre el NIS-2, de 1986, y el NIS-3, de 1993. En dicho período, el índice de maltrato según la norma del riesgo casi se duplicó, hasta llegar a un 42 por mil, con un total de 2.815.600 niños en todo Estados Unidos (Sedlak y Broadhurst, 1996). Según la norma del daño, el índice aumentó un 67% en ese mismo intervalo.

Los datos de los NIS revelan que la mayoría de los casos de maltrato se desconocen y que la proporción de casos no informados va en aumento. Por ejemplo, el NIS-3 comprobó que en 1993 los CPS habían investigado sólo el 28% del total de casos de maltrato; el 72% restante o bien no fue informado, o fue descartado por los CPS sin ser investigado. Esta cifra representa una reducción significativa con relación al 44% de casos investigados en 1986 y el 33% investigados en 1980. En la Figura 2.3 se grafica la incidencia global del maltrato para cada uno de los tres estudios, mostrando el porcentaje de casos de niños maltratados que fueron investigados por los CPS.

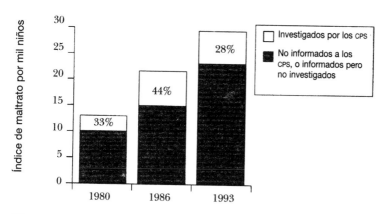

Figura 2.3. Proporción de casos de niños maltratados que fueron investigados por los CPS cada año

Fuente: Sedlak y Broadhurst (1996).

Muchos críticos han aducido que si hubo una proporción tan grande de casos no informados a los CPS, ello se debió a que se trataba de formas más leves de maltrato. Atribuyen el aumento del número de niños maltratados a lo largo del tiempo a la mayor sensibilidad y conciencia del problema, y no a un aumento real. Refuerza este punto de vista el hecho de que el mayor incremento se produjo según la norma del riesgo y no la del daño, así como la disminución en el índice de casos fundamentados por los CPS a que antes nos referimos. Sin embargo, es poco probable que la mayor sensibilidad dé cuenta de todo el aumento. El NIS-3 puso de manifiesto que se cuadruplicó, con respecto al NIS-2, el índice de niños seriamente lesionados o que corrían grandes riesgos de sufrir maltratos, y sólo se informó a los CPS de un 26% de estos casos. Es muy poco verosímil que un número tan grande de casos de lesiones graves haya pasado inadvertido a los profesionales que respondieron al NIS-2, por lo cual la mayor sensibilidad no explica por sí sola este cambio. Lo más probable es que hayan obrado ambos factores a la vez: mayor sensibilidad y aumento real de los casos de maltrato.

El Informe Uniforme sobre el Delito del FBI (UCR)

Los casos de maltrato que llevan a la muerte del niño afectan a un número muy reducido de éstos en comparación con las demás formas de maltrato, pero es difícil saber exactamente cuántos son.. Las estimaciones sobre la incidencia de dichos casos fatales varían ampliamente, aunque hay un creciente consenso de que el maltrato fatal ha sido detectado e informado en muy escasa medida, y ello debido a los diagnósticos médicos deficientes, los informes incompletos o inexactos sobre las actividades delictivas, el hecho de que las investigaciones policiales y de los organismos de protección del niño no se completen, así como las fallas en el registro de las causas de muerte en los certificados de defunción (McClain, Sacks, Froehlke y Ewigman, 1993; Ewingman, Kivlahan y Land, 1993).

Las cifras sobre las muertes infantiles asociadas a maltratos proceden de numerosas fuentes. El informe sobre homicidios del UCR es la fuente oficial de los datos sobre homicidios cuyas víctimas fueron niños, pero no distingue entre las muertes provocadas por maltrato y por otros motivos. El UCR dio cuenta de 2.521 homicidios infantiles en Estados Unidos en 1994 (U.S. Federal Bureau of Investigation, 1995). La Comisión Nacional para Prevenir el Abuso del Niño, sobre su encuesta anual de las filiales de los CPS en los cincuenta estados, identificó 1.278 muertes infantiles debidas a maltrato en 1994 (NCPCA, 1996).

Para ese mismo año, sobre su estudio de 43 estados, el NCANDS dio cuenta de 1.111 muertes infantiles (U.S. Deparment of Health and Human Services, 1996).

Recientes estudios en esta esfera indican que un gran porcentaje de las víctimas fatales de maltratos son sistemáticamente ignoradas. Ewigman, Kivlahan y Land (1993) comprobaron que en las estadísticas vitales, los datos sobre homicidios del UCR y los registros del CPS de Missouri correspondientes a 384 niños de menos de cinco años, había una subestimación significativa del maltrato como causa de muerte. Otras reseñas de estudios realizados con los registros de Nueva York y del distrito Cook en el estado de Illinois llegaron a resultados similares. McClain, Sacks, Froehlke y Ewigman (1993) crearon tres modelos para estimar el número real de víctimas fatales del maltrato utilizando los certificados de defunción, y hallaron que los índices de muertes se habían mantenido estables en el período que va de 1979 a 1988. Según el estudio de cincuenta estados del NCPCA, la incidencia de maltratos fatales pasó de 1,30 por 100.000 en 1985 a 1,81 por 100.000 en 1995, con un aumento total del 39% (NCPCA, 1996). A modo de comparación, el índice global de homicidios en Estados Unidos es de 10 por 100.000.

Los hallazgos de estos estudios llevaron a la creación de equipos de verificación de las muertes infantiles en muchos lugares. Estos equipos, compuestos por médicos, criminólogos y especialistas en protección del niño, determinan las circunstancias en que se produjo la muerte y recomiendan un adecuado seguimiento del caso. El primero de estos equipos se estableció en el distrito de Los Ángeles en 1978, y desde entonces se los creó, ya sea a nivel local o estadual, en 45 estados. Sólo en 1992, ocho estados sancionaron normas que exigían la creación de estos equipos. Han logrado mejorar la comprensión de los casos fatales de maltrato, aumentar el índice de identificación y enjuiciamiento de los perpetradores y promover cambios en todo el sistema que en última instancia impidan estos desenlaces fatales. Si bien en este campo es preciso realizar nuevos trabajos, los equipos de verificación de las muertes infantiles parecen constituir un método útil.

Historia de la reacción social ante el maltrato infantil

Para una comprensión más profunda de la dinámica del maltrato infantil, será útil pasar revista a la evolución de la reacción pública ante este problema. El maltrato infantil no es un fenómeno nuevo, pero la perspectiva de la sociedad sobre él ha cambiado radicalmente con el tiempo. En la Biblia se aconseja disciplinar al niño, "que no se ha de morir porque le castigues con la vara", sino que por el contrario así "librarás su alma del infierno" (Proverbios, 23:13-14). Aparentemente, en esa época tales métodos gozaban de aceptación, mientras que en la actualidad se los consideraría, en general, como un abuso liso y llano. Charles Dickens describió la dura disciplina que se imponía a los niños a mediados del siglo XIX en Inglaterra (Dickens, 1839) y Mark Twain hizo lo propio con la Norteamérica posterior a la Guerra Civil (Twain, 1885). Pero los tiempos ya habían empezado a cambiar: a diferencia de los que dejaron sus palabras asentadas en la Biblia, Dickens y Twain no proponían esas medidas disciplinarias ni las aceptaban; por el contrario, en sus novelas los que recurrían a esas medidas brutales eran los villanos.

Esto plantea una cuestión crucial: ¿hasta qué punto los efectos del maltrato infantil están culturalmente determinados, y hasta qué punto se producen con independencia del contexto cultural? Si la sociedad cree auténticamente que propinar una zurra a un niño lo beneficia, ¿serán negativos sus efectos? A medida que el lector avance en este libro surgirán algunas respuestas para esto, pero aquí vale la pena consignar que la fascinante descripción que hizo Jane Goodall de la conducta materna entre los chimpancés documenta bien a las claras los efectos negativos que tiene el descuido de la prole en su crecimiento y desarrollo (Goodall, 1990). Algunos de estos efectos no sólo trascienden la cultura y la época sino a la especie humana misma.

Si nuestro objetivo es comprender la historia, la pregunta decisiva no es cuándo o cómo comenzó el maltrato infantil, ni siquiera cuáles eran sus efectos en ese momento, sino más bien cuándo y por qué se convirtió en un tema de debate público. ¿En qué momento la sociedad resolvió que ese proceder era incorrecto? En Estados Unidos, suele considerarse que la preocupación pública por el abuso infantil comenzó en 1874, con el caso muy difundido de Mary Ellen Wilson, una hija ilegítima cuya madre la abandonó luego de que el padre muriera en la Guerra Civil. Mary Ellen quedó al cuidado de la esposa legítima de su padre muerto y de su segundo marido, ninguno de los cuales tenía una relación consanguínea con ella, y más tarde se comprobó que había sido gravemente golpeada y descuidada. Fue Etta Wheeler, una asistenta social ligada a la Iglesia, quien descubrió la situación de la niña, siguiendo las pistas que le había dado una vecina preocupada por el caso. A la sazón no existía ninguna entidad que defendiera los derechos de los niños, pero Wheeler acudió a la Sociedad Norteamericana para Prevenir la Crueldad contra los Animales, la cual intervino convenciendo a un juez de que debía retirar a Mary Ellen del contacto con su madrastra y encarcelar a ésta (Nelson, 1984; Lazoritz, 1990).

Muchos niños habían vivido situaciones similares con anterioridad, en especial los nacidos fuera del matrimonio. Si el caso de Mary Ellen atrajo tanta atención, probablemente no fue porque fuese único sino por el momento en que se produjo. La industrialización de la segunda mitad del siglo XIX trajo consigo cambios tecnológicos que estimularon el surgimiento de una nueva clase culta ociosa, cuyos miembros eran influyentes en la literatura, la educación, la política y el arte (Grotberg, 1976; Nelson, 1984). Dado que la industrialización requería una tecnología más perfeccionada, la educación cobró mayor importancia. Había además un activo movimiento femenino que no sólo abogaba por el sufragio sino también por adoptar para con los niños formas más benévolas de disciplina que las palizas aplicadas comúnmente como castigo (Gordon, 1988). La ideología de los "derechos naturales", que se popularizó durante el período de la Reconstrucción Radical posterior a la Guerra Civil, fue aplicada tanto a los niños como a los adultos. Los cambios en las creencias religiosas iniciados con la Reforma comenzaron a afectar la crianza a medida que la dura doctrina del "pecado original" cedía paso a un concepto más benigno de la inocencia infantil. En el siglo XVIII, Jean-Jacques Rousseau y John Locke habían aseverado que los niños nacían dotados de una bondad innata y luego eran plasmados por su medio y por quienes los rodeaban, no por un demonio interior. En el siglo XIX, estas ideas fueron ganando aceptación en Estados Unidos, sobre todo después de la Guerra Civil, cuando aumentó la proporción de personas que recibían instrucción (Grotberg, 1976; Garbarino, 1982; Nelson, 1984).

En la Edad Media, alrededor de la mitad del total de niños nacidos morían antes de cumplir cinco años; en el siglo XIX, los grandes progresos en materia de salud pública redujeron drásticamente la mortalidad infantil, a punto tal que durante la Revolución Industrial esa cifra bajó a alrededor del 10%. Antes de esa época, se pensaba que invertir en los niños no era rentable, debido a su corta esperanza de vida (Garbarino, 1982, 1995; Grotberg, 1976; Jordan, 1987). La pediatría, como especialidad médica, surgió después de la Guerra Civil; en la década de 1870 aparecieron las primeras organizaciones recreativas para niños y en la de 1880 comenzó la asistencia social comunitaria (Grotberg, 1976). Todas estas fuerzas convergieron para dar origen a una concepción más esclarecida de la niñez como etapa protegida de la vida que debía destinarse a la educación y el desarrollo, etapa diferente de la adultez y libre de las presiones, obligaciones y peligros que enfrentan los adultos (Grotberg, 1976; Nelson, 1984; Garbarino, 1995). Antes de esa época, no se consideraba a los niños como entes separados de los adultos y existía poca conciencia sobre el significado de la edad. De hecho, las primeras obras pictóricas muestran a los niños como adultos en miniatura, dotados de rasgos adultos; los rasgos infantiles no aparecen en el arte hasta el siglo XIII (Aries, 1962; Garbarino, 1982). A lo largo del siglo XVIII se suponía que los niños habrían de trabajar tan pronto estuvieran en condiciones físicas de hacerlo, y era muy escasa la comprensión de la importancia del juego para su desarrollo (Garbarino, 1982, Grotberg, 1976; Gordon, 1988).

Organizaciones destinadas a proteger a los niños

Si se tienen en cuenta los cambios que sobrevinieron en Estados Unidos luego de la Guerra Civil así como las condiciones y creencias imperantes con anterioridad, es fácil ver por qué se empezó a cuestionar el abuso infantil; pero también se comprueba que existían muy pocas instituciones que pudieran remediarlo. El caso de Mary Ellen tuvo gran difusión periodística y dio por resultado la creación, en la ciudad de Nueva York, de la primera Sociedad para la Prevención de la Crueldad contra los Niños (Society for the Prevention of Cruelty to Children, SPCC), como extensión de la ya mencionada Sociedad para la Prevención de la Crueldad contra los Animals (Society for the Prevention of Cruelty to Animales, SPCA) (Nelson, 1984). Hacia 1880, ya se habían formado más de treinta entidades semejantes en todo el país (Gordon, 1988).

La SPCC de Nueva York asumió la defensa de la ley y el orden; obtuvo para su personal el rango de oficiales de policía y la facultad de iniciar acciones legales contra los padres. Su objetivo era identificar a las familias abusivas, castigar a los padres y "rescatar" a los hijos, que a menudo eran internados en orfanatos u otras instituciones de gran tamaño (Nelson, 1984). La Massachusetts Society for the Prevention of Cruelty to Children, que se creó luego, adoptó al principio una concepción similar. Gordon (1988), luego de estudiar los primeros casos registrados en Boston, llegó a la conclusión de que la principal inquietud de la SPCC era controlar a las familias inmigrantes de clase baja, percibidas en general como inferiores por los hombres y mujeres de clase alta que dirigían la organización. Los protestantes anglosajones que durante dos siglos ejercieron su dominio incuestionado sobre la ciudad de Boston veían como una amenaza a los numerosos inmigrantes católicos que venían de Irlanda en un estado de pobreza desesperante. En verdad, ya en 1850 el 35% de la población de Boston era de origen extranjero. Consecuentemente, no es de extrañar que la SPCC no sólo fuera un medio para proteger a los niños sino también un método de control social. Es probable que algunos de los "agentes" informales de protección del niño cometieran también abusos de poder; por cierto, la mayoría de las familias de inmigrantes pobres estaban muy mal protegidas contra ellos.

Esto se modificó a partir de 1907, cuando la SPCC de Massachusetts contrató como director a Carl Carstens, quien antes se había desempeñado en la Sociedad de Organización de la Caridad de Nueva York. Carstens introdujo en la protección del niño el concepto del trabajo social individual. En lugar de emplear de modo informal a individuos de sexo masculino para que hicieran cumplir las leyes, Carstens contrató e instruyó como trabajadoras sociales a mujeres de clase media con el fin de que investigaran la situación de las familias y procurasen resolver sus principales problemas. El trabajo social personalizado ya se estaba aplicando en organizaciones asistenciales que brindaban servicios en barrios pobres y en otras ramas de la asistencia social, como extensión científica del voluntarismo iniciado por los reformistas procedentes de familias adineradas de la generación anterior. Se lo consideraba más eficaz y científico que el castigo o separación de los niños, y a la larga sirvió de base a la moderna teoría de la asistencia social (Gordon, 1988).

La SPCC de Massachusetts fue la primera gran entidad de protección del niño que adoptó el modelo del trabajo social, y al poco tiempo le siguieron otras. Pero algunos organismos rechazaban este enfoque, y se produjo un cisma entre los "restriccionistas" y los "liberales" (Gordon, 1988). La SPCC de Nueva York continuó poniendo el acento en el cumplimiento de las disposiciones legales, el rescate de los niños y el castigo a los padres transgresores, en tanto que la de Massachusetts se encaminó hacia un enfoque de resolución de problemas mediante el trabajo social individual. A la postre el enfoque "progresista" de la entidad de Massachusetts tuvo mucho mayor aceptación que el de la entidad de Nueva York, pero lo cierto es que la tensión entre estas dos filosofías impregnó desde entonces y hasta nuestros días el campo de la protección del niño.

La profesionalización del trabajo social hizo que el foco se pusiera en la reforma y cambio de las familias en lugar de ponerlo en el rescate de los niños y el castigo de los abusadores. Según Gordon, esto hizo que el eje cambiara, pasando de los hombres abusivos, a menudo alcohólicos, a las mujeres que por alguna razón no brindaban cuidados apropiados a sus hijos. Los trabajadores sociales trataban de enseñarles a esas madres cómo debían cuidar de sus casas y criar a sus hijos, impulsándolas a adoptar normas propias de la clase media, lo cual no era nada fácil si no se contaba con ingresos equivalentes a los de dicha clase (Gordon, 1988; Nelson, 1984).

La gran preocupación pública por el abuso infantil manifestada en 1874 no duró. Entre 1874 y 1877, el *New York Times* publicó 52 artículos que versaban sobre "la crueldad contra los niños"; pero esta categoría (que apareció por primera vez en 1874) fue suprimida totalmente del índice del periódico en 1877 (Nelson, 1984). Pasaría casi un siglo antes de que el abuso infantil volviese a constituir un importante tema de debate público en Estados Unidos.

Reacción oficial: la oficina de los niños

No obstante, la preocupación general por los niños llevó a la creación, en 1912, de la Oficina de los Niños (Children's Bureau), dependiente del gobierno nacional. Fue el resultado de la Primera Conferencia sobre Niños Dependientes realizada en 1909 en la Casa Blanca, con auspicios del presidente Theodore Roosevelt. La misión encomendada a esta Oficina fue conducir investigaciones "sobre todas las cuestiones pertinentes al bienestar de los niños y a la vida del niño en todas las clases [sociales]" (Nelson, 1984, pág. 35). A fin de evitar una oposición que podría haber causado la temprana desaparición del organismo, éste no se ocupó de los asuntos más controvertidos de la época, como el trabajo infantil, en que las nuevas concepciones sobre los derechos de los niños entraban en colisión con poderosos intereses económicos. En lugar de ello abordó "cuestiones políticamente seguras aunque socialmente importantes", muchas de las cuales giraban en torno de la salud pública (Nelson, 1984, pág. 36).

La Ley de Seguridad Social de 1935 atribuyó a la Oficina de los Niños otras obligaciones, más allá de las vinculadas con la investigación, al hacerla responsable de la administración del Título V, que incluía los servicios asistenciales infantiles. Un hecho significativo es que esta importante medida del gobierno nacional puso el acento en la labor de los trabajadores sociales y no de los funcionarios encargados de velar por el orden y la paz; de este modo, se institucionalizó más aún el alejamiento respecto del enfoque del cumplimiento de la ley. En la década de los treinta el abuso infantil había desaparecido en la práctica como tema importante de debate público, y los problemas relativos al maltrato se dejaron librados en gran medida a la acción de los trabajadores sociales profesionales (Nelson, 1984).

Una nueva profesión entra en escena

Pero en el próspero período posterior a la Segunda Guerra Mundial se plantaron las semillas para una revitalización del interés y la preocupación públicos, que sobrepasarían todo lo acontecido en el período de reformas de fines del siglo pasado. Los primeros avances críticos tuvieron lugar entre los profesionales y escaparon en buena parte al conocimiento público. La nueva tecnología de los rayos X permitía a los radiólogos discriminar entre las antiguas fracturas curadas de una persona y las nuevas, lo cual a su vez les posibilitaba identificar las heridas consecutivas en datos físicos antes ocultos (Grotberg, 1976).

En 1946, el radiólogo John Caffey informó acerca de la misteriosa aparición de reiteradas fracturas óseas y hematomas subdurales en bebés cuyos padres no habían informado de ninguna lesión lo bastante seria como para provocarlas (Caffey, 1946). En 1953, Roy Astley, del Hospital de Niños de Birmingham, en Inglaterra, estudió a seis bebés que exhibían este fenómeno y presumió que tenían una estructura ósea extremadamente frágil (Astley, 1953). Ese mismo año, Frederic Silverman, un radiólogo de Cincinnati, examinó tres casos similares y sostuvo que los médicos que los habían atendido no obtuvieron historias clínicas adecuadas (Silverman, 1953). En 1955, P. V. Wooley y W. A. Evans, el primero del Hospital de Niños de Michigan y el segundo del Colegio Superior de Medicina de la Wayne State University, examinaron ampliamente doce casos de bebés que presentaban fracturas, hematomas y otras lesiones inexplicables. No hallaron pruebas que corroborasen la hipótesis de la fragilidad ósea de Astley, y llegaron a la conclusión de que lo más probable era que esos cuadros fuesen causados por "vectores de fuerza indeseables". Observaron que todos ellos se habían dado en hogares "con una alta proporción de conductas (adultas) neuróticas o psicóticas", y que cuando se alejaba a los niños de su hogar no aparecían nuevas lesiones (Wooley y Evans, 1955, pág. 543). En 1957, Caffey reexaminó sus datos de 1946 y declaró que los traumas podrían haber sido provocados deliberadamente por los padres de los bebés (Nelson, 1984).

Estos artículos y otros similares constituyeron las primeras tentativas de involucrar a una nueva y potente fuerza en el campo del maltrato infantil: la profesión médica. Aunque pasaría como mínimo otra década antes de que los médicos aceptasen plenamente la posibilidad de que los padres pudieran lesionar a sus hijos de modo deliberado, la participación de los médicos tuvo enorme repercusión en este campo y en la reacción de la población (Nelson, 1984).

Los asistentes y trabajadores sociales profesionales también dieron algunos pasos importantes en este lapso. En 1954, Vincent De Francis, director de la filial de Nueva York de la SPCC, asumió el cargo de director de la Asociación Humanística Norteamericana (AHA), entidad nacional que agrupaba a las SPCA y las SPCC. Bajo su dirección, la AHA inició una encuesta nacional de los servicios que se brindaban a los niños abusados, descuidados y explotados. En 1955, la entidad dio a conocer sus resultados a la Oficina de los Niños y sus hallazgos fueron publicados al año siguiente (Nelson, 1984).

De Francis persuadió asimismo a los organismos nacionales dedicados a la asistencia del niño para que se reunieran en forma anual. Ya en la primera de estas reuniones salió a la superficie el disenso existente respecto de imponer servicios para los niños o brindar servicios voluntarios para los padres, una suerte de repetición del debate entre el castigo y la rehabilitación. Tanto el informe de De Francis como las propias reuniones anuales contribuyeron a volver más notorio en los círculos profesionales el tema del maltrato infantil. El informe ponía el acento en el descuido –"el riesgo que corren la salud, la moral, el bienestar o el desarrollo emocional del niño"– más que en el abuso físico, ya que los trabajadores sociales individuales se encontraban con que la mayoría de los casos que atendían eran el resultado del descuido (Nelson, 1984).

En 1960, la Oficina de los Niños recibió una nueva partida presupuestaria para investigación, permanente e irrestricta, de un millón de dólares. Según Nelson, el hecho de disponer de este financiamiento imprevisto, precisamente cuando los profesionales estaban tomando mayor conciencia del maltrato infantil, fue la base para que el abuso infantil reemergiese como cuestión pública. Dado que los hallazgos preliminares de las investigaciones atrajeron la atención de los profesionales, la Oficina de los Niños programó destinar una parte de esa suma a averiguar algo más acerca de este tema. Los estudios resultantes generaron nuevos hallazgos que se difundían periódicamente a través de los medios de comunicación, llevando el tema otra vez al primer plano.

El papel de los medios de comunicación

El primer artículo que convocó la atención pública fue escrito por C. Henry Kempe, un pediatra de Denver, y sus colaboradores, y publicado en *Journal of the American Medical Association* en 1962. Titulado "El síndrome del niño golpeado", se basaba en 302 casos de "grave abuso físico" cometidos contra niños pequeños que se presentaron en salas de guardia. Ya desde su primera oración el Dr. Kempe y sus colegas declaraban sin tapujos lo que la mayoría de los autores anteriores apenas habían insinuado: que esas lesiones eran infligidas por los padres (Kempe, Silverman, Steele, Droegemueller y Silver, 1962). La revista mencionaba en su artículo editorial (sin dar datos que lo sustentasen) que este fenómeno podía causar un mayor número de muertes entre los niños que ciertas enfermedades bien conocidas, como la leucemia y la distrofia muscular. La nota atrajo muy pronto la atención de los medios masivos de comunicación y al poco tiempo aparecieron artículos sobre abuso infantil en otras revistas y periódicos, como *Newsweek, Time, Life* y *Saturday Evening Post* (Nelson, 1984).

El hecho de que el artículo de Kempe concitara tanta atención y el anterior informe de De Francis no lo hiciera puede haber obedecido a que Kempe y sus colaboradores ponían el acento en el abuso físico, tema mucho más impresionante que el descuido, tal como lo había definido De Francis. Además, la medicina gozaba de gran prestigio a la sazón por sus recientes éxitos en la eliminación de la viruela, la poliomielitis y otras enfermedades infantiles que habían atribulado virtualmente a todos los padres de esa época. Por otra parte, el Dr. Kempe no era un mero pediatra con los conocimientos de rutina; creía en los principios del sanitarismo y había desempeñado un papel importante en la erradicación de la viruela en la India. Conocía muy bien la importancia de los medios en las campañas sanitarias. El artículo de Kempe y sus colaboradores de 1962 fue el puntapié inicial de una corriente publicitaria que continúa hasta la fecha. La *Readers Guide to Periodical Literature* (Guía de los lectores sobre publicaciones periódicas) computó que entre entre 1960 y 1980 se habían publicado 124 artículos sobre maltrato infantil, y más de 1.700 artículos en revistas especializadas entre 1950 y 1980, casi todos después de 1962 (Nelson, 1984). Otros médicos se sumaron a la causa escribiendo libros y artículos y ofreciendo cursos de formación en el tema; entre los más conocidos cabe mencionar a Ray Helfer, de Michigan, Vincent Fontana, de Nueva York, y Eli Newberger, de Boston.

La reacción del Poder Legislativo y del sector privado

La Oficina de los Niños respondió al interés público desarrollando modelos de leyes para los estados que exigían a los médicos notificar los casos presuntos de maltrato infantil. Diversas organizaciones profesionales, como la Asociación Humanística Norteamericana y la Academia Norteamericana de Pediatría, presentaron opciones legislativas. Los puntos en que hubo discrepancias fueron si la información debía ser presentada en forma obligatoria o voluntaria, a quién había que dirigirla y quiénes estaban obligados a informar. En una nueva ronda del debate "castigo versus rehabilitación", la Oficina de los Niños propuso que se informase a la policía, aduciendo "que estaba siempre en funciones", en tanto que la AHA recomendó informar a los organismos de asistencia social del niño, porque así era más probable que se brindaran servicios en lugar de aplicar castigos. Entre 1963 y 1967 se sancionaron en los cincuenta estados de la Unión distintas versiones de la legislación relativa a estos informes, lo cual constituye una tasa de difusión increíblemente rápida para una nueva ley (Nelson, 1984).

A principios de la década de los setenta se iniciaron dos esfuerzos privados que contribuirían a plasmar la reacción de la población. Uno de ellos fue la creación de Padres y Madres Anónimos (Parents Anonymous), movimiento de autoayuda para padres y madres temerosos de incurrir en abusos con sus hijos. Esta entidad se formó cuando Leonard Lieber, trabajador social psiquiátrico de California, reunió a dos de sus consultantes en la esperanza de que pudieran ayudarse uno al otro, pues con ellos todos los demás métodos habían fracasado. Por cierto que se ayudaron, y una de estas personas, una mujer a quien luego se conoció como Jolly K., continuó trabajando con Lieber en la formación de grupos de autoayuda que se diseminaron por todo el país. Hasta cierto punto, este grupo se creó como reacción frente al hiperprofesionalismo, es decir, por la frustración que provocaban las medidas profesionales inoperantes y la incomprensión del problema por parte de los profesionales (Gordon, 1988). En 1972, Donna Stone, hija de un acaudalado industrial, fundó lo que ahora es la Comisión Nacional para Prevenir el Abuso del Niño. Esta entidad empezó por monopolizar el apoyo del sector privado para enfrentar el problema, y desde entonces se ha convertido en un factor fundamental para la puesta en práctica de modelos preventivos en todo el país.

La enérgica reacción oficial, de los profesionales y del sector privado que acabamos de mencionar, preparó el terreno para las leyes nacionales. En 1971, el senador Walter Mondale (de Minnesota) logró que el Congreso aprobara unas leyes que establecían un importante programa de guarderías, pero fue vetado por el presidente Nixon sobre la base de que al gobierno nacional no le correspondía apoyar la atención "comunitaria" del niño. En su condición de presidente de la nueva Subcomisión para los Niños y Jóvenes, Mondale quería obtener una victoria que beneficiase a los niños pero a la vez gozara del beneplácito de un presidente contrario a la medida. Tomó el tema del abuso infantil en parte porque casi no había oposición a él (¿quién podría estar en contra de la lucha contra el abuso del niño?). Jolly K. fue, en representación de Padres y Madres Anónimos, uno de sus más descollantes testigos, y su elocuencia para describir el dolor que padecían los padres abusivos causó una honda impresión en los legisladores y en los medios (Nelson, 1984).

Se debatió si el proyecto de ley debía centrarse sólo en el abuso físico o también tenía que incluir el descuido del niño. Algunos médicos influyentes, como el Dr. Kempe, estaban en favor de limitarse al abuso físico, pero Vincent De Francis adujo convincentemente, en nombre de la AHA, que "debemos resolver el problema en su conjunto" incluyendo a los numerosos niños que sufrían descuido o abusos sexuales o emocionales (Nelson, 1984).

Nuevo liderazgo oficial

El proyecto de Mondale, la Ley sobre Prevención y Tratamiento del Abuso Infantil, fue firmado por el presidente Nixon en enero de 1974, justo cien años después de que el caso de Mary Ellen convirtiera la cuestión en un tema de interés público. Dicha ley creó una nueva entidad oficial, el Centro Nacional sobre Abuso y Descuido del Niño, encargado de otorgar los fondos federales para investigación y proyectos de demostración sobre abuso infantil, así como los fondos que irían directamente a los estados que satisfacían los requerimientos de la ley. Por ejemplo, se exigía a los estados tener en vigencia leyes sobre las informaciones brindadas por los ciudadanos, junto con normas de confidencialidad que protegieran la identidad de los que informaban acerca del abuso infantil; también debían contar con un sistema en curso para la investigación de las informaciones recibidas. Los niños estarían representados ante los tribunales por tutores *ad litem*, sobre la base de que los intereses del niño podrían diferir de los de sus padres o de los que tenían los organismos de protección del niño.

La nueva legislación introdujo el concepto de la custodia protectiva: el apartamiento forzoso (rescate) del niño respecto de su familia a cargo de personal responsable del cumplimiento de las leyes o de trabajadores de los organismos de protección. Este concepto no era nuevo, pero su expresa inclusión en las leyes de protección del niño impulsó a que este campo se ubicase nuevamente en el extremo del continuo vinculado con el "rescate". Para el empleado de un organismo de protección era más fácil (y quizá también más seguro) apartar al niño de su hogar en caso de duda (Nelson, 1984).

El nuevo Centro Nacional brindó un nivel de conducción que no existía. Douglas Besharov, el primer director del Centro, apremió a los estados para que desarrollaran métodos de información eficaces y acordes con la ley. Sostenía que el maltrato infantil es un problema demasiado grande como para que se ocupara de él una sola disciplina, como la medicina o el trabajo social, y promovió intensamente la cooperación interdisciplinaria y la participación de otros campos, como la educación, la salud mental y la actividad privada. El Centro publicó manuales sobre maltrato infantil virtualmente para todas las profesiones y en todos los campos pertinentes. Financió centros de recursos para abuso y descuido infantiles y emprendió otros planes en todo el país para lograr la difusión local de la información, así como para movilizar y asistir a los estados y municipios en sus esfuerzos.

A medida que estas iniciativas se pusieron en marcha, creció una nueva conciencia en los medios de comunicación, los departamentos de policía, las escuelas y los hospitales. La legislación sobre la información de los casos de la década de los sesenta requería básicamente que el informante fuese un médico; en respuesta a las nuevas leyes nacionales hubo una segunda ronda de propuestas de normas legales para que los estados pudiesen designar como informantes autorizados a otras personas que trabajaban con los niños, como las enfermeras, auxiliares de guarderías, maestros, consejeros psicológicos, e incluso, en algunos casos, los ciudadanos en general.

El aumento de los informantes autorizados y de la conciencia pública hizo que se incrementara espectacularmente la cantidad de los informes recibidos. En 1962, el Dr. Kempe había estudiado apenas 302 casos de niños golpeados que acudieron a salas de guardia: un problema grave pero sin duda manejable. Luego de la nueva ley nacional de 1974 y de las nuevas normas estaduales, el número de casos informados trepó a las nubes. En 1974 se dio cuenta de sesenta mil, cifra que se elevó a 1.100.000 en 1980 y a más de tres millones en 1995 (U.S. Advisory Board on Child Abuse and Neglect, 1995; National Committee to Prevent Child Abuse, 1996). En el estado de Florida, los 17 casos informados en 1970 pasaron a ser 19.120 en 1971, luego de haberse puesto a disposición de la población una línea telefónica directa, acompañada de una buena campaña publicitaria (Nelson, 1984).

Según Nelson, una de las razones de que los gobiernos estaduales procedieran a sancionar estas leyes fue la convicción de que no iban a representar desembolsos impositivos para los contribuyentes. La presentación de la información se veía como un acto simple, que podía ser seguido en el nivel apropiado. Sólo un estado, Illinois, asignó en un comienzo una partida presupuestaria para recibir informes y hacer su seguimiento; los demás aparentemente dieron por sentado que el personal existente bastaba para ocuparse de esos casos (Nelson, 1984).

Pero si a comienzos de la década de los sesenta se dispuso de dinero para aumentar los fondos de la Oficina de los Niños, en la siguiente la escalada de la guerra de Vietnam provocó un gran drenaje de fondos, y en la década de los ochenta el empeño del presidente Reagan por reducir el gasto interno hizo que esos fondos mermaran aún más. A medida que pasaba el tiempo y aumentaba la cantidad de informes, las oficinas locales de protección del niño se veían más y más abrumadas de trabajo. Al principio tomaron nuevo personal, pero ya en los años ochenta esa expansión se detuvo o se hizo más lenta en muchos lugares, aunque la cantidad de informes seguía en aumento.

Ampliando las definiciones

En parte, el aumento de los informes fue consecuencia de una ampliación de las definiciones. El artículo ya mencionado del Dr. Kempe y sus colaboradores se centró en la clase más grave de abuso físico, la que más preocupaba a los médicos; tal el origen de la expresión "niño golpeado". Pero los trabajadores sociales individuales, que habían abordado el problema del maltrato infantil durante muchos años, argumentaron con éxito en favor de la inclusión del descuido. Luego, en los años ochenta, las leyes nacionales se ampliaron para dar cuenta de los abusos producidos en situaciones extrahogareñas, como en las instituciones de atención del niño, las guarderías y las escuelas. Más adelante se agregó a las leyes la pornografía infantil y por último se amplió la definición del maltrato con el fin de incluir aquellas situaciones en que un médico se abstenía de proporcionar tratamiento a niños seriamente discapacitados.

Esta expansión representó un cambio de filosofía. En un comienzo, las intervenciones destinadas a proteger al niño estaban justificadas por el hecho de que los padres, que supuestamente eran quienes debían protegerlo, en verdad eran los causantes del daño. Como obviamente no eran capaces de brindar protección al niño con respecto a ellos mismos, el Estado intervino como protector de última instancia. A menudo se brindaban servicios porque era difícil castigar al padre sin castigar también al hijo, que ya era su víctima; pero cuando la definición se amplió estos principios se tornaron menos claros. Si el origen del daño era extrahogareño, cabía presumir que los padres estarían en condiciones de brindar al hijo alguna protección; al menos, podrían apartarlo de una situación perjudicial o solicitar la aplicación de las leyes (salvo en el caso de las instituciones asistenciales para los niños, donde normalmente los padres poco podían hacer en materia de ubicación o protección del niño una vez que éste era admitido). Además, los servicios destinados a los perpetradores del abuso carecían de pertinencia. Pero en todos los casos la función de protector se amplió como consecuencia de una amenaza percibida contra el niño, por más que algunas de estas amenazas (como la negligencia médica en la atención de niños discapacitados) sólo se daban en una pequeña cantidad de casos.

Así, la susceptibilidad al maltrato, tal como era percibida, pasó a ser una cuestión importante. ¿La amenaza de maltrato infantil, como la de muchas enfermedades pediátricas, podía darse en cualquier comunidad o vecindario, independientemente de motivos económicos y sociales? ¿O era más bien un problema circunscripto básicamente a los pobres? Tradicionalmente, los problemas que afectan a todos (o las soluciones que a todos benefician) concitan mayor apoyo político. El Dr. Kempe y otros investigadores que abogaron ante las autoridades nacionales por la sanción inicial de las leyes sobre abuso infantil sabían esto, como también el senador Mondale. Durante las audiencias se hizo hincapié en que el abuso infantil no se vinculaba con la clase social, que podía suceder en las mejores familias. El senador Mondale estaba persuadido de que esto era esencial para que el proyecto de ley fuese aprobado (Nelson, 1984).

El Dr. Kempe había argumentado que los casos de abuso físico abarcaban todas las clases y cruzaban las fronteras sociales, en un apartamiento radical de la concepción elitista vigente en la década de 1870, cuando se suponía que sólo podía ocurrir en las familias "inferiores" de clase baja. Hasta Wooley y Evans (1955) habían comprobado la existencia de abuso sólo en las familias disfuncionales. No obstante, en 1972 ya era claro que el descuido se daba preponderantemente entre los pobres, que tenían menores recursos para destinar a sus hijos y por ende era menos probable que se los suministraran en forma adecuada. En la mayoría de los estados de la Unión, una gran proporción de informes se vinculaban con el descuido más que con el abuso físico, aun en los primeros días de las SPCC. Más todavía, a estas últimas no les llevó mucho tiempo descubrir que los casos ocasionales de abuso físico eran mucho más aptos para generar apoyo financiero y de otra índole para el trabajo que ellas realizaban, que las descripciones mayoritarias relativas al descuido (Gordon, 1988). Desde aquellos primeros días se había vuelto notorio que, si bien en todos los niveles de ingresos se dan todas las formas de maltrato, los informes de todo tipo son mucho más comunes entre las personas de bajos ingresos que entre las de ingresos altos (Sedlak y Broadhurst, 1996).

Una cuestión conexa era la de las causas. ¿El maltrato infantil derivaba de problemas emocionales o psicológicos de los padres, o era meramente una consecuencia de la falta de información sobre la crianza? ¿Podía remediárselo, o era el resultado de factores más profundos inherentes a las comunidades y a la sociedad en su conjunto que sería difícil modificar, y en caso de intentárselo generaría una rotunda oposición? Los primeros reformistas culparon del maltrato a la inferioridad cultural, la inmoralidad y el alcoholismo (Gordon, 1988). Durante las audiencias de Mondale, el abuso infantil fue presentado como un problema serio pero individual y de magnitud comparativamente pequeña, para el cual se podía hallar remedios. El Dr. Kempe representó el modelo médico, que veía la patología en términos de agentes mórbidos específicos, los que una vez identificados podían eliminarse. Como ya dijimos, este enfoque había logrado acabar con varias serias enfermedades de la niñez.

Factores ambientales

El Dr. Ray Helfer, un pediatra de Michigan, creó una teoría causal a la que denominó "El mundo de la crianza anormal" (World of Abnormal Rearing, WAR), que alcanzó popularidad. Creía Helfer que el abuso infantil era consecuencia de graves deficiencias en la crianza de los progenitores, lo cual entorpecía el vínculo con sus hijos y hacía que el problema se transmitiese de generación en generación si no tenía lugar alguna intervención que quebrase el círculo. No obstante, a medida que se fueron realizando nuevas investigaciones, quedó claro que las causas eran más variadas y complejas. Por cierto, algunos factores causales eran psicológicos o emocionales y radicaban en el individuo, pero también se comprobó la importancia de los factores ambientales, como cuando Garbarino y sus colaboradores descubrieron índices mucho más altos de abuso infantil en vecindarios "débiles" que en otros "más fuertes", aun cuando el nivel de ingreso era semejante (Coulton, Korbin, Su y Chow, 1995; Garbarino y Kostelny, 1992; Garbarino y Sherman, 1980; Garbarino y Crouter, 1978a; Deccio, Horner y Wilson, 1994). En 1988, Lizbeth Schorr publicó su difundido libro *Within Our Reach* (A nuestro alcance), donde explicaba de qué manera los factores ambientales y económicos interactúan con los personales con resultados a menudo devastadores para los niños de las comunidades pobres que además tienen algún déficit, aunque otros niños con déficits similares pero pertenecientes a familias de mejores ingresos y a comunidades "más fuertes" se desarrollaban con todo éxito (Schorr, 1988). Esto llevó a establecer que las "familias fronterizas" podían tener un desempeño adecuado en una comunidad sana, en la que existen muchas fuentes de apoyo, pero no lo lograban en una comunidad disfuncional, y el maltrato infantil era el desgraciado resultado.

Lamentablemente, las condiciones prevalecientes en Estados Unidos, tanto en los barrios pobres de las grandes ciudades como en ciertas zonas rurales, empeoraron a ojos vistas durante las décadas de los '70 y '80, debido a los cierres de fábricas y la desaparición de muchos puestos de trabajo. Durante la Segunda Guerra Mundial y gran parte de los años '50, los negros que residían en las ciudades habían sido confinados en gran medida a vecindarios pobres por obra de la discriminación racial y de las políticas de vivienda restrictivas. Cuando el movimiento por los derechos civiles hizo que disminuyeran estas barreras, muchos negros idóneos dejaron esos barrios, como lo habían hecho antes generaciones enteras de inmigrantes blancos. Por otra parte, la construcción de autopistas y los planes de renovación urbana destruyeron, literalmente, muchos sectores urbanos, privando a los barrios pobres no sólo de infraestructura física (viviendas, tiendas) sino además de los dirigentes, organizadores y modelos estables que habían conocido en el pasado (Halpern, 1995). Estas dos tendencias llevaron a la concentración de la pobreza en ciertos barrios, como consecuencia de lo cual aumentaron el abuso de drogas, los embarazos de adolescentes, la violencia y el maltrato infantil (Coulton, Korbin, Su y Chow, 1995; Wilson, 1987). Ciertos medios comunitarios se degradaron a tal punto que se llegó a decir que constituían "una conspiración ecológica contra los niños" (Garbarino y Kostelny, 1992, pág. 463). En las zonas rurales, los cambios económicos dieron por resultado la pérdida de instituciones de la comunidad como empresas, escuelas, tiendas, iglesias y otras organizaciones que reunían a los pobladores, incrementando tanto el aislamiento de las familias pobres como la incapacidad de la comunidad para brindarles apoyo (Fitchen, 1981).

Entre 1986 y 1993 la incidencia del maltrato infantil casi se duplicó, pasando de 22,6 a 41,9 por cada mil niños (U.S. Department of Health and Human Services, 1996). Parte de este aumento se atribuyó a la aparición del consumo de la variedad de cocaína llamada *crack* en los barrios de bajos ingresos. Estudios realizados en Washington y Los Ángeles verificaron que en el 80 a 90% de los casos de maltrato infantil que se examinaron estaba involucrado el consumo de drogas (U.S. Advisory Board on Child Abuse and Neglect, 1990). A diferencia de otras drogas anteriores, que eran consumidas básicamente por los hombres, el *crack* se popularizó también entre las mujeres, con terribles efectos sobre la crianza de sus hijos. Esto representó una gran carga para los servicios asistenciales, sobre todo porque pocos profesionales habían tenido experiencia con la nueva droga y el tratamiento de la drogadicción era limitado y dirigido fundamentalmente a los hombres.

Abuso sexual

Otro elemento que dio lugar a un aumento de los informes en la década de los '80 fue la creciente conciencia del abuso sexual. Ya en el período posterior a la Guerra de Secesión, tanto en Estados Unidos como en Gran Bretaña las feministas y otros activistas políticos habían planteado el tema de la explotación sexual de los niños. En Gran Bretaña lograron elevar la edad legal del consentimiento para mantener relaciones sexuales de los diez a los trece años en 1875 y a los dieciséis en 1885. El incesto fue declarado fuera de la ley en 1908. En Viena, Sigmund Freud había escuchado de sus pacientes mujeres muchos relatos de abuso sexual, y en 1896 publicó un artículo precursor ("La etiología de la histeria") que vinculaba gran parte de los problemas emocionales de aquéllas con abusos sexuales sufridos en la infancia (Olafson, Corwin y Summit, 1993).

Pero el interés por el tema generó un fuerte contragolpe que tuvo como consecuencia que no se hablara más de él. El propio Freud revisó críticamente las opiniones manifestadas en su artículo de 1896 confesando que había actuado con ingenuidad, y que en rigor las historias que le habían contado sus pacientes eran fantasías sexuales infantiles de ellas mismas y no hechos reales. En 1932 Sandor Ferenczi escribió un artículo en el que calificaba al abuso sexual como importante factor patógeno incluso en familias respetables, pero no se lo tradujo al inglés hasta 17 años más tarde. Una primera traducción fue destruida por Ernest Jones, con el aval de Freud, quien dijo que Ferenczi estaba cometiendo el mismo error que él treinta años atrás. Sin embargo, después se supo que el propio Jones era acusado en ese artículo de haber tenido una conducta indecente con tres niñas y de haber incurrido en actos sexualmente irregulares con sus pacientes. Aunque no se sabe con certeza si estas acusaciones fueron probadas alguna vez, obligaron a Jones a renunciar a su cargo en la Asociación Psicoanalítica. Parecería ser que el movimiento de contragolpe tuvo su origen en parte en los perjuicios sufridos a raíz de esas acusaciones por algunas personas influyentes, y en parte a que la magnitud del problema era simplemente demasiado grande como para que la gente lo aceptase (Olafson, Corwin y Summit, 1993).

En ese movimiento de contragolpe, un hito importante fue la creación en 1984 de las Víctimas de las Leyes sobre Abuso Infantil (Victims of Child Abuse Laws, VOCAL), un grupo formado por padres de Minnesota que sostenían haber sido falsamente acusados de abuso infantil y aseguraban que como consecuencia de estas acusaciones ellos y su familia habían sido agraviados. Dos de los padres que lo integraban fueron absueltos en un juicio por abuso sexual vinculado con un círculo de personas que lo practicaban en Jordan, Minnesota. (Más tarde se retiraron los cargos contra otros 21 acusados.) El grupo VOCAL se difundió rápidamente y en poco tiempo contaba ya con cien filiales en más de cuarenta estados. La principal preocupación del grupo desde entonces han sido los falsos alegatos de abuso sexual (Hechler, 1988).

Hay quienes cuestionaron los motivos que llevaron a la fundación de este grupo; parece probable que algunos miembros de VOCAL de hecho abusaron sexualmente de sus hijos y sacaron partido de la entidad utilizándola como un escudo (Hechler, 1988), pero no es menos cierto que muchos de sus miembros fueron acusados falsamente y que ellos y sus hijos se vieron seriamente afectados por ello. Algunos entienden que VOCAL es un grupo extremista o irresponsable, pero muchas de sus inquietudes son ampliamente compartidas, en especial las relativas a las investigaciones poco fehacientes y la innecesaria separación de los niños supuestamente afectados de sus familias (Hechler, 1988).

Hechler (1988) y Wexler (1995) trazaron analogías entre los alegatos de abuso sexual y la caza de brujas en Salem durante el siglo XVII. Tanto uno como la otra producen gran temor y suscitan horror, dando lugar a una forma de histeria colectiva. Defenderse de tales acusaciones no es sencillo, y la separación de los hijos puede efectuarse aun careciendo de pruebas de culpabilidad, pese al serio daño psicológico que ella puede causar en el niño.

En la década de los '50, cuando se llevaron a cabo estudios sobre el abuso físico, también se realizaron varios estudios clave acerca del abuso sexual, cuya principal conclusión fue que éste, incluido el incesto, estaba mucho más difundido de lo que la mayoría de la gente suponía (había afectado al 25% de las mujeres entrevistadas). En 1955, Weinberg estimó que existían en Estados Unidos un millón de víctimas de incesto, pero otros investigadores sostuvieron que las propias víctimas eran responsables de seducir a sus abusadores, y manifestaron mayor preocupación por los abusadores acusados que por las víctimas (Olafson, Corwin y Summit, 1993).

Pese a ello, las revelaciones prosiguieron. En 1979, Finkelhor comprobó que el 19% de las estudiantes universitarias que integraban su investigación habían sido abusadas de niñas, y ese mismo año se dispuso, en el marco de la Ley para la Prevención y el Tratamiento del Abuso Infantil (Child Abuse Prevention and Treatment Act, CAPTA), otorgar financiamiento para estudios centrados en el abuso sexual. Russell estableció que el 38% de una muestra aleatoria de mujeres de San Francisco, estado de California, habían padecido abuso sexual cuando niñas. A la sazón, estos y otros estudios habían atraído ya el interés de los medios de comunicación (Olafson, Corwin y Summit, 1993). Varias figuras públicas, como Paula Hawkins, senadora por el estado de Florida, y la conductora de programas televisivos Oprah Winfrey, confesaron públicamente tales atropellos. Los informes sobre abuso sexual aumentaron en forma espectacular, aunque según Olafson, Corwin y Summit (1993) el movimiento de contragolpe continúa bajo diversas formas, pues "la sexualidad y las normas sexuales atacan poderosos intereses y privilegios sociales" (pág. 19).

El abuso sexual es un problema mucho más complejo que el que presentan otras variedades de maltrato, y al menos en un principio muchos de sus perpetradores parecen menos curables. Como rara vez existen pruebas físicas, el testimonio del niño se torna más importante que en otros tipos de abuso para los que se dispone de más pruebas (Doris, Mazur y Thomas, 1995). Si bien a la mayoría de las personas que han tenido hijos les resulta comprensible que un progenitor pueda incurrir en algún abuso físico moderado, los que recaen en abusos sexuales no suscitan la misma simpatía o tolerancia en un vasto sector de la población. En estos casos la iniciación de causas criminales tiene preponderancia con respecto a la rehabilitación, y es más probable que se deriven a los tribunales los casos de abuso sexual que los de otros tipos de abusos. De hecho, la primera opción seria en materia de tratamiento, la que propone la entidad conocida como Padres Unidos, tuvo su origen en 1971 entre un grupo de hombres que ya habían sido encarcelados por abuso sexual. Algunos especialistas piensan que el aumento de casos de abuso sexual ha contribuido a dar a todo el sistema de protección del niño un enfoque más legalista, tornando menos accesibles la prevención y rehabilitación para otras formas de abuso (Douglas Besharov, comunicación personal, diciembre de 1996).

El abuso infantil y la política

Con el correr del tiempo se redujo el énfasis puesto por las autoridades en el maltrato infantil. El presidente Nixon había apoyado en 1974 la creación del Centro Nacional sobre Abuso y Descuido del Niño (National Center on Child Abuse and Neglect, NCCAN), pero durante el mandato de sus sucesores este organismo languideció. A fin de reducir el gasto público, el gobierno de Reagan inició una "disminución de efectivos" entre los empleados del Estado federal que obligó a abandonar sus puestos a muchos de los miembros más dinámicos e innovadores del NCCAN. Los fondos para viáticos y publicaciones de los que quedaron se redujeron drásticamente o se eliminaron por completo, lo cual disminuyó muchísimo la visibilidad pública y la eficacia del Centro. En 1984 se suprimió el financiamiento a los centros regionales, circunscribiendo más aún los alcances del organismo nacional (U.S. Advisory Board on Child Abuse and Neglect, 1991).

Sometidos a las presiones de diversos grupos de defensa, tales como la Comisión Nacional para Impedir el Abuso Infantil, la Asociación Humanística Norteamericana, la Liga para el Bienestar del Niño y la Asociación Norteamericana de Bienestar Público, ciertos legisladores prominentes manifestaron su inquietud por la indiferencia del Poder Ejecutivo ante este tema. Como fruto de la labor de dirigentes como el senador demócrata Christopher Dodd (Connecticut) y el representante demócrata Major Owens (Nueva York), unas enmiendas introducidas a la CAPTA en 1988 crearon un consejo asesor sobre abuso infantil. Su propósito era en parte presionar sobre el gobierno y en parte ofrecer asesoramiento a ciertas comisiones pertinentes del Congreso y al Centro Nacional sobre las políticas públicas en esa materia.

El nuevo consejo asesor actuó con más elocuencia de lo que muchos esperaban. En su primer informe, de 1990, declaró que el maltrato infantil se había convertido en "una emergencia nacional", y que no existía un sistema apropiado para reaccionar ante el abuso y el descuido infantiles: "No se trata del fracaso total de un solo elemento... Hay una falla crónica y crítica de múltiples órganos... A veces, el propio sistema se torna abusivo para los niños" (U.S. Advisory Board on Child Abuse and Neglect, 1990, pág. 2). Aludía a la abrumadora cantidad de casos, la gran rotación de los asistentes sociales, las atestadas agendas de los tribunales y las dificultades extremas que presentaba un sistema de cuidados sustitutivos que había sido desbordado, así como la menor disponibilidad de servicios preventivos y de tratamiento. El consejo ofrecía 31 recomendaciones para la acción inmediata y prometió adoptar una estrategia más detallada en el futuro.

¿Investigación o prevención?

Algunos miembros del consejo creían que el sistema de protección al niño se había apartado de su misión de ayudar a las familias y niños, y se había alineado demasiado con el sistema de la justicia. En lugar de acudir en ayuda de las personas, los empleados de los organismos de protección se dedicaban a realizar investigaciones que en muchos casos no constituían ninguna ayuda directa para sus destinatarios. Como todos los estados requerían estas investigaciones pero pocos exigían medidas de prevención o tratamiento, cada vez más el acento recayó en la investigación mientras se ampliaba la brecha entre las necesidades y los recursos. "Como consecuencia, se había vuelto más fácil que cualquiera tomara el teléfono para informar acerca del abuso cometido por un vecino con uno de sus hijos, y no que ese vecino tomara el teléfono para solicitar y recibir ayuda antes de que el abuso se produjese" (U.S. Advisory Board on Child Abuse and Neglect, 1990, pág. 80).

Al crecer la difusión de los casos extremos por parte de los medios masivos de comunicación, las decisiones de los trabajadores sociales se volvieron más problemáticas. La muerte de un niño podía dar origen a un juicio contra el trabajador social y/o el despido del comisionado de servicios sociales del distrito. Por otro lado, colocar a un niño al cuidado de padres sustitutos sin que ello fuese indispensable era un gasto inútil para el gobierno local y una conducta perjudicial para el niño. A medida que las nuevas técnicas de evaluación del riesgo invadieron el país, la formación de los trabajadores sociales individuales comenzó a focalizarse más en la evaluación del riesgo que corrían las familias. El propósito era establecer una norma uniforme y amplia, muy necesaria, para decidir en qué situaciones había que apartar al niño de su hogar, basada en la estimación de diversos tipos de riesgos. No obstante, la evaluación del riesgo pasó a ser utilizada como un medio de proteger de los procesos judiciales a los trabajadores sociales y los organismos a los que pertenecían, desdibujándose así, irónicamente, el foco inicial en la protección del niño.

A medida que los informes aumentaban y escaseaba el presupuesto para los servicios, se priorizó a algunos de éstos y la evaluación del riesgo pasó a servir de base a un principio de "triaje" o selectividad. Se dio prioridad a las familias con problemas graves respecto de aquellas otras sobre las cuales no se habían presentado informes, y el sistema se orientó más a dar una respuesta ante la crisis, que a la prevención o el tratamiento. Esto implicó que con frecuencia las familias no obtenían ayuda hasta sufrir problemas lo bastante serios como para ser objeto de un informe, o se las amenazaba con separar al niño. Sólo en tales circunstancias tenían acceso a los servicios. Cabe presumir que si se les hubiera brindado ayuda antes, podría haberse evitado gran parte de las erogaciones y de los traumas derivados del informe y la investigación, y las posibilidades de tener éxito habrían sido mayores (U.S. Advisory Board on Child Abuse and Neglect, 1995). Pero... ¿cómo librarse de este enfoque rutinario de las crisis?

Richard Wexler (1990) fue más allá que el Consejo Asesor al sostener que estos problemas eran el producto de una mentalidad de "salvadores de niños" cuyos propugnadores habían exagerado los méritos del "rescate". En su libro *Wounded Innocents* (Inocentes heridos), este autor ofrece impactantes ejemplos de un sistema que se apartó de sus fines dañando en forma innecesaria tanto a los hijos como a sus padres inocentes, al mismo tiempo que apartaba la atención de quienes verdaderamente la necesitaban. Culpaba de todo esto a la sobrecarga del sistema y de su personal, así como a la incompetencia de este último, amén de la poca disposición de la sociedad a correr con los gastos que insumiría asignar personal calificado a la protección de los niños en dificultades. El resultado, dice Wexler, es un remanente del siglo pasado según el cual se confunde pobreza con negligencia y el sistema es aplicado al control o castigo de los pobres. Muchos casos de presunta negligencia involucraban a familias empobrecidas que estaban luchando contra una suerte muy desfavorable. Lo que necesitaban era ayuda para pagar la comida o el alquiler, pero lo que se les daba era una investigación humillante y, a veces, la separación del hijo y su colocación en hogares sustitutos, quizás con el agregado de unas sesiones de asesoramiento psicológico. Por lo común los costes del hogar sustituto eran mayores que la ayuda necesaria para estas familias. Wexler abogaba por reducir el margen de las intervenciones coactivas en las familias y suprimir el prejuicio que llevaba a favorecer a los hogares sustitutos y no a la asistencia de la familia en el otorgamiento de los fondos nacionales.

En su segundo informe (1991), el Consejo Asesor de Estados Unidos sobre el Abuso y el Descuido del Niño, como una de sus dos recomendaciones principales para impedir el abuso infantil, abogó por la creación de programas de visitas universales y voluntarias a los hogares en los que había un recién nacido. Las visitas regulares a progenitores en riesgo por parte de personal experto antes y después del nacimiento de un niño habían demostrado ya sus resultados positivos en Elmira, estado de Nueva York, así como en Hawaii (U.S. Advisory Board on Child Abuse and Neglect, 1991). Aunque al principio soslayada por el gobierno nacional, esta recomendación fue pronto auspiciada por la Comisión Nacional para Impedir el Abuso Infantil, a la que la Ronald McDonald House le otorgó un subsidio de un millón de dólares para crear programas de visitas hogareñas en todo el país, bajo el nombre Estados Unidos con Familias Sanas (Healthy Families America).

En 1992, un informe de la Oficina General de Contabilidad del Estado sostuvo que los incentivos otorgados a los estados para la prevención del abuso infantil se solventarían con la reducción de los hogares sustitutos (U.S. Government Accounting Office, 1992). El informe aconsejaba la creación de servicios de visitas domiciliarias. Sobre esta base, el gobierno nacional autorizó el financiamiento de tales programas, aunque la suma concedida (2,5 millones de dólares) no comenzó a hacerse efectiva sino dos años más tarde (National Child Abuse Coalition, 1994).

Fortaleciendo el entorno

En 1993, el Consejo Asesor dio a conocer sus recomendaciones para una estrategia nacional, como lo había prometido en su primer informe tres años atrás. Abogaba por que se pusiera fuertemente el acento en apoyar a los barrios y reestructurar el financiamiento de los servicios para que fuera al menos tan accesible proveer servicios preventivos voluntarios como en ese momento lo era brindar hogares sustitutos. Argumentaba en favor del aumento de los tratamientos, señalando que el énfasis en la investigación estaba insumiendo una proporción demasiado grande de los recursos disponibles a expensas de las personas sobre las cuales se presentaban los informes (U.S. Advisory Board on Child Abuse and Neglect, 1995).

Las nuevas recomendaciones del Consejo desencadenaron debates entre los profesionales, y muchos de sus defensores así como solicitantes de becas se apoyaron en ellas para su labor; no atrajeron la misma atención de los medios que la declaración de "emergencia nacional" del año 1990, no obstante lo cual pueden haber contribuido a que el Estado se desplazara hacia el extremo de prevención del espectro. El presupuesto de 1994, elevado en 1993, incluía un nuevo programa quinquenal de Servicios de Preservación y Apoyo de la Familia, para el cual se destinaron 930 millones de dólares; 60 millones de éstos se asignaron el primer año y en años sucesivos la cantidad iría en aumento. Este Programa, desarrollado con apoyo de la Fundación Edna McConnel Clark, brindaba servicios intensivos a las familias en crisis a fin de evitar tener que colocar a los hijos en hogares sustitutos; definía los apoyos familiares como "servicios comunitarios destinados a promover el bienestar de los hijos y familias y a aumentar tanto la fortaleza como la estabilidad de estas últimas" (Ley de Seguridad Social, Título IV-B, Parte 2, Sección 431, Enmiendas de 1993). Esta era una nueva oportunidad en materia de financiamiento que habilitaba a las comunidades para desarrollar nuevos programas de tratamiento y prevención (National Child Abuse Coalition, 1993a).

Además, en el presupuesto de 1994 se añadieron mil millones de dólares para el Título XX, becas de servicios sociales para los estados, destinadas a servicios sociales en zonas en crecimiento y zonas de reindustrialización. Los nuevos fondos apuntaban a "impedir y remediar el descuido y abuso de los niños" a través de programas de prevención y tratamiento del alcoholismo y la drogadicción (National Child Abuse Coalition, 1993b). El presupuesto de 1995, elevado en 1994, aumentó los fondos para prevención del abuso infantil en alrededor de cinco millones de dólares, y el monto asignado al programa de Preservación y Apoyo de la Familia se duplicó con creces, llegando a 150 millones. Las elecciones nacionales de 1994 alteraron radicalmente la composición del Congreso, sin embargo, y los republicanos recuperaron después de muchos años el control de ambas cámaras. Los nuevos dirigentes republicanos creían que el mandato popular los autorizaba a reducir el gasto público en programas sociales, y así lo hicieron. Los fondos de recursos familiares comunitarios fueron reducidos en un 26% en 1996, se limitaron las atribuciones del NCCAN y en el presupuesto de 1997 se eliminaron totalmente los fondos específicos para el Consejo Asesor. No obstante, el Programa de Preservación y Apoyo de la Familia no fue suprimido, ya que la redacción de la ley por la cual se lo instituyó establecía que era un programa de ayuda social al que sólo podían imponérsele cifras máximas de financiamiento general.

CONCLUSIONES

En los últimos treinta años, el tema del maltrato infantil ha dejado de ser percibido como un fenómeno relativamente pequeño y poco conocido para transformarse en un problema abrumador por su incidencia y grave en sus efectos. Durante la mayor parte del siglo XX ha habido tensión entre la reacción punitiva y la rehabilitadora, y esa tensión no ha desaparecido. Pese a algunos alentadores aumentos de los fondos públicos destinados a prevención, el sistema norteamericano aún pone el principal acento en una reacción legalista una vez que ha sobrevenido la crisis.

Las medidas públicas se ven afectadas por la percepción que tiene del problema la población, más que por su realidad efectiva. Desde el comienzo, las leyes y las acciones emprendidas fueron con frecuencia el resultado de casos dramáticos pero comparativamente raros de abusos graves, y no de los casos de descuido que son mucho más corrientes. Los casos dramáticos lograron generar inquietud y apoyo tanto en materia legislativa como financiera, pero la reacción pública y de los legisladores ante tales casos quizás haya sido el origen de un sistema muy punitivo, que no se compadece con la realidad cotidiana.

Las teorías causales del maltrato infantil han variado según las ideas políticas, la evolución social y las creencias prevalecientes. En épocas políticamente conservadoras, el énfasis ha estado puesto en las causas y soluciones psicológicas o individuales, en tanto que los movimientos de reforma social tendieron a hacer hincapié en causas sociales como la pobreza, el desempleo, el aislamiento y los factores del entorno (Gordon, 1988; Levine y Levine, 1970). Las causas psicológicas atribuyen la responsabilidad del cambio a los propios individuos afectados, en tanto que las sociales se lo atribuyen a la sociedad, incluidas las personas que procuran ayudar (Lofquist, 1983). Las soluciones psicológicas son mucho menos generalizadas y onerosas que las vinculadas con causas sociales, que gravitan en mucha gente. Por desgracia, también pueden ser menos eficaces. Sin embargo, en ausencia de estudios convincentes, las medidas públicas suelen adoptarse sobre la base de la ideología y las creencias, y no sobre la base de datos rigurosos.

¿Cuál es la situación actual? Es fácil identificar en forma retrospectiva variaciones de opinión como las mencionadas, pero es más difícil notarlas cuando suceden, sobre todo porque no todos los indicadores apuntan en la misma dirección. El empeoramiento de las condiciones de algunos barrios en las décadas de los '80 y '90 ha hecho que la atención comenzara a centrarse en el efecto del entorno vecinal en las familias, la crianza y el desarrollo de los hijos. Pese a la afirmación de Mondale, para quien el problema del maltrato infantil perdería apoyo si se advirtiese que exige grandes cambios sociales, hay en la actualidad en la prensa popular de Estados Unidos muchos artículos sobre las condiciones vigentes en los barrios de bajos ingresos y sus efectos. Parecería existir un creciente reconocimiento de que diversos problemas de las personas, que antaño se consideraban de base psicológica, pueden haber sido afectados y hasta causados por dichas condiciones vecinales o ambientales. Esto implica que si tales condiciones se modificasen, podrían reducirse muchos otros problemas amén del maltrato infantil.

No obstante, las elecciones nacionales norteamericanas de 1994 instalaron por muchos años en el Congreso a los políticos más conservadores, y las de 1996 no trajeron grandes cambios. En el momento de redactar esto, es prematuro decir si en Norteamérica prevalecerán las tendencias conservadoras o reformistas. En su último informe, a pedido del Congreso, el Consejo Asesor sobre Abuso y Descuido del Niño se centró en los casos de abusos fatales. Recomendó que se crearan juntas revisoras de los casos fatales y argumentó que, como algunas familias no son capaces de brindar a sus hijos un hogar seguro, éstos deben ser apartados (rescatados). Asimismo, reafirmó su énfasis anterior en la creación de más servicios preventivos y el fortalecimiento de los vecindarios (rehabilitación) (U.S. Advisory Board on Child Abuse and Neglect, 1994). A todas luces, ambos enfoques tienen sus méritos; nuestro desafío consiste en comprender más claramente en qué circunstancias es más apropiado recurrir a uno o al otro.

CAPÍTULO 3

JAMES GARBARINO / FRANK BARRY

EL CONTEXTO COMUNITARIO DEL ABUSO Y DESCUIDO DEL NIÑO

La ecología humana es una forma de pensar sobre los seres humanos derivada de la idea de que el comportamiento y el desarrollo surgen de una adaptación mutua de la persona y el entorno, que se produce dentro de un nicho ecológico delimitado en gran parte por la política y la economía (Hawley, 1950). Partiendo de esa perspectiva, el entorno de un individuo, en particular el de un niño, se puede entender como una serie de ambientes situados en distintos niveles, cada uno de ellos incluido dentro del que le sigue en magnitud, desde el microentorno de la familia hasta el macroentorno de la sociedad (Bronfenbrenner, 1979; Garbarino y colaboradores, 1992). Una de las implicaciones de este enfoque del desarrollo del niño es el reconocimiento de que mientras los niños crecen y maduran social y biológicamente, la extensión de su entorno aumenta. Comienzan a experimentar en forma directa más y más sistemas sociales; tienen una mayor cantidad de relaciones inmediatas relevantes.

Conceptos tales como el rechazo y la aceptación no existen fuera de los contextos sociales; más bien operan en ambientes concretos. El gran valor de la perspectiva ecológica proviene en parte de su capacidad para ayudarnos a explorar sistemáticamente este aspecto del desarrollo humano.

La naturaleza de este fenómeno contribuye a un enfoque en el que pasamos permanentemente del proceso al contexto. En los capítulos siguientes analizaremos varios procesos vigentes en las familias que generan maltrato hacia el niño; ahora nos centraremos en el contexto vecinal del abuso y el descuido.

Pensemos en la geografía del desarrollo humano. La gente en general, y las familias en particular, en realidad no viven en países o estados: viven en comunidades y vecindarios (en este momento utilizamos este término sólo en sentido descriptivo). El vecindario es un contexto primordial para la familia con niños. El desarrollo de nuestra perspectiva ecológica sobre el maltrato infantil y el vecindario nos llevó a trabajar sobre la base de diversas fuentes. Como resultado, obtuvimos una serie de pruebas dispersas, un conjunto de hallazgos que fundamentan las relaciones entre los progenitores y los hijos en el contexto.

En un ensayo titulado "Espacio: una variable ecológica en la práctica del trabajo social", Germain (1978) llegó a la conclusión de que "cuando el entorno brinda un apoyo sostenido, se produce el crecimiento y la adaptación creativa. Cuando el entorno no da protección o existen carencias, se genera estrés y el funcionamiento adaptativo puede verse obstaculizado" (pág. 522). La estrategia de investigación que nos conduce de una preocupación general por el entorno social a la calidad del vecindario y de la comunidad proviene de los esfuerzos por elaborar medidas o indicadores sociales que señalen las buenas y malas tendencias. Durante décadas los científicos sociales han buscado esos indicadores sociales para entender el contexto del desarrollo del niño y el bienestar de la familia (Kogan, Smith y Jenkins, 1977). Recientemente, Mirringhoff (1996) propuso el Índice de Calidad Social como una forma de captar lo que ocurre en la evolución social.

En el presente capítulo consideramos el maltrato hacia el niño como un indicador social e intentamos relacionarlo con otras fuerzas y factores que operan en la sociedad. Las privaciones y desigualdades económicas son las principales influencias perjudiciales. Los problemas de violencia familiar aumentan a medida que bajamos en la escala social. Además, en lo que atañe al índice de violencia, la desigualdad económica, más que el nivel absoluto de privación material, es lo que permite predecir en mayor medida las diferencias entre los grupos, dado que los índices de violencia grave (como el homicidio) son más altos en entornos sociales en los que la brecha entre ricos y pobres es mayor. Ello proporciona un enfoque algo distinto de la pobreza, porque destaca el papel del empobrecimiento social. Este despoja a la vida del niño de relaciones que le brinden apoyo y de comportamientos protectores, y refleja la vergüenza que provoca sentirse rechazado, como si uno fuera un ser humano de segunda clase (Gilligan, 1996). Contrasta con la reafirmación y el enriquecimiento sociales, por los cuales el niño se encuentra inmerso en una compleja red de cuidados que puede compensar las fallas individuales. Jane Howard describe ese enriquecimiento social cuando dice, con respecto a su sólida familia: "Pero somos bastantes y estamos lo bastante conectados como para no dejar que prevalezca lo peor de nadie por mucho tiempo. Nuestro fondo común de recursos puede proporcionar un antídoto contra cualquier veneno" (Howard, 1978).

El objetivo de nuestro análisis es identificar situaciones en las que las condiciones de vida conspiran para agravar en lugar de contrarrestar las deficiencias y puntos vulnerables de los progenitores.

En este aspecto, nuestro enfoque va más allá de la orientación individualista que predomina en la teoría y las políticas sociales, y se centra conjuntamente en el apoyo y el control sociales (Garbarino, 1977; Slater, 1970). Nos interesan en particular las circunstancias de la vida tal como las viven las familias, y sobre todo, aquellas circunstancias que pueden subsumirse en el término *vecindario*.

El significado del vecindario

El *vecindario* es típicamente el nicho ecológico en el que actúan las familias, y constituye uno de los lugares principales donde uno se topa con las condiciones de vida que pueden conspirar para agravar o contrarrestar las deficiencias y puntos vulnerables de los progenitores. El primer problema que encontramos al intentar resolver las implicaciones prácticas de esta idea para entender y tratar el maltrato hacia el niño es definir el vecindario. No hay una definición clara que resista todas las pruebas. Cualquier definición que se emplee debe reflejar tanto el aspecto geográfico como el social. Sin embargo, pensamos que Kromkowski (1976) hace un buen trabajo al poner de relieve las características esenciales de un barrio. Presenta los criterios para evaluar su calidad como entorno social, y eso es lo que más nos interesa en este área. Kromkowski observa lo siguiente: "La vida orgánica de un vecindario, creada por las personas que viven en una zona geográfica particular, es siempre una realidad frágil. El carácter de un vecindario está determinado por una gran cantidad de factores, pero lo que más cuenta es el tipo de relaciones entre los vecinos. Un barrio no es un poder soberano: raramente prepara su propio orden del día. Aunque los vecindarios se diferencian de muchísimas maneras, en un barrio sano sus habitantes sienten orgullo de pertenecer a él, se preocupan por sus hogares y por la seguridad de los niños y se respetan entre sí" (pág. 228).

Estos temas están reflejados en la investigación de Warren (1980) y en otros estudios sobre cómo influyen los entornos en favor o en contra de las familias (Tietjen, 1980; Wandersman, Florin, Friedmann y Meir, 1987). Un vecindario puede ser económicamente rico pero socialmente pobre, y viceversa. Sin embargo, las consecuencias de vivir en un vecindario pobre (o débil) son diferentes para las familias ricas y para las pobres. Los bajos ingresos y la desigualdad económica aumentan la vulnerabilidad (Gil, 1970; Tolan y Guerra, 1993). Nuestra tesis, entonces, es la siguiente: los factores económicos afectan la suficiencia de los recursos personales y, por lo tanto, la importancia compensatoria de los recursos sociales para una parentalidad exitosa. Por lo general, la gente pobre tiene menos recursos personales, y, por consiguiente, tiene mayor necesidad de recursos sociales para lograr éxito como progenitores. La gente rica tiene más recursos personales y no depende tanto de los recursos sociales. Por esta razón, la importancia del vecindario varía para las personas de diferente nivel económico.

Los ricos pueden superar el problema de un vecindario débil con más facilidad que los pobres, que dependen en mayor medida de los recursos sociales de su nicho ecológico para obtener apoyo, aliento y retroalimentación. Como ocurre siempre en el comportamiento humano, los resultados importantes (en este caso, el cuidado apropiado del niño) son el producto de factores que interactúan (en este caso, los recursos personales y sociales de los progenitores). En este sentido, la perspectiva ecológica arroja luz sobre el maltrato infantil. Dirige nuestra atención hacia familias empobrecidas en términos personales y que residen en lugares empobrecidos en términos sociales: familias y vecindarios de alto riesgo. Tenemos mucha información sobre las familias e individuos de alto riesgo, aunque no muchos datos definitivos. Nuestra información sobre los entornos de alto riesgo es mucho menor.

En nuestro trabajo hemos intentado descubrir el significado de "alto riesgo" cuando se aplica al entorno social inmediato de la familia, en particular al barrio (Garbarino y Sherman, 1980; Garbarino y Kostelny, 1992). Lo que hemos aprendido refuerza nuestra creencia de que un enfoque ecológico del maltrato infantil puede complementar las perspectivas antropológica y psicológica, y de ese modo aumentar nuestra comprensión de la etiología y mejorar la prestación de servicios. Para orientar nuestros esfuerzos utilizamos cuatro supuestos de trabajo.

1. *Las fuerzas económicas son determinantes significativos, pero no exclusivos, del carácter de un vecindario.* Dentro de los mismos niveles económicos puede haber una variación considerable en la calidad de vida de las familias. La pobreza es tanto un concepto social como monetario.

2. *La segregación residencial basada en factores socioeconómicos constituye una seria amenaza para el bienestar familiar porque genera concentraciones de familias de bajos recursos con un alto grado de necesidades.* En los barrios que resultan de tal segregación falta gente libre de necesidades (es decir, que tenga un superávit de recursos sociales y personales) y que entonces pueda estar en condiciones (material y psíquicamente) de ofrecer ayuda a los demás. Del mismo modo que en el patrimonio genético la diversidad es una protección contra el desastre biológico, la diversidad social es un baluarte contra el desastre psicológico.

3. *El proceso por el cual el carácter del vecindario socialmente empobrecido afecta al maltrato del niño comprende tres aspectos:* 1) el alto nivel de necesidad inhibe la posibilidad de compartir; 2) la falta de modelos positivos refuerza el

comportamiento inapropiado e insuficiente; y 3) la falta de una interacción íntima y confiada inhibe la ayuda y la retroalimentación. Estos tres factores contribuyen a un ciclo vicioso de empobrecimiento social en el que los (socialmente) ricos se enriquecen mientras que los (socialmente) pobres se empobrecen. En las zonas socialmente empobrecidas lo típico es que se requiera una intervención externa para revertir la tendencia.

4. *Los valores y actitudes de una familia que la ponen en riesgo de maltrato se ven acentuados por las tensiones que genera el empobrecimiento social.* El estrés es un desafío. Tiende a exagerar las características de los individuos. Por lo tanto, las personas proclives a la violencia, la apatía, la depresión o la negligencia empeorarán al enfrentarse con circunstancias sociales difíciles.

Una perspectiva ecológica en acción

En la práctica, ¿cómo se manifiesta un enfoque ecológico del maltrato? Creemos que comienza con una orientación *geográfica*. Esto significa marcar los casos en un mapa, de una manera muy similar a la adoptada por los agentes de salud pública cuando grafican distintos fenómenos relacionados con la salud. Mencionaremos un ejemplo particular de este tipo de trazado de mapas porque revela de qué manera el proceso puede estimular el pensamiento científico creativo. El ejemplo proviene de una discusión clásica del método científico por parte de Bronfenbrenner y Mahoney (1975): mientras se desempeñaba como director de una clínica para trastornos del habla en Syracuse, Nueva York, el Dr. Louis DiCarlo se sorprendió al observar la altísima proporción de casos de paladar hendido provenientes de ciertos distritos poco poblados del norte del estado de Nueva York. El fenómeno le llamó tanto la atención que informó sobre él a la oficina local del Servicio de Salud Pública de Estados Unidos, a cargo del Dr. John Gentry. Gentry respondió haciendo lo que los médicos de salud pública han hecho durante décadas: en un mapa, en este caso del estado de Nueva York, comenzó a poner un alfiler por cada caso, no sólo de paladar hendido, sino de todas las malformaciones congénitas (observadas en el momento de nacer). Una vez colocados todos los alfileres, se obtuvo un esquema que a Gentry le resultó familiar. ¿Dónde lo había visto antes? Se esforzó por recordarlo y lo logró. Lo había visto en un curso de geología, en un mapa acerca de las formaciones rocosas ígneas del estado de Nueva York. Las rocas ígneas son aquellas que se extrajeron originalmente del interior de la superficie terrestre. Se encuentran en zonas montañosas y depósitos glaciales. Algunas de esas rocas emiten una radiación natural, y, como Gentry sabía, se sospechaba que la radiación podía ser una de las causas del paladar hendido y otras deformidades innatas.

Por extraño que parezca, esa historia tiene mucho que ver con la identificación de los vecindarios con riesgo de maltrato infantil, porque del mismo modo en que es posible señalar en un mapa los casos de paladar hendido y sacar a la luz las causas geológicas subyacentes, los casos de abuso y descuido infantil se pueden entender poniendo al descubierto las condiciones ecológicas relacionadas con ellos. Dado que en Estados Unidos la unidad típica para proporcionar servicios de protección al niño es el condado (Helfer y Schmidt, 1976), y que es más probable que la información obtenida sea sistemática cuando se la analiza tomando como unidad al condado (Garbarino y Crouter, 1978a), los condados suelen ser el contexto adecuado para estudiar la ecología humana del maltrato infantil.

Los condados contienen subunidades que en términos generales se corresponden con los vecindarios, según los definimos anteriormente. Por ejemplo, en un condado de la región central de Estados Unidos donde trabajamos había unos veinte vecindarios (Garbarino y Sherman, 1980), mientras que en un condado metropolitano importante había noventa y tres (Garbarino y Kostelny, 1992). Estas divisiones tienen importancia histórica, se las utiliza para la planificación urbana y se ajustan más o menos a la idea que tiene la gente sobre la identidad del vecindario. Incluyen de dos a seis sectores censales y, por lo tanto, se pueden extraer datos socioeconómicos y demográficos sobre ellas de los censos estadounidenses publicados. La Oficina Norteamericana de Censos se ha comprometido a organizar e informar los datos censales correspondientes a los vecindarios definidos por las autoridades locales si estas últimas colaboran con ella para definir los que se tomarán como unidad.

Al trazar los mapas se pueden identificar los grupos de casos de maltrato infantil denunciados. Téngase en cuenta que estamos empleando el maltrato infantil como un indicador social de la calidad de vida de las familias. Su relación con otros indicadores sociales (tales como las medidas de suficiencia económica, de la composición familiar, de la dinámica de la población y de "problemas sociales", del tipo de los índices de embarazos de adolescentes solteras y de delincuencia juvenil) es un tema interesante tanto en el aspecto teórico como en el práctico. Como tal, se presta a ser investigado desde distintos enfoques y con una amplia gama de métodos, desde los más simples a los más complejos. En nuestro trabajo nos limitamos a emplear indicadores relativamente simples (y, por lo tanto, generales) que se pueden extraer fácilmente de los datos censales existentes. Naturalmente, cuando el investigador cuenta con la experiencia y los recursos necesarios, se pueden emplear variables y realizar análisis más sofisticados en términos metodológicos.

Las posibilidades abarcan desde una simple comparación de los índices de maltrato con la proporción de los habitantes de una zona que perciben bajos ingresos, hasta complejos análisis de variables múltiples (Garbarino y Kostelny, 1992). La suficiencia del nivel de ingresos se puede tratar de diversas maneras, al igual que los cómputos alternativos del índice de maltrato infantil; por ejemplo, para distintos grupos de edades y por tipo de maltrato. El grado de sofisticación y de recursos disponibles se combina con las obligaciones científicas y de servicio del investigador para dar forma a las preguntas formuladas. Calcular un índice de maltrato infantil según la cantidad de casos por cien familias requiere contar con cifras de población actualizadas. Estos datos nos permiten deducir, por un lado, la relación entre las características socioeconómicas y demográficas, y, por el otro, los índices de maltrato infantil. De esta manera obtenemos una correlación entre los recursos económicos y el trato dado a los niños, primer paso hacia nuestro objetivo de entender la ecología del maltrato infantil.

El siguiente paso es explorar y validar el concepto de empobrecimiento social como una característica del entorno de las familias de alto riesgo y como un factor en la evaluación de los programas de ayuda y prevención relacionados con el maltrato infantil. El punto de partida fue identificar los correlatos ambientales entre éste y la violencia comunitaria (Garbarino, 1976; Garbarino y Crouter, 1978a). Ello proporcionó una base empírica para "tamizar" los vecindarios a fin de identificar las zonas de alto y bajo riesgo.

Este enfoque se funda en el vínculo entre los bajos ingresos y el maltrato infantil y otras formas de violencia (Garbarino, 1987; Pelton, 1978; Pelton, 1981; Pelton, 1994). La pobreza está relacionada con un muy alto riesgo en ese sentido. En su estudio de los vecindarios de bajos ingresos, Coulton, Korbin, Su y Chow (1995) llegaron a la conclusión de que el abuso infantil está inmerso en un conjunto de fuerzas de la comunidad que también generan comportamientos anómalos, tales como delitos violentos, tráfico de drogas y delincuencia juvenil. De ello surge una doble concepción del "riesgo" según se aplique a los vecindarios o a las familias (Garbarino y Crouter, 1978a). El primero se refiere a las zonas con un alto índice absoluto de violencia (basado en la cantidad de casos por unidad de población). Es muy probable que las concentraciones de familias con problemas socioeconómicos tengan un alto riesgo de incurrir en actos de violencia, en particular el maltrato infantil. Por ejemplo, en la ciudad de Omaha, estado de Nebraska, la situación socioeconómica explicó alrededor del 40% de la variación de los índices de maltrato infantil informados en los distintos vecindarios.

La magnitud de esa correlación puede reflejar un efecto de la política social. Parece razonable enunciar la hipótesis de que en una sociedad donde los bajos ingresos no están asociados con el acceso a los servicios humanos básicos (como el cuidado de la salud de la madre y del niño), la correlación sería inferior. En una sociedad donde no existe ningún tipo de política para mejorar el impacto de las diferencias de clase a nivel familiar, la correlación podría ser aún mayor. La hipótesis es digna de un análisis empírico, pero concuerda con la observación de que la situación socioeconómica es un factor de predicción del desarrollo infantil más potente en Estados Unidos que en algunas sociedades europeas (Bronfenbrenner, 1979). Lo demuestra el hecho de que los índices de mortalidad infantil son menores en algunos países europeos pobres –como Irlanda y España– que en todo Estados Unidos, y mucho menores que en las comunidades pobres de este país (Miller, 1987). Observamos, pues, que el apoyo social es un concepto que opera en el nivel macrosocial y no sólo en el del vecindario (Thompson, 1994).

El índice de violencia real contra los niños es la primera medida del riesgo; sin embargo, existe un segundo significado de "alto riesgo" que tiene gran importancia. Alto riesgo también puede implicar que una zona tiene un índice de maltrato infantil más alto de lo que se podría predecir conociendo su situación socioeconómica. De esta manera, dos zonas con perfiles socioeconómicos similares pueden tener índices muy diferentes de maltrato infantil. Una puede ser de "alto riesgo" y la otra de "bajo riesgo", aunque ambas tengan índices de maltrato infantil superiores a los de otras zonas. La Figura 3.1 ilustra esta situación: las zonas A y B tienen altos índices reales observados de maltrato infantil (36 por 1.000 y 34 por 1.000, respectivamente). Las zonas C y D tienen índices observados menores (16 por 1.000 y 14 por 1.000, respectivamente). Sin embargo, las zonas A y C tienen índices observados mayores a lo que podría preverse (10 por 1.000 previsto para A; 7 por 1.000 para C), mientras que las zonas B y D tienen índices observados menores a lo previsto (55 por 1.000 para B; 54 por 1.000 para D). En este sentido, tanto A como C tienen alto riesgo, mientras que tanto B como D tienen bajo riesgo. Las zonas E y F ponen de manifiesto una estrecha aproximación entre los índices observados y los previstos. Este sistema de clasificación puede servir de base para identificar entornos sociales opuestos. Lamentablemente, casi todos los esfuerzos programáticos destinados a prevenir el maltrato infantil (incluso en las zonas en que los programas de apoyo social podrían estar dirigidos a mejorar el funcionamiento de la familia) carecen de este tipo de análisis de riesgo comunitario.

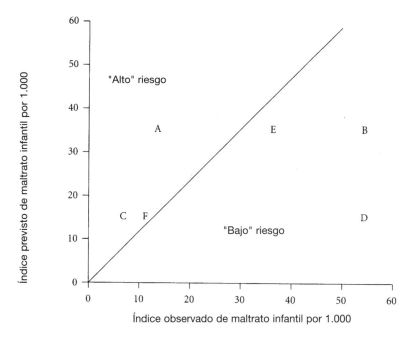

Figura 3.1. Dos significados del riesgo en la evaluación de las comunidades

La trascendencia humana del "riesgo comunitario"

¿Qué aspecto presentan los entornos sociales de bajo y alto riesgo? Es importante responder esta pregunta si queremos entender los elementos esenciales y el probable resultado de los programas de apoyo social destinados a prevenir el maltrato infantil. Tratar este tema implica examinar pares de vecindarios reales con índices previstos de maltrato infantil similares pero con índices observados diferentes (en otras palabras, un vecindario de alto riesgo y otro de bajo riesgo). Ello permite poner a prueba la hipótesis de que dos vecindarios con tales características presentan entornos contrastantes para la crianza de los niños y por ende pueden imponer medidas también diferentes a los esfuerzos de prevención e intervención.

95

Un estudio de vecindarios contrastantes de Omaha, Nebraska, elegidos para ilustrar este fenómeno, robusteció esta hipótesis: comparado con la zona de bajo riesgo, y aunque era socioeconómicamente equivalente, el vecindario de alto riesgo presentó una ecología humana socialmente empobrecida (Garbarino y Sherman, 1980). La integración social era menor, las relaciones entre vecinos eran menos positivas y presentaba interacciones cotidianas más estresantes para las familias.

Por consiguiente, antes de emprender una iniciativa vinculada con los vecindarios, se requiere aplicar una estrategia exhaustiva para obtener información sobre las características del nivel del vecindario relacionadas con el maltrato. Según Zuravin y Taylor (1987), esto implica utilizar tres técnicas. En primer lugar, un trazado de mapas comparativo permite una rápida visualización de cómo la distribución de un problema particular se correlaciona con la distribución del maltrato. En segundo lugar, un análisis de regresión múltiple determina en qué medida las características del vecindario previstas sobre la base de la teoría o el trazado de mapas comparativos explican la variación en los índices de maltrato infantil en diferentes vecindarios. El análisis proporciona una ecuación para prever la condición de riesgo de un vecindario sobre la base de las características identificadas mediante la teoría o el trazado de mapas e identifica los vecindarios cuyo grado real de riesgo de maltrato difiere claramente del previsto por el análisis de regresión. En tercer lugar, los estudios aleatorios sobre los residentes de un barrio proporcionan información específica sobre las correlaciones y los posibles factores determinantes de los tres tipos de maltrato infantil (Zuravin y Taylor, 1987).

Otros estudios han reafirmado los rasgos generales de este análisis: aunque perfeccionando el significado del empobrecimiento social, dejaron de lado el concepto simple de apoyo social para abordar el fenómeno más complejo de la integración social (en particular como se refleja en los niveles de empleo y patrones de vecindario). Véase, por ejemplo, el estudio que Deccio, Horner y Wilson realizaron en 1994 en Spokane, estado de Washington; el de Chamberland, Bouchard y Bevadry, de

1986, sobre varios distritos de Montreal; el de Sattin y Miller, de 1971, sobre dos vecindarios de Texas; y el de Garbarino y Kostelny, de 1992, sobre zonas de Chicago.

Deccio, Horner y Wilson (1994) reprodujeron el estudio de Garbarino y Sherman sobre barrios con similares características económicas pero diferentes índices de maltrato infantil. En dos vecindarios de Spokane similares en términos económicos, comprobaron que en el de "alto riesgo" se habían registrado índices de maltrato infantil que al menos duplicaban los del vecindario de "bajo riesgo". Aunque no se hallaron diferencias en el apoyo social percibido, sí se las encontró en la integración social. Por ejemplo, el índice de desempleo del vecindario de alto riesgo era tres veces mayor que el del vecindario de bajo riesgo. El ingreso familiar promedio era unos cientos de dólares más alto en el de alto riesgo, pero también lo era el porcentaje de familias que vivían por debajo del nivel de pobreza: 26% contra 17%.

También se encontraron diferencias con respecto a la estabilidad de la residencia, la posesión de un teléfono y el porcentaje de viviendas deshabitadas. En el vecindario de bajo riesgo eran más las familias que habitaban en su vivienda actual desde hacía más de cinco años: 52% contra 35%. En el vecindario de alto riesgo el número de familias que no tenían teléfono era tres veces mayor. (La ausencia de teléfono es a la vez causa y efecto del aislamiento social, tal como lo definimos aquí.) Por último, el vecindario de alto riesgo tenía más del doble de viviendas vacías: 16% contra 7%.

De esta manera, se descubrió que la integración social, que connota la condición de miembro de la comunidad, la participación y la pertenencia a ella, es un factor importante a la hora de explicar las diferencias en los índices de maltrato denunciados. En el vecindario de bajo riesgo era mayor el número de residentes que tenían empleo, ingresos que superaban el nivel de pobreza, lugar de residencia estable, y que estaban conectados a sus amistades, vecinos y familiares por medio del teléfono.

El ejemplo de los barrios pobres de las grandes ciudades

El análisis más exhaustivo con el que se cuenta hasta el momento es quizás el realizado con respecto a los vecindarios de Chicago (Garbarino y Kostelny, 1992), que ilustra plenamente los desafíos de montar un programa convincente de prevención concebido en función del apoyo social en medio de niveles extremadamente altos de privación socioeconómica, violencia comunitaria e impulso social negativo, característicos de muchos barrios pobres de las grandes urbes donde el maltrato infantil es un problema desproporcionadamente serio.

Gran parte de la variación en los índices de maltrato infantil de distintas comunidades (utilizando una medida compuesta que incluye todos los tipos de maltrato pero que comprende mayormente el abuso físico y el descuido) está relacionada con las variaciones de nueve características socioeconómicas y demográficas (la correlación múltiple es 0,89, lo cual da cuenta del 79% de la variación). También realizamos este análisis para los 113 sectores censales comprendidos en las cuatro comunidades que eran objeto de nuestro estudio. Como resultado obtuvimos una correlación múltiple de $r = 0,52$, y una proporción de la varianza explicada del 27%.

La mayor proporción de la varianza en los resultados del análisis de estas comunidades refleja el mayor tamaño de las unidades de análisis y el aparente carácter idiosincrásico de las cuatro zonas en cuestión como entornos sociales. Dado que las comunidades abarcan una mayor cantidad de individuos que el análisis de los sectores censales, las estimaciones de las variables independientes (nivel de pobreza, de desempleo, unidades familiares en que la mujer es jefe de familia, etc.) y las mediciones del índice de maltrato infantil son numéricamente más estables (y, por lo tanto, más confiables en términos estadísticos). Por consiguiente, es más probable que presenten una correlación más elevada. Este artificio estadístico también se encuentra en otros estudios (Garbarino y Crouter, 1978b).

Además, la variación o la gama de las mediciones socioeconómicas, demográficas y de maltrato infantil es mucho mayor cuando se comparan las 77 comunidades que cuando se comparan los 113 sectores censales de las cuatro zonas en análisis (todas ellas presentan grandes dificultades). Por ejemplo, dentro de las dos zonas predominantemente afronorteamericanas, en el sector censal con el índice de pobreza más bajo el 27% vive en la pobreza; esto contrasta con la totalidad de las 77 comunidades, en las que 33 tienen índices de pobreza que no superan el 10% y 7 tienen más del 40%.

Podemos estudiar los índices de maltrato infantil en cuatro sectores: "Bajo", "Oeste", "Norte" y "Alto" en los años 1980, 1983, 1985 y 1986. En los sectores "Bajo" y "Oeste" dichos índices estuvieron sistemáticamente por debajo del promedio de la ciudad durante esos cuatro años. Desde 1985 a 1986, los índices llegaron a una meseta en el sector "Bajo", mientras que disminuyeron en el sector "Oeste". En contraposición, en los sectores "Norte" y "Alto" se mantuvieron sistemáticamente sobre el promedio de la ciudad.

Además, aunque entre 1980 y 1985 hubo un aumento sostenido del abuso y descuido infantil en esas dos comunidades, en 1986 se había producido una disminución del maltrato en el sector "Alto" (de 24,5 en 1985 a 21,6), mientras que en el sector "Norte" los índices siguieron subiendo (de 16,9 en 1985 a 18,5).

El análisis de los índices de maltrato por sectores censales dentro de cada comunidad revela que también existen grandes variaciones en ese nivel. En el sector "Norte", por ejemplo, mientras que los índices de maltrato infantil aumentaron a nivel comunitario, el análisis a nivel de los sectores censales demostró que en realidad habían llegado a una meseta o habían descendido en el 54% de los sectores censales. Por lo tanto, la escalada de los índices se debió a un importante aumento en el 46% restante de los sectores censales (algunos de los cuales tenían índices que llegaban al 34,5, comparados con el promedio de 10,6 para toda la ciudad).

Además, se realizaron análisis de regresión múltiple para cada uno de los cuatro años. Mientras que trece de los veinticuatro sectores censales del "Norte" cayeron dentro del índice de maltrato previsto para por lo menos dos de los cuatro años

(E y F en la Figura 3.1), los once sectores censales restantes tuvieron índices que cayeron fuera de los límites previstos; seis sectores censales arrojaron resultados sistemáticamente más bajos (D en la Figura 3.1), mientras que cinco sectores censales tuvieron porcentajes sistemáticamente más altos que lo previsto sobre la base de su perfil socioeconómico y demográfico (A en la Figura 3.1).

Este es el panorama estadístico del contexto en el que deben operar los programas de prevención. Para que este contexto les resulte más claro a quienes desean aplicar programas de apoyo social a fin de prevenir el maltrato infantil en esos medios, podemos examinar la información proporcionada por los profesionales que brindan ayuda a las familias de esos vecindarios.

El panorama desde las trincheras

Las entrevistas con dirigentes comunitarios de organismos de servicio social arrojaron algo de luz sobre el "clima comunitario" del sector "Norte", comunidad con un índice de abuso mayor al previsto, y del sector "Oeste", cuyo índice de abuso era inferior al previsto (utilizando un cuestionario de dieciséis preguntas basado en una investigación previa) (Garbarino y Sherman, 1980).

En la comunidad con altos niveles de abuso, ¿reflejan los organismos de servicio social el alto grado de deterioro social característico de las familias y la comunidad? Y, a la inversa, ¿se observa una red de apoyo fuerte e informal entre los organismos de servicio social en la comunidad con bajos niveles de abuso? La respuesta, de acuerdo con esas entrevistas, parece ser afirmativa. Esto es evidente cuando se analizan las entrevistas pregunta por pregunta. La gente es más negativa con respecto al aspecto físico y social del "Norte". Ven que allí la calidad de vida es inferior y que el problema del maltrato infantil es mayor. Observan pocas relaciones vecinales y menos organismos de servicios sociales que en el "Oeste".

Los resultados de este pequeño estudio sugieren que existe en el clima de esas dos comunidades una clara diferencia, cuya importancia quizás se ilustre mejor de la siguiente manera. En ambas comunidades se mencionó el papel fundamental del empleo, pero la forma en que se habló de ello fue muy distinta. En el "Norte", tres encuestados dijeron que convenía recordar que el "Norte" tenía un índice de empleo de sólo 18%; a diferencia de ello, cinco de los encuestados del "Oeste" describieron a su comunidad como un lugar de trabajadores pobres.

Las consecuencias de estas diferencias en cuanto al empleo son profundas. En efecto, recordemos que Deccio, Horner y Wilson (1994) registraron que era precisamente esa medida del empleo lo que diferenciaba a los vecindarios de alto y bajo riesgo en su estudio. El nivel de empleo, incluso si el sueldo es bajo, es un indicador social de orientación social favorable y de funcionalidad, más allá de las implicaciones que tiene respecto de los ingresos el hecho de estar ocupado.

El tono general de las visitas realizadas en el "Norte" era más bien depresivo; a la gente le costaba pensar en algo positivo que decir sobre su situación. Los espacios físicos destinados a los programas parecían oscuros y deprimentes, e incluso un visitante ocasional se podía dar cuenta fácilmente de la actividad delictiva que allí se desarrollaba. En el "Oeste", la gente estaba ansiosa por hablar de su comunidad. Aunque tenían muchos problemas serios, la mayoría veía a su barrio como un lugar pobre pero decente. Uno de los encuestados lo describió como "pobre pero no desahuciado". Si bien los sujetos del "Oeste" también informaron sobre problemas de drogas y criminalidad, esas actividades no eran evidentes para el visitante ocasional.

En el "Norte" los sujetos ignoraban en mayor medida qué otros servicios y organismos comunitarios estaban a su disposición y presentaban pocas señales de constituir una red o sistema de apoyo, tanto formal como informal. Una excepción pareció ser el programa titulado "El Foco Familiar" (Family Focus). Todos conocían ese programa y la gente de Family Focus conocía por su nombre a la gente de otros programas. En el "Oeste" había más servicios disponibles, los organismos tenían más información sobre ellos y existían redes formales e informales de apoyo social muy fuertes. Los sujetos del "Oeste" reconocían el liderazgo político del senador local. Los sujetos del "Norte" no tenían sentimientos positivos hacia sus dirigentes políticos.

En el "Norte" los dirigentes entrevistados describieron la situación diciendo que sus organismos reflejaban el aislamiento y la depresión de su comunidad. En el "Oeste", los organismos reflejaban la fuerte red de apoyo informal existente entre las familias de esa comunidad. Los trabajadores de los organismos parecían optimistas porque muchas de sus familias lo eran. Al menos según este estudio, parece justo decir que los organismos de servicio social de una comunidad reflejan los problemas que enfrenta esa comunidad.

Las entrevistas con profesionales complementan nuestro análisis estadístico y proporcionan más indicios sobre las serias dificultades que enfrenta el "Norte" como sistema social. Las características negativas extremas del entorno –pobreza, violencia, viviendas inadecuadas– parecen equipararse con el clima comunitario negativo: falta de identidad como comunidad y redes fragmentadas de apoyo formal.

La última evidencia disponible en nuestro análisis se relaciona con la muerte de niños provocada por el maltrato, un indicador particularmente elocuente de lo esencial de una comunidad. En las cuatro comunidades que analizamos entre 1984 y 1987 se denunciaron diecinueve muertes de niños por maltrato. Ocho de esas muertes se produjeron en el "Norte", con una proporción de una muerte cada 2.541 niños. Para el "Oeste", la proporción fue de una muerte por cada 5.571 niños. El hecho de que las muertes debidas al maltrato infantil fueran dos veces más probables en el "Norte" parece coincidir con los hallazgos generales de nuestro análisis estadístico y entrevistas. En el "Norte" existe una verdadera conspiración ecológica contra los niños (Garbarino, 1995). Ello destaca la necesidad de abordar con suma atención el concepto de apoyo social para prevenir el maltrato infantil.

Un enfoque cauteloso implica rechazar los rápidos y superficiales esfuerzos convencionales. Cualquier persona que se dé cuenta de la profundidad y la omnipresencia del empobrecimiento social en vecindarios tales como los del "Norte" entiende que el apoyo social debe ser parte de una reforma radical del vecindario y de sus relaciones con el resto de la comunidad. En nuestro trabajo anterior empleamos el enfoque consistente en identificar las zonas a las que se les debe prestar una atención especial. Por ejemplo, en Omaha, Nebraska, identificamos un par de zonas que presentaban comparaciones llamativas basadas en el análisis estadístico, según las cuales una de ellas tiene un índice mucho mayor del que permitiría prever su situación socioeconómica y demográfica (alto riesgo), mientras que la otra es de bajo riesgo, en el sentido de tener un índice real menor al previsto.

Los resultados estadísticos se vieron reforzados al descubrir, mediante entrevistas con muestras de padres de ambas zonas, de qué manera la gente percibe los vecindarios de alto riesgo comparados con los de bajo riesgo. Tanto los observadores (párrocos, enfermeras visitantes, docentes y agentes de policía) como los participantes (los padres que viven en la zona) ven al vecindario de alto riesgo como un entorno que no brinda apoyo a la familia. Encontramos que en las muestras elegidas al azar de padres de los dos vecindarios, los de la zona de alto riesgo tenían más tensiones, menos apoyo, un cuidado menos adecuado de los niños y una visión menos positiva de la vida familiar y vecinal. A continuación reproducimos algunos de los comentarios de nuestros informantes comunitarios sobre las dos zonas:

BAJO RIESGO: "Esa es una de las zonas más tranquilas" (agente de policía); "Es una buena zona, se trabaja rápido" (cartero).
ALTO RIESGO: "Es un poco menos tranquila. Los bares son de lo peor. La mayoría son matones, Ángeles del Infierno y pistoleros" (agente de policía); "Aquí hay mucha 'actividad nocturna' " (enfermera visitante).

BAJO RIESGO: "Lo veo como un vecindario estable. La gente tiene raíces aquí. No es un lugar de mucha movilidad" (enfermera visitante).
ALTO RIESGO: "Los padres se aferran a esta escuela en busca de una esperanza. El vecindario está experimentando muchos cambios y deterioro. Probablemente se sintieron amenaza-

dos por la construcción de la carretera interestadual que cruza el vecindario. Este año hemos tenidos varios casos nuevos de merodeadores, y algunas familias han denunciado robos en zonas donde nunca habían ocurrido. La parroquia compró un edificio frente a la escuela que últimamente se había convertido en un lugar peligroso" (director de un colegio religioso privado).

BAJO RIESGO: "Hay muy pocos casos aquí; sólo seis familias con chicos" (enfermera visitante).

ALTO RIESGO: "Es una zona que necesita ser examinada minuciosamente en lo que respecta a la calidad de vida" (director de un centro comunitario vecinal); "Se roban entre ellos" (enfermera visitante); "Allí atendemos el mayor número de casos, tanto por la cantidad de familias como por los problemas que hay dentro de cada familia. El alcoholismo es un problema muy serio. Hay enfermedades mentales, una tasa de mortalidad muy alta, una alta tasa de natalidad de hijos de madres solteras, desnutrición... La atención médica se limita a las urgencias... Muchas niñas abandonan la escuela" (enfermera visitante).

BAJO RIESGO: "Estas mujeres confían a menudo en la ayuda de su familia. Una de mis clientas vive al lado de la casa de su suegra, a quien recurre en busca de ayuda" (enfermera visitante).

ALTO RIESGO: "La unidad familiar no es para nada fuerte" (director de un colegio religioso privado); "En ocasiones, las mujeres forman un sistema de acompañamiento, pero no existe mucha interrelación entre ellas... No conocen mucha gente. No se relacionan mucho. No tienen mucho apoyo familiar. Es probable que estén peleadas con su familia. A veces el vecindario es para ellas una guarida... Hay muchas adolescentes con sus bebés que quieren escapar de su familia, que vive en la zona céntrica" (enfermera visitante).

Otra medida interesante es el nivel de estrés basado en la escala de Holmes-Rahe, una lista de control de acontecimientos que requieren un reajuste social. Aunque está sujeta a una serie de limitaciones, la escala permite conocer a grandes rasgos el grado de alboroto y estrés en la vida familiar. No sólo eso, sino que otros investigadores encontraron una relación entre esa medida y el abuso infantil. Los progenitores entrevistados en el vecindario de bajo riesgo tenían una posibilidad dos veces y media más alta de estar en la franja "sin crisis" de la escala que los progenitores del vecindario de alto riesgo. Mientras que el 74% de las familias de la zona de bajo riesgo se hallaban dentro de la franja "sin crisis", sólo el 37% de las familias del vecindario de alto riesgo se hallaban en ella. (Para mayor información véase Garbarino y Sherman, 1980.)

Próximos pasos

Las situaciones descritas por los informantes son, por supuesto, el material básico del maltrato infantil: familias de alto riesgo en entornos de alto riesgo. Quienes se dedican a estudiar el maltrato infantil han observado en repetidas ocasiones que los progenitores proclives al abuso aparentemente son expertos en encontrar parejas también proclives al abuso. Esta afirmación es cierta al menos en lo que respecta a identificar los grupos que ejercen violencia en el hogar a lo largo de las generaciones y dentro de los grupos de parentesco (Straus y Gelles, 1987). La connivencia de los cónyuges en el maltrato infantil es un aspecto importante del problema, al igual que el principio más general de que la violencia atrae a la violencia. Para nuestros fines, la hipótesis de que quienes tienen características similares se atraen se puede aplicar también a los vecindarios. Las familias socialmente empobrecidas tienden a agruparse. Este agrupamiento geográfico influye no sólo en la incidencia de los problemas de salud mental (Lewis, Shanok, Pincus y Glaser, 1979) sino también en su superación (Smith, 1976). Eso es lo que encontramos en nuestro análisis de los vecindarios, que fueron más allá de los esfuerzos anteriores de esta clase, dedicados a estudios por casos (Sattin y Miller, 1971).

Utilizando una técnica estadística denominada "análisis

del vecino más cercano", Lewis, Shanok, Pincus y Glaser (1979) ilustraron la hipótesis general ya observada de que el vecindario es una influencia más importante para las familias de bajos ingresos que para las de altos ingresos, lo cual se agrega a los datos recogidos por Stack y otros (Stack, 1974). Este hallazgo es de especial interés para la capacitación, porque los profesionales por lo general provienen de ambientes de clase media, y el vecindario puede ser para ellos menos importante que para sus clientes de clase baja. Dado que el maltrato infantil es un problema más serio en las poblaciones de bajos ingresos, tal vez la mayor contribución del enfoque ecológico sea entender y ayudar a esas familias. Por cierto, los datos fragmentarios de nuestras propias encuestas piloto sugieren que las familias de alto riesgo pueden estar más influidas por el clima social del vecindario que las de bajo riesgo.

Nuestros resultados revelan correlaciones más fuertes entre las características del vecindario y el comportamiento pertinente (uso de los servicios sociales, por ejemplo) entre las familias de alto riesgo. (Estos resultados se basan en un grupo autoseleccionado de progenitores de alto riesgo, a los que se supone más inclinados a la participación comunitaria que sus pares, debido a que aceptaron participar en el estudio.) Del mismo modo en que algunos individuos de alto riesgo se casan con individuos de bajo riesgo (y de hecho son rescatados de su contexto), algunas familias de alto riesgo se encuentran en ambientes de bajo riesgo que las pueden ayudar a superar sus puntos vulnerables. Cuando se trata de la crianza de niños, un amigo socialmente competente es insustituible. Vale la pena recordar la conclusión de Jane Howard sobre las familias y las redes sociales saludables: "Nuestro fondo común de recursos puede proporcionar un antídoto contra cualquier veneno" (1978, pág. 60).

La segregación residencial de la persona socialmente empobrecida tiende a generar empobrecimiento social, a menos que haya en juego fuerzas compensatorias. Necesitamos reconocer estas fuerzas donde existen naturalmente (para no desaprovecharlas) y aprender a generarlas y sostenerlas donde no existen. Este tema también fue tratado en un informe de la Comisión Nacional de Vecindarios. En este sentido, la organización de la comunidad no se puede separar de la protección del niño (véase Garbarino, Stocking y colaboradores, 1980).

Cambiar y preservar los vecindarios

Hacer que la gente se mude casi nunca es una opción válida a gran escala.

Más bien hay que cambiar la naturaleza y la estructura del vecindario de alto riesgo como entidad social. La tecnología para ello existe (Fawcett, Bernstein, Czyzewski y Greene, 1988), y comprende la enseñanza de formas de organización de la comunidad y de técnicas de ayuda. Creemos que el objetivo de estos esfuerzos es lograr un barrio en el que cada familia participe en sistemas informales de apoyo, en el que el nivel de necesidades se equipare con el nivel de recursos, en el que haya espíritu de cooperación y vínculos eficaces entre los servicios de ayuda formales e informales, en el que los niños se vean contenidos en una red de relaciones de cuidado y protección. Este ideal es sólo eso: una descripción de los objetivos que deberíamos perseguir en nuestros esfuerzos vinculados con la política social y su aplicación práctica. Pero, como ideal, puede ser un aporte significativo para comprender el maltrato infantil, teniendo en cuenta lo que Bronfenbrenner llama la Máxima de Dearborn: "Si quieres entender algo, trata de cambiarlo" (Bronfenbrenner, 1979).

Podemos entender mejor el maltrato infantil si nos damos cuenta de qué manera el nicho ecológico de una familia explica algunas de las variaciones en el comportamiento de los progenitores. Sin negar la importancia de los factores psicológicos, podemos beneficiarnos si incorporamos a nuestros cálculos el papel del empobrecimiento social y económico. Ello nos ayudará a ver que tenemos que combatir el problema desde varios frentes y que el maltrato infantil forma parte de la estructura misma de nuestra sociedad.

El Consejo Asesor sobre Abuso y Descuido del Niño comentó lo siguiente: "Los ecologistas han creado normas y procedimientos legales para preservar muchas especies de peces, y la fauna y flora silvestre ... los niños que viven en vecindarios peligrosos por cierto no son menos importantes para la supervivencia de nuestra civilización que los peces exóticos o la lechuza moteada... Los sectores donde los niños se encuentran en alto riesgo deberían recibir una atención especial, al igual que se le presta especial atención a una masa de agua cuando se descubre su alto nivel de contaminación" (pág. 18).

Como mínimo, las políticas públicas no deberían empeorar las condiciones de los vecindarios vulnerables. Por ejemplo, Wallace (1989, 1990) documentó el catastrófico deterioro de la calidad del barrio como resultado del cierre de los cuarteles de bomberos en el South Bronx de la ciudad de Nueva York a comienzos de la década de los '70. El hecho de que hubiera menos cuarteles de bomberos contribuyó a que se produjeran incendios que destruyeron edificios enteros, en vez de ser extinguidos en los apartamentos donde se habían originado. Ello dio lugar a un aumento en el número de edificios quemados y a una emigración en masa: algunos vecindarios perdieron casi dos tercios de su población entre 1970 y 1980. Un efecto colateral invisible pero trágico fue la destrucción de muchas redes sociales vecinales. Wallace relacionó esa pérdida con el drástico aumento en la criminalidad, el consumo de drogas y las muertes violentas intencionales (homicidios y suicidios). Estos resultados, que Wallace atribuyó a una política deliberada, un "plan de reducción" de los vecindarios pobres, evidentemente aumentó el nivel de riesgos vecinales generalmente relacionados con el abuso infantil. Asimismo, provocó el deterioro de algunos vecindarios cercanos más ricos, dado que 1,3 millones de residentes blancos escaparon hacia los suburbios (llevándose con ellos su aporte impositivo), presumiblemente para evitar vivir junto a los negros e hispanoamericanos pobres que huyeron de las zonas incendiadas. Otras políticas públicas destructivas fueron los programas de remodelación urbana y la construcción de autopistas en las décadas de los '50 y '60, que nuevamente destruyeron comunidades urbanas minoritarias y desplazaron a sus residentes (Halpern, 1995). Una vez más, se acabó con las redes sociales y económicas, con lo cual la comunidad se vio notoriamente debilitada para aquellos que se quedaron.

La vida en los márgenes

Los biólogos y los ecologistas han desarrollado el concepto del "entorno marginal" o de "la vida en los márgenes". Esto quizás se pueda observar mejor en los bordes de un maizal bien cuidado, donde algunas plantas crecen fuera de las hileras principales en las que los tallos se fertilizan y cultivan con esmero. Por lo general, las plantas que están fuera de la zona cultivada se atrofian, y si llegan a dar frutos, las mazorcas a menudo tienen deformaciones y les faltan granos.

El concepto de "la vida en los márgenes" se aplica también a los seres humanos. Rosenbaum, Fishman, Brett y Meaden (1993) hicieron un seguimiento de dos grupos de familias de bajos ingresos que se mudaron, con ayuda oficial, de un complejo de viviendas subvencionadas de Chicago en el que imperaba la violencia. Algunos se mudaron a otros puntos dentro del mismo barrio pobre urbano, mientras que otros se trasladaron a los suburbios. La selección fue relativamente al azar, dado que dependía de la disponibilidad de viviendas en el momento de solicitarla más que de la libre elección de la familia. Rosenbaum y sus colegas descubrieron que los niños que se habían mudado a los suburbios tenían aproximadamente el doble de posibilidades de cursar estudios universitarios y de conseguir empleos que los que se habían mudado a otro lugar del mismo barrio pobre. En otras palabras, la calidad del vecindario tiene un efecto poderoso en el desarrollo del niño, más allá de los factores familiares.

Wilson (1987) prestó particular atención a la disponibilidad de empleos. Encontró que gran parte del deterioro de los vecindarios pobres urbanos en las décadas de los '70 y los '80 se debía a la desaparición de las fábricas y de oportunidades de conseguir empleo en la zona. Ello, unido al hecho de que en los años 1950 y 1960 la discriminación entre los habitantes de viviendas suburbanas no era tan significativa, produjo un éxodo masivo de familias cultas, con buenos empleos y nivel de ingresos, que habían servido como modelos de rol y habían dado a la comunidad dirigentes, supervisores de su comportamiento y defensores del vecindario. Su alejamiento tuvo efectos catastróficos.

Gladwell (1996) descubrió que el índice de criminalidad

puede estar relacionado con las características de la comunidad, según una pauta semejante a la del fenómeno del "punto de vuelco" observado en epidemiología: pequeños cambios en una variable pueden generar grandes cambios en otra en un punto (el punto de vuelco), pero tener un efecto mínimo por debajo y por encima de ese punto. Su artículo se basaba en parte en el trabajo previo de Crane (1991) quien encontró una fuerte relación entre la proporción de habitantes del vecindario que tienen una "ocupación de alto prestigio" (gerencial y profesional) y el índice de embarazos de adolescentes y de deserción de la escuela secundaria. Crane descubrió que tanto las deserciones como los partos de adolescentes solteras aumentan en forma moderada a medida que disminuye la proporción de vecinos de alto prestigio, pero que el índice de aumento trepa bruscamente cuando esta proporción cae por debajo del 5%. El impacto de los cambios producidos en el punto de vuelco es trescientas veces mayor que el de los cambios producidos por encima de ese punto (Crane, 1991, pág. 1238).

Putnam (1993) estudió el concepto de *capital social*: las amistades, redes, asociaciones, confianza y normas que satisfacen fácil y naturalmente las necesidades básicas de aceptación, seguridad, determinación, asociación e información y son esenciales para la actividad económica y la vida de la comunidad. Putnam puso en tela de juicio la noción de que el capital social depende de la salud económica, de que la confianza, las redes y las normas de la comunidad son producto de una economía fuerte: "Las comunidades italianas no tienen grupos corales porque son ricas; más bien son ricas porque tienen grupos corales, o, para ser más precisos, porque cuentan con las tradiciones de compromiso, confianza y reciprocidad que simbolizan los grupos corales" (pág. 106). Esas tradiciones, dice Putnam, parecen ser prerrequisitos necesarios para el tipo de relaciones comerciales que incentivan el desarrollo económico.

Más allá de cuál tenga prioridad, si el aspecto económico o el capital social, ambos son determinantes fundamentales de la calidad del vecindario, y, por lo tanto, ambos afectan el índice de maltrato infantil en él. Aunque algunos padres podrían abusar de sus hijos en cualquier entorno, en gran número de casos la crianza se verá influida en gran medida por el vecindario donde se vive. Un vecindario hostil, violento, hará que se pongan de manifiesto las peores características de sus moradores, mientras que un entorno amistoso, que los apoye, los alentará a funcionar de la mejor manera posible, con lo cual sufrirán crisis de menor frecuencia e intensidad que si estuvieran en un entorno desfavorable.

Todo ello sugiere que para reducir el maltrato infantil es necesario que hagamos grandes esfuerzos tanto para apoyar a la comunidad como para ayudar a los individuos. Los granjeros saben que si se ocupan de la tierra como corresponde, las plantas individuales de maíz producirán mazorcas saludables. Esta analogía también parece aplicable a la especie humana: si cuidamos de nuestros barrios con esmero, aumentamos sustancialmente la posibilidad de que nuestras familias críen a sus hijos de manera eficaz y exitosa. Lofquist (1983) preparó una matriz útil que divide los servicios humanos teniendo en cuenta si se centran en la prevención o en la recuperación y si apuntan al individuo o a la comunidad. Este autor observa que la mayoría de nuestros recursos se destinan a programas de recuperación individual, mientras que muy pocos se utilizan para programas de prevención a nivel comunitario. Woodson (1996) ilustra los efectos de esa situación comentando que existen muchos programas para drogadependientes, madres solteras adolescentes y desertores de la escuela secundaria, pero "si, en esas mismas circunstancias, te quedaste en la escuela, te resististe a tomar drogas y te abstuviste de practicar una actividad sexual irresponsable, no hay virtualmente nada para ti".

El trabajo preventivo a nivel comunitario implica construir el capital social y reforzar el desarrollo económico de los vecindarios pobres. Ambos son esenciales si pretendemos reducir el número de individuos que tras haberse metido en problemas necesitan ayuda especial (recuperación). La prevención, según Lofquist, es genérica; si nos ocupamos de nuestras comunidades adecuadamente, evitaremos no sólo el abuso infantil sino también muchos otros problemas sociales. Las comunidades saludables proporcionan los cultivos que necesitan las familias para nutrir a sus hijos en forma apropiada, y además un entorno que, yendo más allá de los esfuerzos de los padres, ayude a alimentar, supervisar e inspirar a esos niños directamente.

La privacidad en contraposición a la comunidad

¿Cuáles son los impedimentos para adoptar un enfoque ecológico de la protección infantil? Un obstáculo es el tema de la privacidad. Para la mayoría de las personas, al menos en Occidente, el valor de la intimidad es incuestionable y cualquier invasión a la privacidad es una especie de traición cultural. Esta tendencia se refleja en las leyes, en los discursos de los políticos, en las medidas encaradas tanto por entidades públicas como privadas y en las opiniones de los ciudadanos manifestadas en las encuestas. Aunque la privacidad puede ser valiosa, tiene su coste individual y comunitario: en parte lo pagan los niños cuando sufren abuso y descuido. Considerándolo de esa manera, el precio que pagamos por la privacidad es el aislamiento social.

Hemos establecido el papel que cumple el aislamiento respecto de algunos poderosos sistemas de apoyo social en el maltrato infantil. Aunque la atención pública se centra sólo en los casos más dramáticos y morbosos de maltrato infantil, diariamente nos rodean incidentes más prosaicos. Se deja caer a un bebé en repetidas ocasiones. A otro que apenas camina le dan una paliza con un látigo. A un niño en edad preescolar le dan un puñetazo. Un padre agrede a su hijo adolescente con frecuencia por actos de indisciplina de poca importancia. Estos acontecimientos casi nunca toman estado público pero son el meollo del problema. Como dijera en repetidas ocasiones Henry Kempe (1973), nuestra sociedad suele darles un beso de despedida a los bebés cuando salen del hospital donde acaban de nacer y no mantener ningún contacto sistemático ni oficial con ellos hasta que ingresan a la escuela. Como padre que se mudó a una nueva comunidad, uno de los autores del presente capítulo (Garbarino) recuerda: "Llegué a mi nueva comunidad con mi automóvil de tres años de antigüedad y mi hija de tres años y la comunidad dejó bien en claro que lo que le preocupaba era... ¡el automóvil! Me dijeron que lo registrara, lo asegurara, lo hiciera revisar, pero nadie me preguntó nada sobre mi hija. En lo concerniente a la comunidad, ella era invisible".

Al dejar que eso ocurra, alentamos las condiciones que engendran el maltrato infantil; lo permitimos al valorar la privacidad por encima de las funciones esenciales del sistema de apoyo: la retroalimentación y la formación. La parentalidad es un contrato social, no un acto individual. Las familias necesitan información del mundo exterior para ocuparse apropiadamente de sus hijos. La información consiste tanto en la retroalimentación periódica acerca de las relaciones progenitor-hijo como en el conocimiento general de las normas, expectativas y técnicas apropiadas para la crianza de los hijos. La información adecuada depende de tres factores: 1) observación y discusión habitual de las relaciones progenitor-hijo; 2) sabiduría popular informal basada en una vasta experiencia directa convalidada históricamente; y 3) conocimientos profesionales y formales especializados, en particular en lo atinente a la resolución de los problemas de comportamiento. La necesidad de información está directamente relacionada con las demandas situacionales de la relación progenitor-hijo. A medida que esas demandas se incrementan, también aumenta la necesidad de información. Las instituciones formales pueden llegar a ser fuentes eficaces de información si están activamente relacionadas con la red social de la familia, ya sea directamente, mediante los padres, o indirectamente, mediante la relación de los padres con otra persona. La privacidad puede ser peligrosa para la salud y el desarrollo social porque debilita los procesos de circulación de la información que llega a la familia y sale de ella.

El precio de la privacidad

Al analizar la experiencia social de los jóvenes estadounidenses, Edward Wynne (1975) informó sobre el valor que conceden a estar solos, ser autónomos y no ser observados, controlados ni evaluados. Wynne establece una útil distinción entre la observación personal y la impersonal. Los jóvenes parecen estar

113

recibiendo cada vez menos observación personal (es decir, el comportamiento evaluado en el contexto de sus relaciones duraderas con los adultos) y más observación impersonal, la que se caracteriza por contactos burocráticos e indiferentes, de breve duración y escaso alcance. Bronfenbrenner (1975) reforzó esta interpretación en su análisis de las causas de la alienación y podemos considerarla una dimensión importante de la toxicidad social.

La observación impersonal ha reemplazado a la observación personal. Además, este modelo parece aplicarse tanto a los adultos como a los niños. Las familias cada vez dependen menos de las relaciones de parentesco y vecindad, y cada vez más de la privacidad individual unida a la confianza en los medios de comunicación y los servicios personales. La historia social de Estados Unidos revela una actitud de ambivalencia con respecto al individualismo y el colectivismo, la libertad y la autoridad, la privacidad y la integración social. Esta dinámica ha sido identificada por distintos autores. Webb (1952) la llamó "la parábola del individualismo". Philip Slater (1970) la denominó más recientemente "la búsqueda de la soledad" y David Riesman (1950), "la muchedumbre solitaria". Este fenómeno se comenta en *Two Worlds of Childhood* (1970), de Bronfenbrenner. Los norteamericanos le otorgan mucho valor al hecho de que cada familia sea dueña de su casa, a la libertad que da el automóvil y a ser independiente de todas las reglamentaciones. Es como si tratáramos de hacer una isla de cada hombre y de cada mujer.

Las oportunidades de tener privacidad han aumentado notablemente en las últimas décadas. Ello crea un contexto potencialmente peligroso para las relaciones progenitor-hijo, en particular en circunstancias estresantes, como cuando un padre o una madre debe criar a su hijo sin su pareja y al mismo tiempo ganarse la vida. Aún más alarmante es observar que en las últimas décadas se ha duplicado la posibilidad de que un progenitor separado prefiera vivir solo en lugar de mudarse con otra persona (la casa de un pariente cercano) (Bronfenbrenner, 1975). En esta situación, la relación con su hijo puede ganar tal vez en libertad y privacidad, pero perderá en retroalimentación y formación. En el Capítulo 2 indicamos que el equilibrio de las tensiones y apoyos es crítico en el tema del maltrato infantil. Aquí reconocemos que nuestra sociedad tiene el dedo puesto en la balanza y al insistir en la autonomía, la independencia y la privacidad, puede hacer que aquélla se incline hacia el lado del estrés. Rotenberg (1977) mostró en forma convincente que al definir a la dependencia como patológica y a la autonomía como saludable, nos condenamos a experimentar una generalizada sensación de distanciamiento y alienación. Como siempre, los niños en general, y los niños pobres en particular, son los que pagan el precio más alto.

Anhelamos pertenecer y sin embargo parece que hiciéramos todo lo posible por frustrar la posibilidad de cumplir ese anhelo. Esa es la búsqueda de la soledad a la que alude Slater. Las investigaciones sobre la depresión (Weissman y Paykel, 1973) y el suicidio (Paykel, 1976) vinculan el bienestar psicológico general con la participación en relaciones sociales duraderas que brindan apoyo. El deterioro o la finalización de esas relaciones es muy estresante (Fox, 1974). ¿Dónde encaja la privacidad en esta matriz de estrés, angustia psicológica y, por último, maltrato infantil? La privacidad proporciona un medio fértil para que crezcan esos tres elementos. Y no sólo eso, sino que obra en contra de las fuerzas sanadoras naturales y hace más difícil dar y pedir ayuda. Como comentó Elder (1974), una condición del ascenso a la clase media es renunciar a la propiedad y a los lazos del vecindario a cambio de los beneficios de la privacidad. Reconozcamos claramente que las relaciones tradicionales de parentesco y vecindad traen aparejados costes psicológicos, como el sentido de obligación, culpa, dependencia e intrusión.

La familia y los parientes

El tiempo y los recursos de una persona siempre están a disposición de los familiares que necesitan ayuda. Las relaciones interpersonales y las actividades diarias están sometidas al escrutinio de los familiares que integran el núcleo familiar. Las técnicas de crianza, en particular, se ven sometidas al escrutinio de los parientes, dado que la "moneda" principal del parentesco son los niños. Las experiencias que vinculan a la familia con la corriente social de la comunidad, más allá del círculo del parentesco, son esenciales. Tanto los niños como sus progenitores necesitan esa protección. Aparentemente, las familias que no tienen esa conexión con la comunidad a menudo refuerzan, en lugar de contrarrestar, los patrones del maltrato infantil. Straus (1980) indica que si el único sistema social con el que cuentan las personas que experimentan un alto nivel de estrés es el del parentesco, es probable que ello traiga aparejados niveles de violencia familiar más elevados. En este y otros temas, la diversidad y el pluralismo social son buenos para los niños (Garbarino y Bronfenbrenner, 1976). Muchas personas han reaccionado frente a la atmósfera potencialmente agobiante de la interacción intensa con los familiares rechazando, como una cuestión de política personal y profesional, las redes sociales invasivas (Leichter y Mitchell, 1967). Pueden trocar la intrusión que implica su integración social por la privacidad de su aislamiento social. Reconocemos esa circunstancia en lo que respecta al tema de la conexión social: si se la practica en demasía, puede ser un problema; sin embargo, creemos que el mayor peligro es que esa conexión sea muy escasa.

Por lo tanto, la hipótesis que surge de nuestro análisis es ésta: a medida que aumenta el valor de la privacidad y la oportunidad de tenerla, aumenta proporcionalmente el peligro del aislamiento. A medida que aumenta el aislamiento, también se incrementa la posibilidad de maltrato infantil. La participación de las familias en amplias redes de parentesco (Stack, 1974), en redes naturales de ayuda (Collins y Pancoast, 1976), o en vecindarios fuertes dotados de valores positivos y organizados para implementarlos (Fellin y Litwak, 1968) puede inhibir el maltrato infantil (Garbarino, Stocking y colaboradores, 1980). Tal participación proporciona recursos para el cuidado del niño y el derecho a apelar a esos recursos. En los hogares de alto riesgo a menudo faltan el tiempo y la pericia necesarios para una participación eficaz (Gil, 1970). La conexión social da el acceso a los recursos sociales y económicos que pueden socorrer a la familia en un momento de tensión (Garbarino, 1981) y permite la observación personalizada de la familia. Combate las situaciones familiares que llevan a la depresión, la ira, la indefensión, la pérdida de control y la violencia. Sin privacidad es improbable que se establezca y se mantenga un patrón de maltrato.

Por lo general, cuando las familias participan en un sistema de intercambio activo con amigos, vecinos y parientes prosociales, el abuso o el descuido se inhiben, o por lo menos se los detectará en una etapa temprana. En su estudio del parentesco y las redes hogareñas en una comunidad negra pobre, Stack (1974) registró un sistema de obligaciones y asistencia mutuos muy activo e íntimo que concedía poca privacidad. Es esclarecedor observar que en ese tipo de ambiente las presiones impuestas por el racismo y la pobreza parecen desviarse un poco de los niños. La participación activa de los amigos de la familia tiende a prevenir que el estrés se traduzca en maltrato crónico si esos "extraños" no son violentos. Hemos llegado a convencernos de que los niños pueden sobrevivir al maltrato si cuentan con alguien en su sistema social que les brinde aceptación y formación compensatorias y un modelo positivo para su experiencia social.

Los estudios de niños dotados de entereza o resistencia y nuestras propias entrevistas con víctimas de maltratos nos han convencido de ello. Todos necesitamos a alguien. Si, en nombre de la privacidad familiar, aislamos a las víctimas del maltrato infantil, los privamos de una influencia normalizadora potencialmente importante en su desarrollo. De esa manera, se los trata injustamente por partida doble: se les niega tanto la prevención como la curación.

Las redes tradicionales de parentesco y sus sustitutos extrafamiliares plantean varios problemas. En primer lugar, los niveles actuales de movilidad geográfica doblegan o destruyen esas redes. La movilidad estira los vínculos familiares a través de grandes distancias. Dificulta la formación y retroalimentación eficaces y en muchos casos impide que se establezcan y se mantengan buenos sistemas sustitutos. Los vecindarios fuertes pueden contrarrestar esa circunstancia, pero hasta ellos se ven debilitados por la fugacidad de esos vínculos (Fellin y Litwak, 1968). En segundo lugar, escapar al coste de las redes de parentesco es culturalmente aceptado. Se valora la privacidad, y se contraponen los vínculos sociales al desarrollo individual como si fueran su antítesis. La supremacía de las normas y prácticas de la clase media ofrece la posibilidad de contar con libertad, privacidad e individuación a una cantidad sin precedentes de personas.

Cada vez menos familias incluyen adultos que no sean los progenitores del niño. Como ya indicamos, cada vez son más los progenitores separados que viven solos (Bronfenbrenner, McClelland, Wethington, Moen y Ceci, 1996). Los planes de vivienda alientan las residencias privadas, y las viviendas multifamiliares, cuando existen, crean gradualmente un gueto de familias con hijos. El desarrollo general de nuestra cultura desestima las redes de parentesco invasivas. Estas tendencias abarcan a los profesionales del campo de los servicios sociales y de la psicología (en algunos casos son ellos quienes las lideran) que a menudo ensalzan las virtudes de la autonomía y de la realización personal sin ocuparse debidamente de sus costes (Campbell, 1976).

La privacidad desencadena el maltrato

Elder (1974) destacó que los observadores de la clase media a menudo se sentían consternados por la forma en que las familias de la clase trabajadora compartían actividades con sus parientes durante la Gran Depresión. Se preguntaban: "¿Cómo pueden arriesgar sus propios recursos económicos marginales comprometiéndose a ayudar a otros?" La explicación de Stack (1974) sobre la forma de compartir de los parientes negros indica que la típica evaluación profesional de ese comportamiento es que es irracional y autodestructivo. En un estudio sobre trabajadores sociales judíos y sus asistidos, Leichter and Mitchell (1967) informan acerca de diferencias interesantes en las actitudes y valores de unos y otros. Los clientes más tradicionales y sus progenitores expresaron que creían en los derechos, la sabiduría y las obligaciones propios del parentesco. Los asistentes sociales más modernos desestimaron las redes de parentesco en favor de la libertad personal, la autonomía y la privacidad.

Campbell (1976) apuntó que la mayoría de los psicólogos modernos estaban ideológicamente comprometidos con la liberación del individuo de sus vínculos colectivos. Para Campbell, los psicólogos que aconsejan la liberación están tomando un rumbo socialmente peligroso, en pugna con la necesidad del hombre de tener una estructura, obligaciones y lazos que lo unan a los demás. Aunque tenga mayor fuerza entre los psicólogos, la perspectiva de la liberación cuenta también con el respaldo de muchos otros profesionales que se desempeñan en el campo del trabajo social, así como de varios sectores de la población. El encanto de la privacidad es enorme. Permite que prospere el individualismo y protege a la familia para que no se entrometan personas ajenas a ella, llevadas por sus propios intereses. Esta función protectora parece resultar muy atractiva para los trabajadores sociales (Leichter y Mitchell, 1967).

La privacidad ofrece la posibilidad de una atmósfera tranquila, mientras que la intrusión de los familiares es psicológicamente "ruidosa". A pesar de ello, la privacidad puede ser dañina, o incluso letal, para los niños cuando se combina con los factores que suscitan el comportamiento típico del abuso. Naturalmente, la privacidad no es por sí sola suficiente para generar abuso y descuido, pero casi ningún factor aislado genera de manera uniforme el mismo efecto en diferentes seres humanos. Cada uno de nosotros es más vulnerable a ciertas condiciones que a otras. Sin embargo, en general, hay circunstancias en las que la privacidad hace peligrar especialmente las relaciones progenitor-hijo. Recientemente, al estudiar la maternidad en las gorilas, se ha comprobado que esas circunstancias se dan tanto entre los animales como entre los humanos.

A jóvenes madres gorilas se las separó de sus pares a fin de aislar la relación progenitor-hijo de toda interferencia externa. El resultado fue un alto índice de abuso y descuido de la cría. Cuando se las devolvió a la comunidad de los simios, los patrones de abuso fueron reemplazados por un comportamiento más saludable (Nadler, 1979). La privacidad (como aislamiento) obró en contra de la naturaleza de los simios; éstos necesitan el contacto social para tener relaciones familiares saludables. La gente también. La privacidad es una condición necesaria que permite que se produzca el abuso cuando se combinan condiciones suficientes como para crear una masa socialmente crítica.

Cuando las familias están expuestas a la pérdida de ingresos, horarios de trabajo excesivos (o muy poco trabajo) u otras condiciones que generan frustración y tensión, la probabilidad del maltrato aumenta significativamente. Esas condiciones sociales interactúan con el tipo de crianza aplicado por quienes se ocupan del niño. Cuando la capacidad del progenitor para establecer lazos de empatía con el hijo es deficiente, se incrementan las posibilidades del abuso. Si el estilo de quien se encarga de atender al niño es incongruente, el menor se ve expuesto al peligro. Si ese adulto aprueba el uso de la fuerza física como castigo, el peligro es aún mayor. Los adultos que no fijan límites al comportamiento de una manera eficaz y coherente crean el marco para un comportamiento descontrolado, tanto por parte de ellos mismos como de sus hijos. Incluso pueden llegar a violar sus propios valores y reglas de conducta si no pueden establecer un control eficaz.

Como se desprende del trabajo de Milgram (1974) y de los estudios de Fischer (1976), quien se encuentra a cargo del cuidado de un niño puede llegar a comportarse de manera inusitada al encontrarse en un estado de estrés psicológico. Por consiguiente, una de las causas del abuso es un modelo de crianza inestable, en particular cuando incluye el uso de la fuerza para impartir disciplina. Un segundo factor que contribuye al abuso es utilizar al niño como estímulo. Algunos niños son difíciles de cuidar. Tal vez ello se deba a algo intrínseco del niño, como un temperamento demasiado activo y no receptivo, o a algo extrínseco a él, como su parecido con una persona odiada, su posición en la familia o su relación con alguien que le molesta al adulto que lo cuida.

Las características del niño pueden generar abuso cuando el adulto a su cargo tiene tendencia a ese tipo de comportamiento debido al estrés o a su propia crianza. Muchas familias pueden resolver los modelos de crianza inestable y superar los problemas que plantea un niño difícil; pero para hacerlo necesitan, por lo general, ayuda externa, y algunas no la buscan o no la pueden obtener. Lenoski (1974) descubrió que el 81% de las familias con problemas de abuso infantil preferían resolverlos sin participación externa, mientras que sólo el 43% de las familias sin esos problemas tenían esa misma tendencia. Este hallazgo no sólo revela el aislamiento de las familias "anormales" sino que también señala el alto valor que las familias "normales" le dan a la libertad. Para un niño de una familia estable y psicológicamente sana, el aislamiento es un factor que limita el desarrollo; para un niño de una familia acosada por el estrés y la inestabilidad de los progenitores, el aislamiento es peligroso y potencialmente letal.

En esta etapa de nuestra historia hay poco que temer con respecto a la falta de privacidad, al menos en el sentido en que hemos utilizado el término en el presente capítulo. La gran protesta contra el Gran Hermano* es en verdad producto del resentimiento que proviene de las restricciones y la observación impersonal. La "asfixia social" de la intimidad, aun cuando es molesta e incluso en ocasiones psicológicamente opresiva, parece ser menos peligrosa que el aislamiento social.

Quizás podríamos avanzar en este tema si dejáramos de centrarnos en el Gran Hermano –la fuerza que domina– y nos centráramos en cambio en la Gran Hermana, la fuerza que nutre.

¿Qué se puede hacer?

¿Qué se puede hacer para oponer resistencia a los excesos sociales que permitimos en nombre de la privacidad? Una forma es resistir e incluso revertir el consentimiento cultural de la privacidad extrema. Podemos reconocer el valor de los sistemas de parentesco y sus sustitutos, y fomentar sus valores de obligación mutua, autoridad, continuidad y responsabilidad. Podemos alentar las redes de ayuda, en particular entre las poblaciones con tendencia al abuso; es decir, las que están expuestas a un nivel muy alto de estrés, viven en comunidades que padecen desintegración social y tienen niños difíciles.

---

* Alude al poder omnipresente de las fuerzas sociales opresoras, tal como las describió George Orwell en su novela *1984*. (N. del T.)

Otra manera de hacerlo es estimular las relaciones duraderas entre las familias y los profesionales a cargo de la tarea de educar y apoyar a los padres. Esas relaciones pueden comenzar antes del nacimiento del niño y continuar a través de la infancia y la adolescencia. Podemos conseguir la ayuda y el apoyo de las redes de asistencia natural construidas en torno de vecinos importantes (Collins y Pancoast, 1976). Por último, podemos promover la idea de que tener acceso al mundo exterior es un derecho primordial del niño, y que contar con la oportunidad de proteger al niño es un derecho básico de la sociedad.

Las familias no son las propietarias de sus hijos. Los mantienen en fideicomiso para la sociedad. Otras sociedades han desarrollado un concepto más claro de lo que ello implica para los sistemas de apoyo familiar (Bronfenbrenner, 1979). Ese fideicomiso se puede cumplir de la mejor manera cuando a las familias no se les otorga tanta privacidad que termina aislándolas. Por el contrario, deberían estar inmersas en una red de relaciones sociales personales, duraderas y recíprocas. El parentesco y la vecindad lo hacen naturalmente. Cuando no se dispone de esas relaciones o no son eficaces, se requiere la acción social a fin de crear y mantener redes sustitutivas para apoyar y observar a las familias. El precio de la privacidad no lo deberían pagar los miles de niños en el mundo que cada año sufren maltratos.

Debemos hacer otra observación: hemos dedicado este capítulo al coste de la privacidad. Ello no quiere decir que el coste de proteger a los niños sea insignificante. Ese control implica limitaciones a la libertad y a la privacidad. La República Popular China se preocupa en gran medida por los niños y las familias (Kessen, 1975) y para ello se inmiscuye en todos los aspectos de la vida y la mente del pueblo chino. Plantea lo que en Estados Unidos la mayoría de la gente considera una tremenda exigencia de autosacrificio. Apoya el desarrollo de los niños por medio del control totalitario de las relaciones sociales. El coste en materia de libertad y de identidad individual es tan alto que excede lo aceptable. En los países occidentales se enfrenta la tarea de reducir los aspectos negativos de la privacidad manteniendo la libertad y la integridad del individuo. Se necesita un concepto

positivo de dependencia (Rotenberg, 1977). Nuestro patrimonio común incluye una cooperación y una identidad colectiva
que pueden proporcionar una alternativa democrática y plura-
lista al modelo de crianza totalitario. Debemos aprovechar ese
patrimonio en nombre de los niños, mediante un proceso en el
que cada familia se encuentre inmersa en múltiples redes de
protección.

CAPÍTULO 4

KERRY BOLGER / MARNEY THOMAS / JOHN ECKENRODE

PROBLEMAS EN LAS RELACIONES

LA PARENTALIDAD, EL DESARROLLO DE LA FAMILIA Y EL MALTRATO INFANTIL

Es evidente que las circunstancias socioeconómicas en que se encuentra una familia son un factor importante para predecir el abuso y la negligencia hacia los hijos, pero ¿cómo influye este factor en la relación progenitor-hijo y cómo aumenta la probabilidad del maltrato? Las investigaciones demuestran que las presiones socioeconómicas ponen a padres e hijos en riesgo de que aparezcan problemas en la relación personal. En estas circunstancias, para los padres es difícil cumplir con su papel de cuidar a los hijos y éstos, a su vez, corren peligro de ser maltratados. Es posible que algunas familias enfrenten un peligro especial de caer en el maltrato por la manera en que se desarrollaron y las características personales de sus integrantes. Por ejemplo: los padres que fueron abusados o descuidados en su propia infancia pueden ser más vulnerables a tener problemas en sus relaciones. Tanto el bebé irritable y difícil de calmar como el niño de un año que se rebela cuando le quieren enseñar a controlar sus esfínteres o el adolescente que desafía a los padres, están pasando por una etapa normal de desarrollo difícil de manejar para cualquier padre. Para algunos progenitores, estas situaciones encarnan un riesgo extra de que aparezcan problemas en la relación con su hijo. Nuestro objetivo en este capítulo es identificar algunas de las causas del maltrato infantil en la interacción entre las presiones socioeconómicas, la vulnerabilidad de padres e hijos y los problemas en sus relaciones.

Condiciones sociales que ponen en peligro las relaciones

La privación económica se considera la principal fuente de riesgo para los hijos, pero ¿cómo llega a trasmitírseles este riesgo? El enfoque ecológico del estudio del desarrollo humano se centra en cómo el individuo evoluciona interactuando con el entorno social, el cual se define como una red de sistemas interrelacionados. La riqueza social de un niño se mide a través de sus relaciones duraderas, recíprocas y multifacéticas, en las que sobresalen el juego, el trabajo y el cariño. Por lo tanto, mientras destacamos el importante papel que desempeñan condiciones como la privación económica, también debemos observar más directamente las relaciones entre padres e hijos que se ven afectadas por estas condiciones sociales.

En los últimos años, varios estudios bien planeados y ejecutados han demostrado cómo la privación económica puede dañar al hijo al estropear la relación con sus progenitores. Estos estudios nos ayudan a entender cómo las condiciones económicas son capaces de aumentar la probabilidad de que aparezca el maltrato basándonos en sus efectos sobre la relación padres-hijo. Un importante estudio, llevado a cabo por el sociólogo Glen Elder, analizó el impacto de la Gran Depresión de los años '30 sobre los niños de esa época (Elder, 1974). Elder y sus colegas (Elder, Nguyen y Caspi, 1985) notaron que los padres cuyos ingresos disminuyeron durante la Depresión tendían a ser más duros y severos en su manera de disciplinar a los hijos. En un estudio más reciente, Lempers, Clark-Lempers y Simmons (1989) descubrieron que cuando una familia perdía su nivel de ingreso a causa de graves problemas en la economía agrícolo-ganadera, los padres tendían a ser menos coherentes en sus medidas disciplinarias. Estos estudios nos ayudan a entender cómo condiciones sociales tan generales como la depresión económica se convierten en una amenaza para las relaciones familiares y ponen a los chicos bajo riesgo de ser maltratados.

Sin embargo, es importante señalar que el maltrato infantil no sólo ocurre en familias pobres. Aunque es más probable en ellas, también se produce en las de mayores ingresos. ¿Cómo hacen algunos padres que viven en condiciones socioeconómicas muy difíciles para mantener relaciones buenas y saludables con sus hijos y brindarles un entorno de cariño y apoyo? Por otro lado, ¿por qué algunas familias que viven en condiciones económicas más seguras tienen grandes dificultades con la crianza de sus hijos? En cualquier clase social es posible que existan serios problemas de conflictos familiares o de abuso de sustancias tóxicas. Los problemas psiquiátricos o psicológicos de aquellos que deben brindar sus cuidados también pueden poner en peligro el desarrollo de una relación saludable entre el progenitor y el hijo. Especialistas y profesionales reconocen cada vez más que el maltrato infantil es el producto de una multiplicidad de factores, no de uno que actúa por sí solo. Para comprender por qué ocurre el maltrato en todas las clases sociales, debemos mirar más allá de aquellos enfoques que lo atribuyen sólo a los factores sociales generales. Para comprender por qué ocurre el maltrato, también debemos mirar dentro del sistema familiar.

Ser padre o madre y formar una familia

¿Cómo se forma una familia? ¿Cómo comienza la relación progenitor-hijo? Responder estas preguntas nos puede ayudar a comprender el significado del nacimiento como acontecimiento social que delinea el curso inicial del desarrollo familiar. Aunque se considere que la familia es algo natural, lo cierto es que es una creación social. Al llamar al nacimiento un acontecimiento social, destacamos que el papel de los participantes, y ciertamente la gente misma que participa, tienen un efecto sobre el resultado. Estos factores sociales pueden desempeñar un papel significativo para determinar si el recién nacido que tiene un padre o madre con un alto nivel de riesgo está verdaderamente expuesto a sufrir maltratos.

El período prenatal

Para la mayoría de las parejas, el período prenatal es el comienzo de la creación psicológica de la familia. Tanto hechos sistemáticos como anecdóticos documentan el potencial desarrollo de la relación padres-hijo antes del nacimiento. Los médicos informan que, según les cuentan sus pacientes mujeres, éstas perciben ciertos patrones de actividad fetal e incluso de personalidad en el último trimestre del embarazo. El pediatra Berry Brazelton habla sobre la "energización" de los padres a medida que se acerca el nacimiento (Brazelton, 1977). Dice que se observa un aumento de la ansiedad y la fantasía y una perturbación de las funciones, todo lo cual prepara la receptividad emocional de los padres para cuando se produzca el nacimiento. Sin embargo, las respuestas de los padres a los desafíos psicológicos del período prenatal se ven influidas por varios factores. Por ejemplo: sus sentimientos pueden estar muy relacionados con el hecho de que el embarazo haya sido planeado o no, querido o no. Además, ciertos factores como la nutrición maternal escasa y el abuso del alcohol durante el embarazo pueden causar anormalidades en el feto en desarrollo, poniendo en peligro el futuro de la relación progenitor-hijo (Sugarman, 1977).

Prácticas perinatales

Brazelton (1977) observó que el enfoque prevaleciente sobre el nacimiento en el mundo occidental es considerarlo como una enfermedad: "En la mayor parte del mundo occidental existe una actitud dominante por parte de los profesionales médicos que atienden a madres e hijos, que varía muy poco. Esta actitud consiste en tratar al nacimiento de un bebé como una enfermedad o una operación; esta actitud crea una atmósfera de patología, o de curar una patología en el mejor de los casos". Aunque los avances de la tecnología médica tal vez beneficien a los bebés y a los padres, el uso rutinario de procedimientos médicos invasivos también conlleva un riesgo para el desarrollo de la relación entre padre e hijo. Es posible que la medicina considere que en algunos embarazos de alto riesgo son necesarias ciertas intervenciones, como la inducción del parto por medio de drogas oxitócicas o la rotura de membrana y el uso de monitores fetales internos; sin embargo, estos procedimientos pueden aumentar la tensión en el proceso del nacimiento tanto para la madre como para el niño (Sugarman, 1977). Otros procedimientos más rutinarios también pueden aumentar la tensión y la incomodidad de la madre. Por ejemplo: la episiotomía de rutina (la incisión del perineo para ensanchar el canal de parto), el rasurado del perineo y el hecho de ser trasladada de una habitación (donde se hace el trabajo de parto) a otra (para el parto en sí) puede aumentar el sufrimiento físico y psicológico de la madre (Sugarman, 1977).

Por el contrario, un enfoque del nacimiento centrado en la familia destacará su importancia como acontecimiento social. Al utilizar este enfoque, la manera en que la madre vive el proceso puede mejorarse a través de factores como el apoyo social y emocional. Una mujer a punto de dar a luz se sentirá más reconfortada y menos tensionada si cuenta con la presencia de su pareja, un amigo, un miembro de la familia u otra persona que le brinde su apoyo durante el parto. Aunque es poco probable que una experiencia negativa durante el parto por sí sola lleve al abuso infantil, las experiencias positivas pueden y deben fomentarse ya que tal vez ayuden a mitigar los primeros factores de riesgo que originan el maltrato a los niños.

Cuestiones vinculadas con el posparto

Stern y Kruckman (1983) relatan que las culturas con una incidencia muy baja de dificultades del posparto, tales como la depresión materna, tienen varias características notables en común. En estas culturas (en lugares tan diversos como China, Nepal, regiones de Guatemala, México y Uganda), la madre primeriza recibe durante el posparto reconocimiento social de su nuevo estatus, ayuda en sus tareas (como las del cuidado del niño y los quehaceres del hogar), la posibilidad de tener reclusión y descanso. Por el contrario, las normas de la cultura de tipo europeo reflejan una preocupación por la mujer mientras está embarazada (reuniones en casa de la embarazada y clases de preparto) pero muy poco apoyo durante el posparto (Kendall-Tackett, 1994b). En nuestra cultura, el marido o la pareja de una mujer, si lo tiene, en general debe volver a trabajar a la semana del nacimiento, por lo que frecuentemente la nueva madre queda sola para aprender a manejarse en su nuevo y demandante papel (Kendall-Tackett, 1994b).

Es poco probable que las madres que reciben un apoyo social adecuado durante el posparto se depriman en este período (Kendall-Tackett, 1994a). Adoptar las costumbres de otras culturas podría hacer que este tipo de apoyo social sea más fácil de conseguir y ayudaría a que el período de posparto sea más positivo para los padres.

Problemas en la relación progenitor-hijo

La mayoría de los adultos adoptan con idoneidad su papel de padres cuando crean y mantienen una familia adecuada, pero algunos no lo hacen. ¿Por qué ciertas relaciones familiares se malogran? ¿Cómo podemos prevenir el maltrato infantil fortaleciendo las relaciones interpersonales? La oportuna intervención y la prevención eficaz del abuso infantil dependen de nuestra capacidad para entender cómo se desarrollan estas relaciones y qué papel cumple el vínculo temprano para sentar las bases de una parentalidad saludable.

Una crianza adecuada

Una serie de investigaciones llevadas a cabo por Crockenberg y sus colegas (Crockenberg, 1981; Crockenberg y McCluskey, 1986) ilustran la complejidad de los factores que influyen en la relación padre-hijo en desarrollo. En estas investigaciones, Crockenberg observó qué factores predicen un vínculo seguro entre madre e hijo. Los niños "con un vínculo seguro" muestran angustia cuando se los separa de la madre por un corto tiempo pero se sienten mejor y se calman cuando ésta vuelve. En general, Crockenberg descubrió que las madres que contaban con buen apoyo social por parte de otros adultos eran más sensibles a las necesidades de su bebé que otras con apoyo social escaso. El nivel de apoyo social con que contaban las madres también era el mejor factor para predecir un apego seguro con el bebé, y era especialmente importante para las madres que tenían bebés irritables. Sin un buen apoyo social, estas madres respondían menos a sus bebés; no obstante, las madres que tenían bebés irritables pero contaban con un buen apoyo social podían manejarlos y responder sensiblemente a sus necesidades. Por otra parte, en un grupo de madres que no respondían sensiblemente a sus bebés, el apoyo social beneficiaba en forma directa a los niños al brindarles cuidadores sustitutos que sí les respondían. Así es como el comportamiento de la madre, las características de los hijos y las relaciones ajenas a la díada progenitor-hijo ayudaban a determinar la clase de cuidado que el niño recibía. En las circunstancias adecuadas, aun un niño difícil recibía un cuidado sensible a sus necesidades; una combinación menos deseable (como una madre que no le responde a su hijo irritable y carece del apoyo social de otras personas) acarreaba problemas en la relación.

Wolfe (1987) sugiere que el éxito de la parentalidad depende de la capacidad del progenitor para encontrar un equilibrio entre las necesidades del hijo y las responsabilidades de los padres, de modo de establecer los límites y el control adecuados. Baumrind (1971) argumentó que padres que demandan de sus hijos cosas apropiadas a su edad al mismo tiempo que responden con cariño a sus necesidades individuales mejoran el desarrollo del niño y reducen los conflictos entre padres e hijo. En contraste con estos métodos para una crianza óptima, los padres que tratan mal a sus hijos han sido descritos como individuos que tienen problemas para priorizar y sopesar sus necesidades con respecto a las del chico y reciben poco apoyo para hacer las elecciones apropiadas (Justice y Justice, 1976). A menudo, estos padres presentan un curioso cuadro de egoísmo y pobre concepto de sí mismos.

Las relaciones parentofiliales que se malogran

La historia del desarrollo de los propios padres puede contribuir a que éstos tengan dificultades en la crianza. Por ejemplo, si sufrieron abusos o no recibieron el cuidado adecuado durante su crecimiento, es posible que no tengan un modelo correcto de cómo debería comportarse un buen padre. Cabe señalar que mucha gente que es maltratada en su infancia no abusa de sus propios hijos (Kaufman y Zigler, 1989), pero las investigaciones existentes sugieren que entre los padres que maltratan a sus hijos una importante proporción sufrieron abuso o negligencia en su propia infancia (Egeland, Jacobvitz y Sroufe, 1988). Es posible que los padres que recibieron pocos cuidados durante su crecimiento resten importancia a la necesidad de cuidado de sus hijos o no puedan verlos como a individuos autónomos con necesidades propias (Newberger y White, 1989; Sameroff y Feil, 1985). Los padres que no han visto satisfecha su necesidad de cuidado están tal vez tan preocupados por sus propias necesidades que no son capaces de poner los intereses de sus hijos en primer lugar. Muchos de los padres que cuentan con una historia de maltrato infantil tampoco son capaces de proteger a sus hijos del abuso de su cónyuge o pareja. La incompetencia de aquel que debe brindar cuidado, no mitigada por otros recursos personales y sociales, se asocia con la tensión en el papel parental. En términos de sus consecuencias psicosociales, la tensión sin el apoyo es una influencia patógena (Paykel, 1976). Es claro que la tensión que ha sufrido el padre o la madre debe ser considerada juntamente con sus recursos para manejarla.

Tal vez se pueda comprender mejor el abuso como un proceso en el que las diferencias iniciales entre padre e hijo aumentan con el tiempo. Las pequeñas asincronías iniciales entre ambos, los problemas menores de control, algunas formas extremas de disciplina y las interacciones poco amistosas se multiplican con el tiempo hasta que se transforman en patrones anormales y peligrosos. De esta manera, los padres están dispuestos al abuso como resultado de la combinación de factores sociales más generales y sus propias circunstancias especiales. Las variables de "proceso", como la tensión y la falta de apoyo social, transforman la estructura social en sucesos que plasman directamente la interacción de los integrantes de la familia. Al igual que todas las formas de competencia, la capacidad de cuidar de un niño de manera adecuada está determinada por la situación (McClelland, 1973). Casi nadie es completamente inmune al papel de abusador infantil si la brecha entre el apoyo y la necesidad es lo bastante grande; el grado de propensión de la gente a actuar de manera abusiva varía.

¿Cómo influyen las historias de desarrollo, las relaciones personales y la tensión en la vida diaria en la calidad del cuidado que los padres brindan a sus hijos? Egeland, Jacobvitz y Sroufe (1988) dieron algunas respuestas a esta pregunta en su extenso estudio sobre las mujeres que habían sufrido abuso siendo niñas. Algunas de ellas a su vez maltrataron a sus hijos, mientras que otras no lo hicieron. El hecho de que una mujer rompiera o no el ciclo de abuso dependía en parte de sus relaciones cercanas actuales y pasadas con otros adultos. Era probable que las que no abusaron de sus hijos hubieran recibido apoyo emocional durante la infancia de parte de un adulto no abusivo, que tuvieran una relación actual de pareja en la que encontraran apoyo, estabilidad y satisfacción, y que hubieran participado en psicoterapia en algún momento de su vida. Al formar relaciones más sanas que las que se habrían podido predecir a través de su historia, estas mujeres se ayudaron a sí mismas a brindar un mejor cuidado a sus hijos.

Relaciones sociales que apoyan la parentalidad

Cuanto más tenso sea el entorno, más apoyo social va a necesitar la familia. Esta paradoja presenta un desafío. Quienes tienen necesidades mayores viven, en general, en comunidades que cuentan con muy poco que ofrecer. La incapacidad para manejar la tensión familiar es producto de la falta de equilibrio entre los niveles de tensión por un lado, y por el otro la disponibilidad y la potencia de los recursos personales y sociales, dentro de los que se encuentran las relaciones personales que brindan su apoyo. Los sistemas de apoyo funcionan por medio de redes sociales (Cochran y Brassard, 1979; Garbarino, Stocking y colaboradores, 1980; Stack, 1974). En los últimos años, estudiosos del desarrollo con orientación ecológica comenzaron a adaptar el concepto de redes sociales para evaluar los sistemas de apoyo a las familias. Cochran y Bassard (1979) definieron cuatro propiedades de las redes sociales pertinentes al desarrollo: 1) la cantidad y la diversidad de sus integrantes, 2) la interconexión entre sus integrantes, 3) el contenido de las actividades, y 4) la dirección de los contactos. El estudio de las redes sociales de las familias promete operativizar sistemáticamente los conceptos de aislación social e integración social. Este es un adelanto importante, ya que describe el aislamiento social (es decir, la falta de sistemas de apoyo) de las familias que maltratan a sus hijos.

Los roles ajenos a las relaciones inmediatas del cuidado, tales como los laborales, pueden ser mal manejados o perturbados a causa de factores sociales que están más allá del control de los padres, como sucede durante una depresión económica. Estos sucesos generan el tipo de tensión que a menudo tiene como resultado la imposición de control a través de la violencia, o la falta del mismo a través de la negligencia. Conectar entre sí todos los desempeños errados de estas funciones para dar razón del maltrato infantil es una tarea importante y muy poco explorada en el campo de la investigación del desarrollo. ¿Cómo se quiebra la cadena de acontecimientos que normalmente apoya a la familia y protege a los niños? Uno de los factores que contribuyen a esta quiebra es el aislamiento respecto de las relaciones personales que brindan apoyo, tema que ya se discutió con cierta profundidad en el Capítulo 3. El aislamiento respecto de sistemas de apoyo potentes y prosociales pone en peligro aun a una persona fuerte y competente y a menudo hace que el débil o incompetente se desmorone cuando las tensiones dentro y fuera de la familia conspiran en su contra. En numerosos estudios se observó que las familias que maltrataban tendían a estar socialmente aisladas y a tener dificultad en su relación con los demás. Crittenden (1985) comprobó que las amistades de las madres que abusaban de sus hijos no eran estables ni recíprocas, y que los progenitores que descuidaban a sus hijos tenían pocos amigos fuera de la familia. Polansky y sus colegas observaron que los padres que descuidaban a sus hijos no tenían a casi nadie a quien acudir con confianza para que los ayudara en las cuestiones diarias (Polansky, Chalmers, Buttenweiser y Williams, 1979).

Sin embargo, sería engañoso pensar que el aislamiento social es completamente ajeno al individuo (Thompson, 1995). Es necesario distinguir entre la falta de apoyo social y el hecho de no usar el apoyo disponible. Existen muchas barreras para sacar provecho de las relaciones que brindan apoyo en momentos de tensión, algunas de las cuales reflejan la competencia y capacidad de la persona necesitada (Eckenrode y Wethington, 1990). Como estrategia preventiva, tal vez no sea suficiente brindarles a los padres posiblemente abusivos un acceso a lazos sociales que los apoyen sin tratar al mismo tiempo las cuestiones que pueden impedir que dichos padres utilicen bien esos recursos. El aislamiento social, como casi todos los fenómenos humanos importantes, está determinado por una interacción del individuo y el entorno. El aislamiento social puede ser la causa de los problemas en las relaciones o puede ser causado por esos problemas. Lo más probable es que ocurran ambas cosas. En la sección siguiente examinaremos algunas de las amenazas más importantes para la relación padres-hijo en desarrollo.

Amenazas para la relación parentofilial

Las habilidades y conductas que los padres aportan son capaces de reforzar o poner en peligro su relación con el hijo en desarrollo. Es casi imposible pretender que un hombre afectivamente lastimado sea un buen padre si no cuenta con un apoyo significativo de su entorno. La calidad de la relación que los progenitores tienen entre sí también prepara el terreno para la interacción con sus hijos.

Abuso de sustancias tóxicas por parte de los padres

Una seria amenaza al desarrollo saludable de las relaciones familiares y, en última instancia, del vínculo padres-hijo es el empleo de sustancias tóxicas por parte de los padres. Rodning y sus colegas de la Universidad de California en Los Ángeles (1989) estudiaron los vínculos y la organización del juego en niños expuestos a las drogas que recibieron un tratamiento intensivo a tiempo. Los hijos de adictos a las drogas mostraban vínculos inseguros, patrones de atención y juego desorganizados y poca capacidad para buscar y aprovechar situaciones de bienestar. Con frecuencia, son irritables de bebés y más tarde hiperactivos, y son difíciles de calmar. Un entorno familiar ya tensionado en el que

135

uno o ambos padres están necesitados y son vulnerables es una fórmula segura para el abuso y la negligencia.

Zuckerman (1994) argumentó que los hijos de adictos a las drogas o al alcohol corren un doble peligro. Primero, a raíz de la potencial exposición a sustancias tóxicas en el útero, algunos niños pueden nacer prematuros, con síndrome de alcohol fetal, trastornos de la atención y retardo mental. Segundo, aunque no sufra una discapacidad biológica o neurológica, es probable que los padres adictos a las drogas o al alcohol (o a ambos) no puedan brindarle la comida, vestimenta y protección adecuadas y la supervisión básica para su seguridad, y mucho menos la atención cariñosa y la estimulación cognitiva que facilitan el crecimiento y el desarrollo. En un estudio reciente llevado a cabo por Wollack y Magura (1996), el uso de ciertas sustancias por parte de los padres no sólo tenía un efecto negativo en el funcionamiento de la familia sino que también estaba conectado directamente a un aumento de informes reiterados de maltrato infantil. El consumo de tóxicos por parte de los padres aumentaba la probabilidad de que hubiera un segundo informe de maltrato; cuando se combinaba el uso de drogas y alcohol el efecto era particularmente fuerte. El hecho de consumir drogas y/o alcohol también interfiere en la capacidad de los padres para establecer relaciones adultas satisfactorias con la familia y los amigos que podrían apoyarlos en la crianza de sus hijos. Como ya se ha mencionado, una red fuerte e íntima de apoyo está muy asociada a la prevención del maltrato infantil.

Problemas psiquiátricos de los padres

Los problemas psicológicos y psiquiátricos de los padres también pueden poner en peligro las relaciones familiares. En un estudio sobre cómo interactuaban con sus hijos los padres con trastornos psicológicos, Rutter y Quinton (1984) descubrieron que las familias de pacientes psiquiátricos tenían niveles de discordia familiar mucho más altos que las familias de un grupo de control. Los hijos de padres con trastornos de personalidad estaban expuestos al mayor riesgo: no sólo estaban expuestos a una conducta parental más hostil, sino que mostraban mayores problemas emocionales y de conducta que el resto. Los padres que sufren de otros problemas psiquiátricos también pueden tener problemas en el ejercicio de su parentalidad. Por ejemplo, los depresivos parecen tender más al maltrato de sus hijos que los que no lo son (Wolfe, 1985). Los efectos de la psicopatología y el maltrato de los padres sobre los hijos pueden combinarse, y poner a éstos en el riesgo especialmente importante de tener problemas de conducta y emocionales (Walker, Downey y Bergman, 1989). Además, es posible que los padres con problemas psiquiátricos (como la depresión, la esquizofrenia o el trastorno obsesivo-compulsivo) sean incapaces de satisfacer sus propias necesidades básicas y mucho menos las necesidades básicas de supervivencia de sus hijos; de la misma manera que los que abusan de sustancias tóxicas, un padre con importantes problemas psiquiátricos no está disponible para atender al niño pequeño, lo cual daña el vínculo entre padre e hijo.

Deterioro cognitivo de los padres

El deterioro cognitivo también puede hacer que a un progenitor le sea difícil brindar a su hijo un entorno positivo de crianza o actuar ante las diversas tareas de la parentalidad. Una persona que posee una capacidad cognitiva o una razón limitadas puede reaccionar de manera exagerada ante las etapas normales de desarrollo aplicando una disciplina excesiva, y ser incapaz de identificar y apartar los peligros del entorno para el niño. Algunos investigadores sugirieron que es posible que el maltrato infantil sea más común entre los padres de bajo nivel de funcionamiento intelectual, como los que sufren retraso mental. Sin embargo, otros observaron que la investigación sobre abuso y negligencia en este tipo de población ha tenido errores metodológicos, lo que hace imposible sacar conclusiones firmes sobre la conexión entre el retraso mental y el maltrato infantil. De todas maneras, quizás las limitaciones cognitivas de un padre aumenten la dificultad de brindarle a su hijo los cuidados óptimos, especialmente si la familia vive en un entorno altamente tensionado.

La relación de los padres con sus parejas

La relación de un padre o madre con su cónyuge puede ayudar o poner en peligro el desarrollo saludable de la relación con su hijo. La calidad de la relación con la pareja es especialmente importante para los padres que corren el riesgo de tener problemas en la crianza de su hijo. Una investigación llevada a cabo por Quinton, Rutter y Liddle (1984) y Pianta, Egeland y Hyatt (1986) ilustra esta cuestión. Quinton y sus colegas examinaron la conducta materna de mujeres que habían sido criadas en instituciones a raíz de la quiebra de la parentalidad en su familia de origen. Algunas de estas mujeres mostraban graves dificultades para la maternidad, mientras que otras funcionaban mucho mejor. Un importante factor para predecir una buena conducta materna era la presencia de un esposo que las ayudara. De la misma manera, Pianta, Egeland y Hyatt (1986) descubrieron que, en un grupo de mujeres que presentaba un alto riesgo de dificultades para la maternidad, las que habían tenido numerosas parejas inestables no funcionaban bien en la crianza comparadas con las mujeres cuyas relaciones eran estables y constantes. La relación de los cónyuges con sus parejas adultas puede satisfacer algunas de sus necesidades sociales, emocionales y de apoyo, ayudándolos así a funcionar mejor como padres.

Las investigaciones sobre violencia doméstica también destacan la relación entre el maltrato infantil y la relación de los padres con sus parejas adultas. El estudio de la ocurrencia conjunta de la violencia doméstica y el abuso infantil indica que entre un 45 y un 70% de las mujeres golpeadas que viven en refugios informan sobre la presencia de alguna forma de abuso infantil. Stacey y Shupe (1983) sugieren que es quince veces más probable que ocurra el abuso infantil en familias donde hay violencia doméstica. Es muy probable que los niños que son testigos de violencia muestren una conducta agresiva y problemas de delincuencia, y que no les vaya demasiado bien en el colegio (O'Keefe, 1995). Tales características en un chico crean tensión adicional en la familia y también aumentan el riesgo de que ocurra el maltrato.

Desafíos para el desarrollo

No obstante, a veces el riesgo de que ocurra el maltrato puede ser un simple desajuste entre las etapas normales de la infancia y el punto de vista del padre con respecto a una cierta conducta. Algunos padres parecen ser menos capaces, por muchas de las razones descritas con anterioridad, para manejar las inevitables conductas desafiantes que los chicos presentan entre la infancia y la adolescencia. Un bebé que sufre de cólicos, un niñito demasiado curioso, o quisquilloso para comer, uno tímido que se aferra al padre, un niño de nueve años que moja la cama o un adolescente que transgrede los límites fijados por sus padres pueden provocar reacciones peligrosas en algunos padres. Los padres que intentan cambiar la conducta de un adolescente, silenciar a un bebé llorón o "enseñarle" a un niñito curioso a no tocar cosas calientes pueden perder el control con facilidad. El delicado balance entre establecer los límites apropiados, entender las señales del chico, mantener la calma y ser flexible pone a prueba a cualquier padre. Cuando la tensión, la adicción a las drogas o el alcohol, los daños mentales o psiquiátricos, la violencia doméstica o la falta de apoyo emocional o social también están presentes, no debería sorprendernos que aumente el riesgo de que ocurra el maltrato.

Nuestra concepción sobre la forma en que padres e hijos se convierten en una familia nos lleva a considerar el abuso como una verdadera disfunción del sistema. Un patrón de maltrato está basado en ciertos tipos de relaciones entre la díada víctima-perpetrador y otras personas que puedan estar involucradas. Para cambiarlo debemos comprender los factores que ponen en peligro las relaciones familiares y el desarrollo del vínculo entre padres e hijo. Sólo en ese momento podremos diseñar y llevar a cabo intervenciones eficaces para prevenir el maltrato infantil.

SEGUNDA PARTE

PROBLEMAS
ESPECIALES

CAPÍTULO 5

JAMES GARBARINO / JOHN ECKENRODE / KERRY BOLGER

EL MALTRATO PSICOLÓGICO: UN DELITO DIFÍCIL DE DEFINIR

El abuso y el descuido psicológicos se encuentran en el centro del problema general del maltrato. En el Capítulo 2 exploramos la perspectiva ecológica de Bronfenbrenner, un enfoque del desarrollo humano que estudia la capacidad creciente de comprender el mundo y el contenido de esa comprensión. El desarrollo del niño se mide a través de la riqueza y la validez de su manera de construir el mundo. El verdadero delito del abuso y el descuido ocurre cuando al niño se le enseña una falsa realidad, dominada por sentimientos negativos y modalidades autodestructivas de relacionarse con la gente. Para nuestra comprensión evolutiva del maltrato, debemos abordar el difícil problema del abuso y el descuido psicológicos. El tema del maltrato psicológico, o abuso emocional (como a menudo se lo denomina), ha sido tratado en Estados Unidos en las leyes en materia de abuso infantil, en debates formales entre los estudiosos del maltrato infantil y por los profesionales de los servicios de protección al niño que actúan en el frente de lucha (Barnett, Manley y Cicchetti, 1991; Garbarino, Guttman y Seeley, 1986; Hart, Brassard y Carlson, 1996). Los profesionales que trabajan en el campo de la asistencia social, la psicología, la psiquiatría y el cumplimiento de la ley consideran que el maltrato psicológico-emocional efectivamente existe pero han tenido dificultades para definirlo. El maltrato psicológico es un delito difícil de describir. En los últimos tiempos se ha hecho algún progreso (McGee y Wolfe, 1991), pero no se ha llegado a un consenso general. Nuestro objetivo es sumarnos a este esfuerzo de definición.

El significado es el mensaje

En 1992 la Academia Nacional de Ciencias de Estados Unidos reunió a un panel de expertos a fin de desarrollar un plan de acción para futuras investigaciones sobre el maltrato infantil (National Research Council, 1993). El informe del panel ilustra la falta de consenso científico y profesional para definir el maltrato psicológico. Describía algunas de las razones por las cuales éste no ha recibido tanta atención como otros tipos de maltrato (ya que, por ejemplo, al contrario del abuso físico, el maltrato psicológico no deja marcas visibles). El informe del panel también describía algunas de las polémicas actuales que se suscitan al intentar definirlo (por ejemplo, si la conducta de los padres debe tener un efecto visible en el niño para que se lo considere maltrato psicológico). Sin embargo, no ofrecía pauta alguna para definir el maltrato psicológico. En su lugar, el panel recomendaba reunir más paneles de expertos para establecer definiciones de cada una de las formas de abuso y descuido.

Otros grupos también han estado trabajando para definir el abuso psicológico. Ha habido un importante número de intentos recientes de reunir distintos tipos de conductas parentales que podrían tomarse como abuso psicológico o descuido en base a que estos actos puedan constituir un potencial daño emocional para los niños, al hacerlos sentir despreciables, defectuosos, no queridos, en peligro o útiles sólo para satisfacer las necesidades de otra persona (American Professional Society on the Abuse of Children, 1995). Por ejemplo, Hart, Brassard y Carlson (1996), revisando una lista anterior comentada por Garbarino, Guttman y Seeley (1986), citan seis tipos de conductas que se ajustan a esta definición:

1. *Desdeñar:* rechazar, demostrar una hostilidad degradante.
2. *Aterrorizar:* poner al niño en situaciones de peligro; amenazar con dañar.
3. *Aislar:* recluir al niño; imponer severas restricciones a su interacción social.
4. *Explotar/corromper:* alentar actos autodestructivos, criminales o anormales.

5. *Negar una respuesta emocional:* no expresarle amor, cariño o afecto.

6. *Descuidar física o mentalmente la salud, o la educación:* ignorar la necesidad de someterlo a un tratamiento; negarse a permitirle un tratamiento.

La última categoría incluye actos que otros profesionales tal vez prefieran clasificar por separado. Por ejemplo, las definiciones adoptadas para los Estudios Nacionales de Incidencia (NIS) incluyen la negación o la demora en el cuidado de la salud física como una subcategoría del descuido físico.

Aunque tales listas de conductas sean válidas como indicadores compuestos de maltrato psicológico, a menudo les falta una organización conceptual y una clara perspectiva evolutiva. El abuso emocional es evidente en estas conductas, pero no se lo puede entender sólo a través de ellas. Tanto médicos como investigadores tropiezan con este inconveniente. Sin lugar a dudas, el abuso emocional existe en la vida de los niños pero es muy difícil establecer definiciones conceptuales y operacionales adecuadas que estén ligadas a las investigaciones acerca del desarrollo infantil. ¿Cuál es el problema aquí? Cuando el problema no cede ante un continuo ataque frontal interdisciplinario es hora de retroceder y repensar la cuestión. Esto es necesario para avanzar en nuestro entendimiento del maltrato psicológico o emocional y abordarlo en la teoría y en la práctica. Como sociedad, necesitamos tal avance si queremos comprender y ayudar a las familias abusivas.

Una perspectiva para analizar el maltrato psicológico

Arquímedes sostenía que si encontraba el lugar correcto para apoyar su palanca, podría mover el mundo. En el campo intelectual, a menudo perdemos de vista el poder de una palanca teórica para permitir el progreso que llevaría a resolver ciertos problemas sociales. Por supuesto, nuestra tendencia característica es adoptar una postura pragmática y positivista, que se ve reflejada en la máxima: "No te quedes ahí, ¡haz algo!". Este enfoque nos ha sido útil de varias maneras y en varias esferas, pero tiene sus limitaciones. Tal vez en este punto, luego de haber estado estancados en el enfoque positivista, podamos volcarnos hacia otra tradición y obtener ciertos beneficios. En nuestros intentos por comprender el abuso emocional, y así definirlo en la teoría y la práctica, lo que falta es una perspectiva teórica adecuada (Shaver, Goodman, Rosenberg y Orcutt, 1991).

Los primeros estudiosos del abuso infantil adoptaron en el trabajo clínico un modelo dominante centrado principalmente en teorías acerca de los defectos de las personas. Es posible que adoptar este modelo haya afectado nuestra comprensión del maltrato como problema social y evolutivo. Este enfoque sólo se comenzó a rectificar en el trabajo empírico y teórico en los últimos tiempos. Para comprender los aspectos emocionales del abuso también es necesario alejarse de las limitaciones de una orientación clínica estrecha y adoptar una perspectiva que destaque tanto los aspectos sociales como evolutivos de la cuestión. ¿Qué significa esto en términos concretos? Se ha hablado mucho sobre la necesidad de tener en cuenta las diferencias culturales en la crianza de los niños para comprender y ocuparse del maltrato. Ya lo hemos señalado en el Capítulo 1.

El relativismo cultural argumenta sobre la necesidad de observar la crianza en cada cultura para comenzar a comprenderla por completo. Sin embargo, si se la aplica de una manera simplista, la noción del relativismo cultural en las relaciones padres-hijo puede llevar a una racionalización de las prácticas que dañe a los niños. Para evaluar los cuidados que se les proporcionan debemos utilizar principios transculturales. Cuando se la aplica con una comprensión más cabal sobre cómo encaja la cultura en la vida familiar, esta posición relativista puede iluminar el significado de la conducta y así llevar a una evaluación adecuada de ésta. ¿Todas las conductas deben definirse estrictamente usando criterios culturales relativistas? ¿Todas son equivalentes en cuanto a su desarrollo? ¿Existen principios universales que puedan aplicarse a todas las culturas y dentro de ellas? Hacerse estas preguntas es investigar con profundidad el significado del maltrato. ¿Existen prácticas intrínsecamente perjudiciales para los niños?

Nosotros pensamos que las hay, y nuestra perspectiva ecológica nos dice que estas prácticas sólo se pueden entender si se las aborda a través del concepto de maltrato emocional.

El estudio del rechazo parental llevado a cabo por Rohner (1975) investiga la noción de maltrato emocional mediante el enfoque del contraste de culturas. Utilizando varios métodos para relacionar las diferencias culturales en las relaciones familiares con el desarrollo psicológico, Rohner concluye que el rechazo parental tiene un efecto universal sobre los hijos. Su investigación lo lleva a la conclusión de que: "el rechazo parental hacia los hijos, como también el rechazo de adultos que fueron rechazados siendo niños, origina hostilidad, agresión, agresión pasiva o problemas con el manejo de la hostilidad y la agresión; dependencia; probable insensibilidad emocional y autoevaluación negativa (autoestima negativa y autosuficiencia negativa); probable inestabilidad emocional y una imagen negativa del mundo" (pág. 168).

La destrucción de la competencia

Cuando se lo sitúa en una amplia perspectiva social y evolutiva, el maltrato emocional constituye una destrucción o un daño importante en la competencia del niño. La idea de competencia como tema unificador para el estudio del desarrollo humano ha surgido en las últimas décadas (Masten, Morison, Pelligrini y Tellegen, 1990; White, 1959). Podemos recurrir a esta tradición en busca de una perspectiva evolutiva del maltrato emocional. Los elementos generales de la competencia humana van más allá de la capacidad de adaptación, que es la manera en que Piaget (1952), Binet y Simon (1916) y otros autores, conceptualizan la inteligencia. McClelland (1973) argumenta que por *competencia* se entiende un buen funcionamiento en contextos sociales específicos, y normalmente consiste en las siguientes capacidades:

1. *Capacidad de comunicación:* la capacidad de recibir y transmitir mensajes verbales y no verbales de manera adecuada.

147

2. *Paciencia:* la capacidad de demorar la propia respuesta de una manera socialmente eficaz.
3. *Fijación de objetivos moderados:* la capacidad de reconocer qué desafíos son realistas y de aplicarse a ellos.
4. *Desarrollo del ego:* tener un sentimiento de confianza y seguridad básicas para manejar los desafíos diarios.

La definición de competencia de McClelland sugiere una palanca con la cual es posible mover el problema del maltrato psicológico. Nos permite evaluar la conducta parental, las relaciones padres-hijo y las relaciones maestro-alumno a la luz de un criterio de desarrollo; es decir, ver la contribución que hacen esas relaciones al desarrollo de la competencia. La palanca de McClelland fija ciertos objetivos al proceso de socialización. Para evaluar las prácticas de socialización debemos saber cuáles serán las exigencias en el curso de la vida. Esta es la clave para entender el maltrato psicológico. Si comenzamos con esta concepción de la competencia como la moneda corriente del desarrollo, podemos proseguir hacia una comprensión del maltrato psicológico como hecho científico y como problema que necesita una solución práctica.

Una de las mayores contribuciones del campo incipiente de la psicopatología de desarrollo (Cicchetti, 1989; Sroufe y Rutter, 1984) para comprender el maltrato psicológico es que centra nuestra atención en la importancia de las principales competencias de cada etapa como antecedente para comprender qué es el desarrollo normativo y para seguir las continuidades a través de las distintas etapas de desarrollo. Barnett, Manley y Cicchetti (1991) han ofrecido una definición de maltrato psicológico coherente con esta perspectiva: "El maltrato emocional incluye los actos parentales que frustran las necesidades emocionales básicas de sus hijos". Este punto de vista está siendo incorporado gradualmente a las pautas para evaluar y tratar a los niños maltratados. Por ejemplo, la Sociedad Profesional Norteamericana sobre el Abuso Infantil (American Professional Society on the Abuse of Children, 1995) recomienda que "la evaluación de un posible maltrato psicológico debería incluir la consideración del nivel de desarrollo del niño. La relación entre el encargado de cuidarlo y el niño debería ser considerada dentro un marco que tenga en cuenta las tareas evolutivas primarias del niño y las tareas conexas que se le encomiendan a quien lo cuida" (pág. 5).

Este enfoque nos sensibiliza para tener en cuenta las etapas de desarrollo del niño al poner a una conducta parental en la categoría de maltrato psicológico y evaluar su gravedad. Quizás una conducta objetiva en especial (como la insensibilidad emocional) tenga para un bebé distintos significados que para un adolescente. Tampoco debemos olvidar que, aun dentro de un grupo de niños que se encuentren en una determinada etapa de desarrollo, habrá una gran variabilidad individual. Cada niño tiene fortalezas y debilidades particulares. Los comentarios degradantes de un padre que se centren en las limitaciones físicas de un discapacitado pueden dañar especialmente la autoestima del niño, dadas sus debilidades específicas.

El maltrato psicológico en la vida de los niños

El tema general del maltrato infantil lleva nuestra credibilidad científica al límite extremo. El maltrato infantil no constituye simplemente una calidad de crianza menor que la óptima: es un patrón de conducta que viola drásticamente las normas sociales, morales y científicas relacionadas con el cuidado de los niños. En Estados Unidos, y en general en Occidente, el progenitor tiene la libertad de cuidar a su hijo de la manera que le plazca excepto si llega a un punto en el que hay un peligro claro y real para el bienestar del niño.

En opinión de algunos observadores, este punto se ha fijado en un nivel demasiado alto. Los adultos deben ser imputables por la conducta perjudicial para el desarrollo. Así como es imperdonable que un padre sostenga que está disciplinando a su hijo cuando lo quema con un cigarrillo, tampoco constituye una defensa adecuada argumentar que busca fortalecer al niño si su conducta hacia éste es emocionalmente destructiva. Esto destaca la responsabilidad que tienen las instituciones educativas, médicas y las que brindan otros servicios en cuanto a asegurarse de que se les comuniquen con claridad a quienes cuidan a los niños cuáles son los límites mínimos aceptables de sus cuidados. Si no cumplen con dicha responsabilidad, estas instituciones se vuelven cómplices del patrón abusivo.

En cuanto a la ley y las costumbres, es tarea de las instituciones de la sociedad procurar que no se violen las normas sobre el cuidado infantil mínimo. Pensemos lo que pensemos de fijar límites mínimos a la autonomía parental, lo cierto es que este es el enfoque que prevalece en la ley y en la práctica cultural. ¿Cómo podemos fijar ciertos límites mínimos para que se utilicen como criterio al actuar contra el maltrato psicológico? ¿Cómo definir operativamente lo que constituye un peligro claro y real para las necesidades y competencias evolutivas de un niño? Esta es una tarea apremiante para una ciencia del desarrollo infantil que se traduzca en medidas oficiales.

Si volvemos a los componentes ya mencionados de la competencia sugeridos por McClelland, la tarea será identificar los peligros para la capacidad de comunicación, la paciencia, la fijación de objetivos moderados y el desarrollo del ego. El personal encargado del cuidado infantil, el personal médico, policial, de asistencia social y legal es el que tomará –a nivel de la vida familiar– la verdadera decisión sobre si el peligro es real, les guste o no a los científicos. ¿Podemos ofrecerles a estos profesionales algo que les sirva ante la justicia, un criterio general para los que trabajan en este campo? Por cierto que podemos dirigir su atención hacia resultados específicos, como un niño con un trastorno no orgánico en la comunicación, un joven impaciente que no puede hacer frente a sus frustraciones diarias, un estudiante que se fija objetivos en extremo inapropiados, o un niño que tiene una autoestima tan baja que resulta incapacitante.

Existen dos problemas en este enfoque. Primero, debemos poder especificar cuándo el padre o madre son culpables del daño psicológico producido en el niño. Esto significa que debe haber pruebas de que el progenitor contribuye directamente a la mala adaptación del niño. Existen muchas causas no parentales de ello. De hecho, es común que la típica conducta irritante de un niño actúe como estímulo de una conducta parental anormal, como en el caso de un bebé que sufre de cólicos o de las rabietas de un niño en edad preescolar (Patterson y Reid, 1970). Segundo, debemos intervenir antes de que el daño ocurra, o por lo menos antes de que el debilitamiento sea permanente. Aquí volvemos a enfrentar el problema de determinar las causas. Estas cuestiones son exactamente paralelas a aquellas que enfrentamos cuando trabajamos con el abuso físico, en el cual suele ser sumamente difícil establecer una intervención preventiva y un diagnóstico de riesgo inequívocos.

Como otros autores ya han reconocido, con respecto al abuso emocional el proceso de diagnóstico (Giovannoni, 1991) siempre sirve dos intereses. Primero, en la teoría y en la práctica, el diagnóstico cumple la función de identificar la necesidad de servicio. Segundo, brinda una base para invocar los recursos coactivos del Estado cuando el solo hecho de proveer el servicio no basta para satisfacer las necesidades de protección del niño o cuando los padres se niegan a aceptar los servicios ofrecidos. Ambos aspectos del diagnóstico están destinados a producir pruebas de maltrato que sirvan para legitimar la acción del Estado.

A raíz de la naturaleza contradictoria de los procedimientos legales requeridos para invocar la intervención del Estado (como la participación en programas de educación para padres ordenada por los tribunales, o el traslado de un niño-víctima a una familia sustituta), los criterios para obtener el diagnóstico probatorio en tales casos requieren un procedimiento mucho más riguroso y una documentación más amplia que los esfuerzos para ofrecer servicios de manera voluntaria. Aunque la prevención es siempre preferible al tratamiento, debemos procurar definir criterios para el maltrato psicológico, que aseguren que las familias vuelvan a funcionar de manera saludable y que los niños estén protegidos. Antes de comenzar a especificar tales criterios, debemos reconocer como última condición influyente la importancia de las diferencias individuales y el impacto del temperamento del niño en el resultado de las relaciones padres-hijo.

Mientras que en el caso del abuso físico existen al menos algunos principios universales (un hueso roto es siempre un hueso roto), en el caso del maltrato psicológico hay pocos. Como saben muy bien los psicólogos del desarrollo, el efecto de cualquier conducta parental depende hasta cierto punto del niño al cual está dirigida. El temperamento y la experiencia producen un contexto en el cual la conducta parental actúa sobre el desarrollo, y algunos niños parecen ser casi invulnerables.

En busca de una definición operativa

Al utilizar la competencia como criterio, hemos visto que el rechazo de un niño y de su conducta normal se encuentran en el centro del maltrato psicológico. Una vez que adoptamos este punto de vista, nuestra atención se dirige a una importante cantidad de datos. Por ejemplo, el frecuente hallazgo de que las familias abusivas rechazan a sus hijos incluso en los primeros días de vida se puede ver no sólo como un pronóstico de futuro abuso físico (que bien podría serlo) sino como un acto de maltrato psicológico en sí mismo. Existe un amplio trabajo de Polansky sobre el descuido que se centra en el síndrome de la apatía e inutilidad (Polansky, Chalmers, Buttenweiser y Williams, 1981). Una característica de este síndrome es un rechazo sistemático del niño, puesto en evidencia por la falta de cuidados adecuados. Algunos trabajos sobre las implicaciones que la depresión materna tiene sobre la crianza dan mayor peso a este punto de vista (Weissman y Paykel, 1974). La principal amenaza que representa la depresión parental para el desarrollo se encuentra en el rechazo que implica. Los estudios de observación que llevaron a cabo Burgess y Conger (1978) documentan este tema aún más. La conclusión principal de estos estudios es que los padres que maltratan ignoran normalmente cualquier conducta positiva de sus hijos, tienen un bajo nivel general de interacción con ellos y hacen hincapié en sus comportamientos negativos. Los resultados de Burgess y Conger concuerdan bastante con las nociones sobre el rechazo de Rohner. El trabajo de Coopersmith (1967) sobre el desarrollo de la autoestima en los niños sugiere que un progenitor cariñoso, comprometido y que participa activamente produce una autoestima alta en su hijo, mientras que uno pasivo, negligente y poco comprometido produce una baja autoestima. Las investigaciones también han demostrado los efectos perjudiciales tanto de la ausencia psicológica como de la intrusión psicológica en el desarrollo del niño. En el Proyecto Madre-Hijo llevado a cabo en Minnesota (un estudio longitudinal de familias de alto riesgo), los niños pequeños cuyas madres estaban psicológicamente ausentes mostraban serias dificultades sociales y emocionales, como enojo y desobediencia con sus madres y en la actividad preescolar (Egeland, Sroufe y Erikson, 1983). Los niños cuyas madres tenían un estilo intrusivo de cuidarlos durante su infancia (es decir, interferían de manera poco apropiada en sus actividades y no tomaban en cuenta sus deseos) padecían problemas escolares, sociales, emocionales y de conducta significativos al alcanzar la edad escolar (Egeland, Pianta y O'Brian, 1993).

También se pueden interpretar estos resultados a la luz de la hipótesis del rechazo. Estas conductas parentales afectan el desarrollo de la competencia. En la relación de los padres con el bebé, conceptos amplios como los del rechazo se traducen en conductas concretas. Primero, existe el rechazo de las acciones prosociales naturales del niño, su instinto normal de interactuar. Este rechazo incluye la falta de respuesta del progenitor o cuidador a la verbalización, las sonrisas y los intentos de iniciar contacto visual y corporal del bebé. Un estudio llevado a cabo por Tronick y sus colegas (1978) incluyó una manipulación experimental por la cual la retroalimentación normal que los bebés recibían de sus madres en la interacción cara a cara era distorsionada. Las madres miraban a sus hijos a la cara pero no mostraban respuestas faciales. Los bebés reaccionaban con gran cautela y a la larga se retraían. Este experimento se aproxima al rechazo maternal al brindar una demostración del significado operativo del maltrato emocional (y presumiblemente de sus consecuencias).

¿Cuáles son los reclamos legítimos que un niño le puede hacer a un progenitor o a otro adulto? Como siempre, debemos emplear una mezcla de cultura y ciencia, reglas comunitarias y pericia profesional para responder esta pregunta. En síntesis, pensamos que un niño tiene derechos legítimos a que el progenitor 1) reconozca y responda a sus logros socialmente deseables de manera positiva, y 2) no le imponga al niño sus propias necesidades a expensas del mismo. Por lo tanto, un progenitor será emocionalmente abusivo si rechaza la sonrisa del bebé, las exploraciones del niño de uno o dos años, los esfuerzos del niño en edad escolar por hacerse amigos y la autonomía del adolescente. Será emocionalmente abusivo si exige que el bebé le satisfaga sus propias necesidades primero, que el niño cuide de él y que el adolescente se someta en todas las áreas (quizás incluso en la sexual). ¿Cómo podemos tener esperanzas de definir el abuso emocional? Debemos especificar algunas normas absolutas de conducta parental dentro de un contexto de desarrollo. Aquí se puede aplicar la idea que se presentó en el Capítulo 3 de contar con la información necesaria sobre las relaciones padres-hijo.

La información necesaria para los padres consiste, primero, en un conocimiento general de las normas, expectativas y técnicas apropiadas relacionadas con la crianza así como en la retroalimentación habitual sobre las relaciones padres-hijo. Segundo, la información adecuada depende de tres factores: observación regular y discusión diaria de las relaciones padres-hijo; sabiduría popular informal basada en una amplia experiencia histórica directa; y pericia formal y profesional, particularmente en las áreas de resolución de problemas de conducta. Tercero, la necesidad de información es una función directa de las exigencias de la situación que son tanto externas como internas a la relación padres-hijo. A medida que estas exigencias aumentan, también lo hace la necesidad de información. Cuarto, las instituciones formales pueden ser eficaces fuentes de información en la medida en que estén relacionadas activamente con la red social de la familia, de manera directa a través del progenitor o indirecta a través de la relación del progenitor con otra persona.

Cuatro aspectos del maltrato psicológico

Las pruebas del maltrato psicológico provienen directamente de la aplicación a sistemas familiares específicos de los principios generales acerca del desarrollo de la competencia. Esto requiere obtener fuentes de información desde la familia y hacia ella. Para progresar en nuestro entendimiento del maltrato emocional necesitamos estudiar estos mecanismos. La aplicación de principios generales a niños específicos exige la observación y evaluación realizadas por fuentes informales como la familia, los vecinos y los amigos, y por los sistemas formales y profesionales de apoyo familiar. Con respecto al modelo de competencia que señalamos con anterioridad, aparecen cuatro principios de maltrato psicológico. Cada uno se refiere a un aspecto significativo del abuso emocional, ya que constituye un peligro claro y real para la competencia en el desarrollo del niño. Por lo tanto, toma a la conducta, primero, como base para iniciar un servicio y, segundo, como base para la acción legal.

Principio Nº 1: castigar conductas positivas y normales como sonreír, moverse, explorar, vocalizar y manipular objetos constituye un maltrato psicológico. Investigaciones provenientes de una variedad de contextos han demostrado que la conducta de los que brindan cuidados puede tener un impacto directo sobre el desempeño de estas unidades elementales del desarrollo humano. Los seres humanos poseen un impulso operante al dominio o la acción eficaz en el mundo. Castigar este impulso y sus conductas concomitantes es un peligro claro y real para el desarrollo de la competencia del niño.

Principio Nº 2: desalentar el vínculo bebé-cuidador constituye un maltrato psicológico. El vínculo cuidador-bebé es uno de los temas centrales en el estudio del desarrollo del niño. La perturbación del vínculo temprano ha sido relacionada con abuso físico, fracaso en el crecimiento y una variedad de carencias en la competencia. Los investigadores que han examinado el impacto de un vínculo inseguro en la infancia sobre el desarrollo de los niños en edad preescolar han observado dos signos importantes de daño emocional: 1) una preocupación excesiva sobre las cuestiones de la dependencia y la seguridad, y 2) gran despreocupación de las cuestiones de la competencia y sus resultados (Aber, Allen, Carlson y Cicchetti, 1989). Por lo tanto, los esfuerzos sistemáticos para desalentar un vínculo temprano plantean una amenaza directa para un desarrollo adecuado y constituyen una razón para diagnosticar abuso emocional.

Principio Nº 3: castigar la autoestima constituye un maltrato psicológico. La autoestima es la valoración positiva de las características personales, la identidad positiva de cada individuo. La autoestima aumenta y disminuye como respuesta a la conducta de los demás y está relacionada con una variedad de características prosociales. Desalentar la autoestima es atacar uno de los componentes fundamentales del desarrollo de la competencia y es emocionalmente abusivo.

Principio Nº 4: castigar las capacidades interpersonales necesarias para el rendimiento adecuado en contextos no familiares, como la escuela y los grupos de pares, constituye un maltrato psicológico. Burgess y Conger (1978) observaron que las familias que maltrataban a sus hijos no les brindaban un refuerzo positivo ante importantes conductas interpersonales.

Otros autores han notado que es típico que los padres abusivos desalienten las relaciones sociales normales de sus hijos, incluso las amistades fuera del hogar. Al establecer una serie de principios para definir el maltrato psicológico, por lo tanto, podemos incluir el sistemático desaliento de una conducta necesaria para la competencia en los diferentes entornos no familiares. Como cuestión de prevención primaria, se debería disuadir a los padres de incurrir en cada uno de los patrones de conducta que acabamos de mencionar. Estos dan lugar a una privación emocional dominante y a la destrucción del ego y la autoestima, lo cual origina una variedad de deficiencias emocionales, entre ellas una empatía inadecuada, precursora de problemas en las relaciones interpersonales en general y en la parentalidad en particular.

❋❋❋❋❋

El maltrato psicológico transmite el mensaje del rechazo, peligroso para el desarrollo. Al decirlo de esta manera, podemos ver que cuando se trata de definir el maltrato emocional, el mensaje es el significado. Si una observación atenta encuentra razones para sospechar que se está transmitiendo este mensaje, hay pruebas *prima facie* de que se está socavando la competencia del niño. Estas son razones para ofrecer servicios y, en última instancia, para iniciar una acción coercitiva si la oferta de servicios no es suficiente. Por supuesto, la clave es tener acceso a la familia y así poder hacer las evaluaciones adecuadas para descubrir el maltrato psicológico.

Existe una necesidad apremiante de contar con testimonios válidos de legos y profesionales con respecto al carácter de la interacción padres-hijo. Una vez más, el aislamiento social emerge como un peligroso factor de riesgo en la vida de la familia. Cuando una familia se encuentra aislada del apoyo de los demás y de su observación, desaparece la corriente necesaria de información desde y hacia la familia. Una familia saludable está bien conectada. El escurridizo delito del maltrato psicológico sólo se puede captar, en lo conceptual y en la práctica, si se entiende esto. Lo hemos visto cuando observamos el contexto comunitario del maltrato infantil en un barrio en el cual conceptos como el empobrecimiento social eran definidos por la experiencia diaria. Lo volveremos a ver cuando examinemos el abuso sexual en el próximo capítulo.

CAPÍTULO 6

MARNEY THOMAS / JOHN ECKENRODE / JAMES GARBARINO

EL ABUSO SEXUAL
EN LA FAMILIA

En el Capítulo 2 hablamos sobre algunos de los procesos históricos que llevaron a la preocupación actual sobre esta forma de
maltrato que anteriormente se escondía. En la década de 1980,
se han desenmascarado muchos de los mitos sobre el abuso sexual infantil. Mientras que a través de la prensa popular e incluso, en Estados Unidos, de los envases de leche se busca a un "peligroso desconocido", ahora sabemos que los "desconocidos"
constituyen sólo un porcentaje muy pequeño de los abusadores
sexuales. También hemos aprendido que los padres y padrastros
no son los únicos abusadores dentro de la familia. Ahora sabemos que la naturaleza evolutiva de la infancia y la adolescencia
dice mucho sobre el riesgo de abuso sexual que corren los niños y sobre las maneras en que los distintos abusadores se acer-
can a ellos. Los niños corren peligro de varios tipos de victimización, especialmente el abuso sexual, por su dependencia, que
varía según edad y nivel de desarrollo. Los abusadores sexuales
a menudo sacan ventaja de estas diferencias de desarrollo en los
niños.

> Si estaba a solas con mi papá, él me tocaba y me besaba. Yo
> trataba de complacerlo aunque fuera un poco, porque to-
> do era confuso para mí. Una noche, vino a mi habitación.
> Yo tenía mucho miedo, pero él me dijo que me relajara y
> que no me lastimaría. En realidad me dolió, pero hubo mo-
> mentos en que recuerdo haber disfrutado. Quiero decir, yo
> era el patito feo de la casa y esto fue lo más cercano al amor
> que jamás había experimentado. La única muestra de afec-
> to que puedo recordar son esos momentos con mi papá. Él

me dijo que me mataría si yo contaba algo, así que nunca le conté a mi mamá. Todavía no sé si ella sabía o no.

Las estadísticas de los servicios de protección infantil difieren de los estudios retrospectivos de los adultos en los cálculos sobre quién abusa sexualmente de los niños; los estudios retrospectivos muestran que los miembros de la familia constituyen menos de la mitad del total de los abusadores. Necesitamos reconocer la importancia de los perpetradores conocidos, especialmente los vecinos, maestros, entrenadores deportivos, dirigentes religiosos y pares. Las encuestas comunitarias entre adultos que fueron abusados sexualmente en la infancia o adolescencia indican que entre un 30 y un 40% de los abusadores eran los pares (Finkelhor, Hotaling, Lewis y Smith, 1990; Saunders, Villeponteaux, Lipovsky y Kilpatrick, 1992). Tales estadísticas difieren de los estudios que se basan en archivos de los servicios de protección infantil, los cuales muestran un porcentaje más elevado de abusadores dentro de la familia, ya que estas agencias normalmente tratan sólo con parientes o cuidadores abusivos. Aunque en este libro deseamos hacer hincapié en la familia, y no hablaremos en detalle de temas como las violaciones en los encuentros entre adolescentes, debemos reconocer que el sexo sin consentimiento con un par mayor y más fuerte constituye para muchos niños la primera y tal vez la única experiencia de abuso sexual. Además, el papel de padre, padrastro o tío incestuoso puede estar precedido por una historia de explotación sexual como par. Muchos abusadores sexuales de niños son adolescentes y muchos abusadores adultos tienen antecedentes de abuso sexual en su adolescencia (Becker, 1994; Sgroi, 1982).

Abuso sexual en la familia: ¿un caso especial?

A raíz de nuestro particular deseo de comprender a las familias abusivas, en este capítulo nos ocuparemos específicamente del abuso sexual por parte de los parientes más cercanos. Este tipo de victimización sexual merece mayor atención, ya que existen buenas razones para creer que el abuso sexual dentro de la familia es más perjudicial que el que puede provocar un desconocido (Kendall-Tackett, Williams y Finkelhor, 1993). Un investigador piensa que aunque el abuso a manos de un extraño es aterrador, es menos destructivo que el incesto, ya que por lo menos puede tratárselo directamente.

La vida familiar es algo íntimo. En varias culturas (incluyendo la nuestra), las personas viven a veces en habitaciones atestadas, comparten la cama y están expuestas habitualmente a la desnudez de los demás. La humanidad mantuvo siempre algún tipo de tabú del incesto para protegerse de la atracción natural y la excitación sexual que puede ocurrir con facilidad en esos espacios íntimos entre la gente que ya tiene un fuerte vínculo recíproco. Muchos de los que han estudiado el fenómeno con más detenimiento piensan que el deseo de cometer incesto está fuertemente arraigado en todos nosotros. Para prohibirlo se necesitan las sanciones sociales más duras. Cada cultura sostiene este tabú de alguna manera, aunque los detalles varían en cada lugar, particularmente en las sociedades tradicionales. Tanto la violencia como el sexo son inevitables en la familia, ya que cuando personas con fuertes vínculos mutuos están encerradas en el mismo lugar, siempre afloran las fuerzas humanas más poderosas. Nuestra sociedad, cada vez más móvil, aumenta la separación de las redes de la familia extensa y disminuye el apoyo de la comunidad, aísla a la familia del mundo exterior y acentúa la dependencia recíproca de los miembros del núcleo familiar. Por esta razón, así como abordamos la violencia doméstica debemos abordar el sexo doméstico.

Cómo definir el abuso sexual

El Centro Nacional sobre Abuso y Descuido del Niño (NCCAN) define el abuso sexual en los niños como el "contacto o interacción entre un niño y un adulto cuando, encontrándose el perpetrador en una posición de poder o control sobre la víctima, usa al niño para su propia estimulación sexual o la de otra persona" (1978, pág. 2). Además del abuso sexual del adulto, el contacto sexual con niños mayores o adolescentes también puede ser abusivo según la edad, el tamaño y las diferencias de desarrollo. La actividad sexual puede incluir diferentes formas de abuso, que van desde la penetración, las caricias y otros tipos de contactos sexuales hasta el abuso sin contacto como en el exhibicionismo y el voyeurismo. También puede incluir la participación del niño en actividades pornográficas o de prostitución. En nuestra opinión, más allá de la forma, es sensato situar el mal uso del poder en el centro de la cuestión. En estos casos, al igual que en otros, la explotación es el sello de la relación perpetrador-víctima.

En efecto, aunque los actos sexuales constituyen nuestra definición común de abuso sexual, con frecuencia lo que motiva a los abusadores son las cuestiones relacionadas con el poder, el control, el placer sádico y la ira desplazada. Finkelhor (1979) hacía hincapié en esta cuestión cuando declaraba que el contacto sexual de un adulto con un niño es esencialmente incorrecto porque los niños no están en condiciones de dar un consentimiento informado, ya sea por su comprensión limitada de la sexualidad o por el contexto coactivo en el cual deben actuar inevitablemente, dado el poder y la autoridad del adulto. La naturaleza coactiva de muchos casos de abuso sexual se ve reflejada en el hecho de que el uso de la fuerza, las amenazas y la provocación de miedo en el niño a menudo acompañan los actos sexuales (Briere y Elliott, 1994).

Constituya o no un verdadero incesto (relación sexual entre dos personas demasiado relacionadas en forma consanguínea como para casarse), el abuso sexual del niño por parte de un miembro de la familia o conocido (amigos, maestros, entrenadores, niñeras) es inapropiado y perjudicial. Nos referiremos a todas las actividades incestuosas y casi incestuosas como *abuso sexual en la familia*, para diferenciar el que sucede dentro de la vida familiar del que sucede fuera de ésta. (Sólo cuando hablemos del trabajo de otros investigadores que han estudiado el incesto real usaremos el término *incesto*.) Algunos estudios no le atribuyen efectos psicológicamente perjudiciales al acto sexual en sí sino a la reacción de la sociedad y a su intervención. Nosotros sostenemos que esto no es lo importante. Uno no puede funcionar fuera de la sociedad; la sociedad no se puede ignorar.

La cuestión no es decidir si el incesto dañaría o no a la gente en el mejor de los mundos. Algunas culturas permiten el contacto sexual entre adultos y niños en ciertas circunstancias, como en ciertas ceremonias religiosas y al alcanzar la mayoría de edad (Korbin, 1987). Sin embargo, en esta cultura y en este momento, el abuso sexual de los niños presenta un serio problema, y es esta cultura la que afecta a los niños y adolescentes de los cuales nos ocupamos.

Incidencia y frecuencia

Dada la vergüenza que causan los actos en cuestión y la reserva existente al respecto, no es extraño que los cálculos de la incidencia y prevalencia del abuso sexual varíen. Ha habido tres fuentes principales de información sobre el alcance de este problema en Estados Unidos. Tal vez, la mejor provenga de los tres Estudios Nacionales de Incidencia (NIS) financiados por el Estado, como ya vimos en el Capítulo 2. El más reciente, el cual involucra a 5.600 profesionales provenientes de 42 condados, estima que en 1993 fueron víctimas del abuso sexual 300.000 niños (4,5 por 1.000).

Una segunda fuente de estadísticas nacionales proviene del Sistema Nacional de Datos sobre el Abuso y el Descuido del Niño (NCANDS), también citado en el Capítulo 2. Las estadísticas representan casos reportados oficialmente y que fueron confirmados luego de una investigación. En 1993 hubo aproximadamente 135.000 informes nacionales confirmados de abuso sexual, número comprensiblemente menor que el que brindó el estudio NIS, ya que muchos de los casos de niños de los que se sospecha que fueron abusados sexualmente no se comunican a los organismos de protección infantil y, de los comunicados, sólo se confirma la mitad. El abuso sexual representa alrededor del 14% del total de informes de abuso y descuido infantil confirmados por los organismos de protección (National Center on Child Abuse and Neglect, 1995).

Es probable que la información de los estudios NIS y del NCANDS subestime la cantidad real de abuso sexual, ya que estos representan sólo los casos que llamaron la atención de algunos profesionales. Muchos casos se mantienen ocultos. Además, tales estudios se limitan a mostrar el número de incidentes que ocurrieron durante el año, lo cual no refleja el riesgo acumulativo en toda la niñez o adolescencia.

Una tercera fuente de información brinda algunas claves sobre la frecuencia del abuso sexual de niños a lo largo de la vida y también ayuda a documentar los casos que se mantienen ocultos a los profesionales. Varios investigadores han llevado a cabo encuestas con adultos, preguntándoles sobre las experiencias de su infancia que considerarían como abuso sexual. Aunque en estos estudios se han empleado diferentes definiciones y se han formulado diferentes preguntas, el panorama general es que en América del Norte aproximadamente un 20% de las mujeres adultas han experimentado abuso sexual siendo niñas o adolescentes, mientras que la mayoría de los estudios revelan que entre un 5 y un 10 % de los hombres reportan abuso sexual (Finkelhor, 1994).

Según informó el tercer estudio NIS, aprobado por otros estudios clínicos y encuestas poblacionales, la mayor parte del abuso sexual es cometido por adultos o pares conocidos de los niños victimizados. No obstante, al contrario de los casos de abuso y descuido físico, los padres biológicos constituyen sólo alrededor de un cuarto de los perpetradores. Los padrastros y madrastras y los padres y madres sustitutos constituyen otro cuarto de los casos, mientras que el resto no tienen un vínculo parental con niño. Recientemente, suscitaron preocupación los informes acerca del aumento de abusadores que son niños mayores y adolescentes, los que pueden pertenecer a la familia pero no son figuras parentales. Como veremos más adelante, muchos de estos abusadores juveniles pueden haber sido víctimas a su vez. Al contrario de lo que sostienen las exageradas afirmaciones de la prensa y otros medios de difusión, los desconocidos sólo constituyen una pequeña proporción del abuso sexual (del 6 al 16%), aunque a menudo son los casos más violentos y sensacionalistas (Briere y Elliott, 1994).

Al analizar los resultados de esta variedad de estudios y observar las características de las familias, uno se pregunta si en ciertos tipos de familias los niños son más vulnerables al abuso sexual. Un tema controvertido se relaciona con la situación socioeconómica de la familia. Los NIS de 1993 muestran que en las familias con ingresos menores a 15.000 dólares anuales los niños son 18 veces más vulnerables al abuso sexual que en las familias con ingresos mayores a 30.000 dólares. Esto sugiere que el ingreso es un importante factor de riesgo en el abuso sexual. Por otra parte, las encuestas hechas con adultos sobre sus experiencias durante la infancia son mucho menos convincentes sobre la relación entre el ingreso y el abuso sexual. En estos estudios, alrededor de la misma cantidad de personas de clase media y alta que de clase baja informan haber sido abusadas sexualmente (Finkelhor, 1994). Esto puede deberse a que los profesionales comunitarios suelen detectar el abuso sexual cuando ocurr en las familias de menores ingresos. Las familias con mayores recursos financieros pueden mantener su privacidad en mayor medida que las más pobres. Además, las familias de clase media o alta pueden buscar formas de ayuda alternativa (por ejemplo, terapia) fuera de los sistemas asistenciales financiados por el Estado. Pero también puede suceder que las familias de clase baja sean menos consultadas por los investigadores en las encuestas comunitarias (a causa de su mayor movilidad, su menor acceso a través de la comunicación telefónica, menores índices de alfabetización) o sean más cautelosas con los extraños que les hacen preguntas personales. El resultado puede llevar a subestimar el papel que las condiciones socioeconómicas desempeñan como factor de riesgo para el abuso sexual. Tampoco sabemos si la situación socioeconómica de los encuestados puede estar relacionada con la probabilidad de que recuerden el abuso sexual. En un interesante estudio, Williams (1994) entrevistó a mujeres que tenían una historia documentada de abuso sexual de niñas: una proporción importante de ellas (38%) no recordaban episodios de abuso que habían ocurrido 17 años antes.

Aunque es probable que exista cierto *sesgo de detección* (es decir, que la gente pobre tenga más probabilidad de ser encuestada por los organismos estatales), es difícil dar cuenta totalmente del mayor riesgo que corren los niños pobres según los estudios NIS. Primero, tal explicación es poco creíble en el caso de las formas más visibles de maltrato, como el abuso físico y algunas formas de descuido, en las cuales los resultados de los NIS también señalan un riesgo mayor entre los niños de menores recursos. Segundo, gran parte de los abusos sexuales que llaman la atención de los profesionales ocurren, con frecuencia, junto con otras formas más visibles de maltrato. Aunque el abuso sexual pueda darse en forma aislada en una familia que funciona bien en otros aspectos, es más probable que ocurra en las familias que tienen otros problemas (incluyendo problemas maritales, altos niveles de conflicto, consumo de sustancias tóxicas y trastornos emocionales) y en las que también existen otras formas de violencia o descuido (Finkelhor, 1994).

Características del abuso sexual en la familia

Hemos separado al abuso sexual de otros tipos de violencia porque su dinámica es diferente. Si bien puede estar acompañado por el empleo o la amenaza de castigo físico y puede desprenderse de una situación de descuido o dar lugar a la negativa a brindar cuidados en el futuro, no es ninguna de estas cosas por sí sola. Los problemas no son totalmente los mismos que en el abuso físico, pero tienen algún parecido. El abuso físico en niños pequeños se desencadena en etapas difíciles del desarrollo, que hacen que los padres reaccionen con exageración (castigos corporales excesivos o intentos de controlar el llanto, reducir las rabietas o controlar los esfínteres). También ocurre cuando el niño se lastima por falta de supervisión si se encuentra en un entorno inseguro y sus padres están demasiado tensionados o sobrecargados (Schmitt, 1987). Cuando el abuso físico se da al comienzo de la adolescencia, generalmente deriva de los intentos de autonomía e independencia del adolescente. El abuso sexual parece desprenderse más directamente de las relaciones interpersonales disfuncionales dentro de la familia y de la historia y antecedentes del perpetrador. Como en el caso citado al comienzo del capítulo, puede ser la única señal de aceptación que recibe el niño o el joven. Mientras que el abuso físico o emocional puede aparecer luego de un conflicto, el sexual constituye un mal empleo del poder y es consecuencia de la dificultad para actuar conforme a las responsabilidades de protección implícitas en el papel del cuidador, ya sea porque comete el abuso sexual o no protege al niño del mismo.

Un estudio sostenía que tanto en niños como en niñas la vulnerabilidad máxima para el abuso sexual se daba entre los siete y los trece años de edad (Finkelhor y Baron, 1986). Sin embargo, es posible que la cantidad de casos en niños menores de seis años esté subestimada, ya que éstos no lo revelan y pueden incluso no reconocer lo que está sucediendo. Algunos autores han sugerido, además, que los niños pequeños no siempre recuerdan el abuso.

Existe una variedad de patrones en el abuso sexual. Las niñas conforman el mayor número de víctimas y es más posible que sean abusadas por miembros de la familia; la cantidad de niños varones abusados es un tercio o la mitad que la de las niñas, no llaman tanto la atención de los profesionales y es más probable que sus abusadores no pertenezcan a la familia. Además, los niños son generalmente abusados por mujeres (Faller, 1989). En Estados Unidos, entre los asiáticos los niños abusados tienden a ser mayores, mientras que los niños afroamericanos tienden a ser las víctimas de menor edad. Es más probable que haya penetración entre los niños hispánicos y afroamericanos, que entre los asiáticos y caucásicos (Rao, DiClemente y Ponton, 1992). Los niños que son psicológica o cognitivamente vulnerables pueden correr un mayor riesgo de abuso sexual. La incidencia del abuso en los niños con alguna discapacidad es 1,75 veces mayor que en los normales (National Center on Child Abuse and Neglect, 1993).

La mayor parte de la victimización sexual infantil, en especial dentro de la familia, ocurre en el contexto de una relación cotidiana corriente. Los niños que han sido abusados sexualmente (por familiares y no familiares) describen el proceso diciendo que va desde lo no sexual (baños, masajes, acercamientos, simulacros de luchas) a lo sexual (caricias, masturbación) hasta llegar a las formas más intrusivas de actividad sexual (actividad sexual oral y anal, coito) (Berliner y Conte, 1990). Los profesionales llaman "proceso de preparación" a esta lenta y progresiva sexualización de la relación a través del tiempo. Este proceso tiene un efecto pernicioso en el niño, más allá del acto sexual en sí, ya que hace que crea en su propia complicidad en la actividad y, por lo tanto, le resulte más difícil contar lo que sucede. A medida que el niño crece y se da cuenta de lo que ocurre, y a pesar de que el acercamiento es gradual (combinando la coacción emocional y las recompensas con un uso impropio de la autoridad adulta), muchos abusadores que al comienzo no eran violentos recurren a la fuerza, las amenazas o el miedo para mantener la relación e impedir que el niño hable. Debido a su situación evolutiva, los niños más pequeños no pueden reconocer que se están violando ciertos tabúes y que su experiencia no es normal. Desde este punto de vista, sólo en la adolescencia los niños pueden entender totalmente las normas y expectativas de la cultura que se encuentra más allá de su familia inmediata (Finkelhor, 1995).

Ha habido varios cambios en nuestro conocimiento del abuso sexual dentro de la familia, especialmente sobre quiénes abusan de los niños. Con ese aumento del conocimiento se dio un cambio correlativo en nuestro entendimiento de la dinámica del proceso. Si bien una mala comunicación, las roles sexuales rígidas, la tensión, el abuso de drogas y del alcohol, y los problemas y conflictos maritales contribuyen al abuso sexual en la familia, esto no explica por qué en muchas familias en las que aparecen todas estas situaciones, y a pesar de tener un alto riesgo de abuso y descuido físicos, nunca ocurre el abuso sexual. Es posible que una parte de la explicación se encuentre en la historia infantil de los abusadores. Existe un creciente interés por observar las características de los abusadores en cuanto al maltrato que ellos mismos sufrieron de niños, lo cual puede estar ligado al comienzo temprano de sus abusos y a una falta de control de sus impulsos. Estudios anteriores indicaban que existían claras diferencias entre aquellos que abusaban de los niños dentro de la familia y aquellos que lo hacían fuera de ésta. También se creía que existían netas distinciones entre quienes recurrían al exhibicionismo y el voyeurismo y quienes usaban el contacto sexual. Hoy existen pruebas crecientes de que los que abusan sexualmente de los niños lo hacen en todas estas categorías, dentro y fuera de la familia (Becker, 1994).

Si tenemos en cuenta las actuales tasas de divorcios y segundos matrimonios en Estados Unidos, las familias reconstituidas son un importante grupo demográfico. Además, la Oficina del Censo estima que la mitad de los niños actuales pasarán algún tiempo durante sus primeros dieciocho años en hogares a cargo de progenitores solteros, característica familiar que, se estima, expone a los niños a un mayor riesgo de que sean abusados sexualmente, especialmente cuando se combina con pobreza y consumo de sustancias tóxicas. Si bien los padrastros y otros tipos de padres sustitutos (como el novio de la madre) no están relacionados biológicamente con el niño, cumplen papeles similares a los del padre, lo cual les da el tipo de acceso y privacidad que permite el abuso sexual. Por lo tanto, para la nueva familia norteamericana, definiremos el abuso sexual en términos del lugar que ocupa el perpetrador en la familia en vez de sus lazos de sangre con el niño. Así, la relación padrastro-hijastro puede ser particularmente riesgosa, ya que combina la autoridad y la oportunidad de explotación que trae la parentalidad sin las inhibiciones naturales de la consanguineidad (Russell, 1984).

El abuso sexual es con frecuencia un síntoma de disfunción familiar, aunque no siempre. A menudo, los individuos involucrados sufren de limitación de sus recursos personales (impedimentos cognitivos, de desarrollo, psiquiátricos o psicológicos) que deforman las relaciones interpersonales y disminuyen el acceso a recursos sociales, y la combinación da como resultado un entorno de alto riesgo para los niños. En opinión de los consejeros psicológicos, los miembros de muchas familias sexualmente abusivas tienden a tener límites difusos y separaciones poco claras de las funciones de padres, esposos e hijos. Es posible que la familia no permita a los individuos desarrollarse con normalidad y consuma la energía de todos tratando simplemente de permanecer unida. Esto puede ayudar a explicar el tremendo temor de una víctima a dejar su hogar, ya que en esa situación no tener familia significa no tener identidad. Las familias pueden estar socialmente aisladas o rodeadas de otras familias extensas igualmente caóticas y disfuncionales. Muchas de ellas están constituidas por relaciones destructivas caracterizadas por el odio, los celos y la inmadurez, y con frecuencia sus miembros funcionan dentro de roles sexuales rígidos (Alexander, 1990; Madonna, Van Scoyk y Jones, 1991). Entre los padres sexualmente abusivos parece haber una alta incidencia de la privación económica temprana y notorios antecedentes de empobrecimiento emocional. Muchos de ellos fueron abandonados en sus años de formación por sus propios padres y a menudo viven enemistados con sus esposas o con las mujeres en general.

Ocupar la posición materna en una familia sexualmente abusiva es también una tarea difícil. Hacer frente al incesto puede exceder los recursos personales de la mayoría de las mujeres. En algunos hogares sexualmente abusivos se ha considerado a las madres como cómplices del incesto, ya sea porque no supervisaban apropiadamente a sus hijos, porque contribuían indirectamente al abuso sexual por su propia historia como víctimas, o porque se negaban a proteger al niño cuando se descubría el abuso (Faller, 1989). Algunas madres prefieren ignorar, negar o racionalizar la situación de abuso sexual. Algunas mujeres que fueron abusadas sexualmente de adolescentes informaron que la apatía de la madre las lastimó tanto como el abuso del padre. Algunas seguían tan enojadas con la madre como con el padre, si no más.

No obstante, contrariamente a lo informado en estudios anteriores, la mayoría de los progenitores les creen a sus hijos y toman algún tipo de medidas para protegerlos (Briere y Elliott, 1994). En particular, las madres que le creen al niño y lo apoyan pueden disminuir el impacto negativo de la acción. Es imposible saber cuántas mujeres son verdaderamente conscientes del abuso sexual y cuáles son sus sentimientos reales cuando ocurre en sus hogares. Algunas pueden tener una historia de privación emocional y victimización sexual y cuentan con pocas herramientas para proteger a sus hijos, mientras que otras no pueden hacer nada ante la amenaza de violencia doméstica o pérdida del sustento económico. Sin embargo, parece estar claro que la falta de apoyo materno una vez que se revela el problema deja como saldo efectos más perjudiciales y resultados menos positivos para el niño.

Con frecuencia, el abuso sexual se atribuye a una relación marital pobre y a la escasa comunicación familiar, tal vez complicada por el consumo de sustancias tóxicas y/o el aislamiento de la familia de las redes sociales tradicionales (Berliner y Elliott, 1996). Algunos de los factores psicológicos individuales antes mencionados influyen en que la familia se vuelva sexualmente abusiva o no, pero el factor más importante es de lejos la relación entre los padres o padres sustitutos. Se cree que otros factores, como las crisis emocionales, el desempleo, la muerte de un esposo, la separación o una enfermedad, precipitan el acontecimiento. Sin embargo, si se satisficieran las necesidades de todos y operaran los controles sociales apropiados, no habría incentivos para romper un tabú tan fuerte. Como es tan común en la conducta humana, vemos aquí un efecto de interacción: lo que hace que la gente se vea en problemas es la combinación de la vulnerabilidad personal con las condiciones sociales.

En una relación sexualmente abusiva con un niño el balance de poder es tan desigual que raramente es necesaria la fuerza física para iniciar el abuso. Desde el punto de vista del niño, existen muchas razones para obedecer. Los niños necesitan amor y afecto, y el abuso sexual en la familia con frecuencia incluye la sexualización gradual de la relación, lo cual hace que el niño sea incapaz de distinguir entre las conductas aceptables y la de explotación. Aun cuando se dé cuenta de la naturaleza violenta o inapropiada de ciertos actos, sus opciones son limitadas. Irse del hogar no es una opción para un niño pequeño, y para un adolescente puede ser riesgoso, atemorizante e incluso ilegal. También puede suceder que tenga sentimientos encontrados hacia el progenitor, pariente o hermano mayor que abusa de él, y que necesite especialmente el afecto que éste le ofrece si las demás personas en su vida lo rechazan (Finkelhor, 1995). Las investigaciones que identifican los factores de riesgo para el abuso sexual apoyan este concepto de la particular vulnerabilidad del niño. De esta manera, el descuido por parte de un progenitor puede propiciar el abuso del otro. Es posible que el niño desee mantener su lealtad hacia el padre o madre que lo ha

171

ayudado tanto durante su infancia; el simple respeto de los niños hacia la autoridad favorece esta situación. Tal vez el niño quiera expresar su ira sobre una vida hogareña caótica o desafiar a un progenitor que lo rechaza o no le brinda su apoyo. También puede obedecer a cambio de privilegios especiales. Es posible que el niño sienta culpa si la interacción sexual le es placentera de alguna manera (a pesar de su repugnancia moral).

Los miembros de la familia que saben de una relación incestuosa a menudo la niegan. Esta negación puede hacer que el niño dude de sus propios sentidos, preguntándose por qué nadie menciona el tema o no parecen darse cuenta de lo que sucede. Este tipo de negación surge con frecuencia en los recuerdos de las víctimas. Si el niño quiere hablar, es posible que lo amenacen con castigarlo físicamente. Aun si el niño cuenta lo sucedido, frecuentemente no le creen, por lo menos al principio. Si les cuenta sobre el abuso sexual a otros, se enfrentará con la posibilidad real de desmembrar la familia a la que está ligado. Tradicionalmente, no es común que un niño termine con una relación incestuosa recurriendo a los medios oficiales. En lugar de informar sobre el abuso sexual, la mayoría prefieren irse de su hogar lo antes posible casándose precipitadamente o escapándose. Esta manera de actuar agrava los problemas normales que un menor abusado sexualmente suele tener para establecer relaciones sexuales fuera del hogar, en especial por la existencia de un grupo de adultos sexualmente explotadores que esperan sacar provecho de su vulnerabilidad.

Efectos del abuso sexual

Como mencionamos con anterioridad, es difícil diferenciar los efectos adversos del abuso sexual de los del perturbado entorno familiar en el que ocurre. Este problema es análogo al de determinar los efectos del abuso físico. Por supuesto, diferentes niños y adolescentes reaccionan de diferente manera, pero varios indicadores parecen determinar la gravedad del daño que el abuso sexual les causará. En general, cuanto más cercana sea la relación entre el agresor y la víctima, más perjudicial será el abuso. Otros puntos para tener en cuenta son la edad, el sexo y el nivel de desarrollo de la víctima; el tipo y la duración del abuso sexual; el uso o no de violencia; el grado de vergüenza o culpa que sienta el niño, y la reacción de los padres y los profesionales (Conte y Schuerman, 1987). Estudios recientes (Hunter, Goodwin y Wilson, 1992; Mannarino, Cohen y Berman, 1994) informan que la mayoría de los niños no se culpan a sí mismos por el abuso pero sí se ven muy diferentes de sus pares y es posible que se culpen por otras situaciones negativas. En los lugares en los que la víctima no tiene acceso a una red de relaciones que lo apoyen, el riesgo aumenta en forma significativa (Briere y Elliott, 1994; Briere y Elliott,1994). Aquí, como en el resto de las situaciones, el aislamiento social es una amenaza para el desarrollo, particularmente en familias anormales o poco saludables.

Es útil dividir los efectos potenciales del abuso sexual en tres áreas: 1) efectos iniciales o a corto plazo; 2) ajustes en una relación permanente de abuso; y 3) consecuencias a largo plazo en el desarrollo psicosocial (Kendall-Tackett, Williams y Finkerlhor, 1993). Los ajustes a corto plazo pueden servir para ayudar al niño a manejar sus emociones y entender por qué se produce el abuso, pero también pueden ser perjudiciales para el desarrollo de relaciones sociales saludables y de un equilibrado sentido de sí mismo.

Hay evidencia de que los niños que han sido abusados sexualmente demuestran más miedo y ansiedad que los que no lo han sido (Kendall-Tackett, Williams y Finkelhor, 1993). Esto puede ser una señal de que algunos de estos niños están experimentando un trastorno por estrés postraumático (*posttraumatic stress disorder*, PTSD) (McLeer, Deblinger, Atkins, Foa y Ralphe, 1988). Aunque el PTSD como categoría diagnóstica apareció inicialmente para describir los síntomas experimentados por veteranos de guerra, en los últimos tiempos se lo ha usado para describir las experiencias de las víctimas de abuso sexual, en particular las que fueron atacadas con violencia o en repetidas ocasiones.

A veces, el abuso sexual no es perpetrado en un contexto de violencia e intimidación sino bajo el pretexto de dar amor y afecto, o bien comienza de esa manera y luego se agregan elementos

173

de amenaza y provocación de temor cuando el niño es lo bastante grande para entender que la conducta es inapropiada o potencialmente peligrosa. Esto es parte de un desafío psicológico sin igual para el niño: ¿cómo puede conciliarse un acto presentado como fruto del amor y el afecto con el hermetismo, la vergüenza y la reacción negativa de los demás cuando se revela el secreto? En estas circunstancias, en una búsqueda natural de sentido, el niño puede desarrollar percepciones que lo ayuden a enfrentarse con las emociones ambiguas o negativas que siente.

Una explicación es culparse a sí mismo. Aunque muchos niños no se culpan por el abuso sexual, algunos sí lo hacen, y esto se ve reforzado por los abusadores que degradan al niño para aumentar su dominio en la relación. La culpa es uno de los precursores de la baja autoestima, la cual también prevalece en estos niños y en los adultos que fueron abusados en su infancia (Oates, Forest y Peacock, 1985). La baja autoestima es también coherente con la mayor proporción de cuadros depresivos que se observan entre los adultos que sufrieron abusos (Browne y Finkelhor, 1986).

Cómo superar el abuso sexual

Los esfuerzos de los niños y adultos para superar el dolor provocado por el abuso sexual pueden tomar muchas formas. El repertorio de los niños pequeños puede limitarse a ciertas conductas para autoaliviarse y llamar la atención de figuras no abusivas, como la madre o un hermano. A medida que los niños crecen, se hacen posibles otras respuestas, como escaparse, que puede exponerlos a un riesgo mayor de una futura victimización (Powers y Jaklitsch, 1989). Muchas conductas autodestructivas observadas en adolescentes y adultos abusados cuando eran niños pueden ser clasificadas como recursos elusivos de superación (Briere y Elliott, 1994). Estas incluyen distintas formas de disociación (como la amnesia o el bloqueo emocional), el consumo de drogas o alcohol y las ideas suicidas. Como sucede con muchas otras experiencias que producen tensión, estas estrategias de superación sirven para mitigar el dolor y alejar los pensamientos desagradables, pero raramente se las asocia con una evolución positiva en la vida.

El abuso sexual afecta íntimamente la idea, en pleno desarrollo, que tiene el niño de las relaciones sociales y, como tal, es probable que repercuta en estas áreas de su funcionamiento. Es posible que los niños y adolescentes abusados tengan problemas para establecer relaciones cercanas y de confianza mutua o se busquen compañías que confirmen sus peores sospechas sobre sí mismos. También es lógico prever una disfunción relacionada con la conducta sexual y las relaciones íntimas, aunque la disfunción sexual no es de ninguna manera un resultado universal a largo plazo del abuso sexual. Es bastante probable que los niños que han sido abusados sexualmente muestren conductas sexualizadas, como juegos sexuales con muñecas, masturbación excesiva o conocimientos sexuales inapropiados para la edad (Kendall-Tackett, Williams y Finkelhor, 1993). Se considera que los adultos que han sido abusados corren un mayor riesgo de quedarse solteros o divorciarse (Finkelhor, Hotaling, Lewis y Smith, 1990) o de tener problemas con la intimidad sexual (Briere y Elliott, 1994).

Nuestra breve reseña sugiere que el abuso sexual puede constituir una seria amenaza para el desarrollo del niño o el adolescente. Algunos de los síntomas asociados con él, como la baja autoestima y la depresión, también son comunes en otras formas de maltrato y reflejan la tensión propia de crecer en el entorno de una familia disfuncional. Otros síntomas, como la conducta erotizada de los niños pequeños, parecen estar más relacionados con esta forma de maltrato infantil. Los mismos factores que protegen a los niños de los efectos adversos de otras formas de maltrato, como el apoyo de la familia, también son cruciales para la recuperación y el tratamiento de los niños y adolescentes abusados sexualmente.

Tratamiento

Dos grandes líneas de pensamiento dominan el tratamiento de los niños abusados sexualmente y sus familias. Un enfoque es partidario de la intervención primaria del sistema de la justicia penal para proteger a los niños, mientras que el otro pone más el acento en el sistema de la salud mental junto con la supervisión de los servicios de protección infantil. El dilema es real y refleja las auténticas diferencias y metas en distintos momentos en cuanto a la necesidad de servicio de las familias involucradas. Mientras que algunos señalan lo traumático que le resulta a un niño testimoniar en un tribunal contra sus padres, parientes o hermanos en presencia de extraños, otros ven el resultado del proceso (la prisión para el abusador) como la única sanción suficientemente dura para proteger al niño y forzar a la familia o al abusador a hacer terapia.

Luego de que un niño informa haber sufrido un abuso sexual, con frecuencia tiene que repetir la historia ante extraños y se le pedirá que describa los incidentes con gran detalle. La gran mayoría de los incidentes de abuso sexual hacia un niño no pueden ser confirmados mediante pruebas médicas o físicas y raramente hay testigos oculares. Estas circunstancias hacen que el testimonio del niño sea de suma importancia para el procesamiento del abusador y para su propia protección. No es sorprendente que se haya suscitado una gran controversia con respecto a la veracidad de los testimonios de los niños que informan sobre abuso sexual, su capacidad de relatar con precisión sucesos pasados y su susceptibilidad a las sugerencias durante las entrevistas de investigación. Enfrentado con la presión de mantener la integridad de la familia, proteger al perpetrador, resolver una disputa sobre su custodia o testimoniar en un tribunal, es posible que el niño presente un cuadro confuso, haga una acusación y luego se retracte o diga que su informe inicial era falso, contribuyendo así a la controversia que rodea a los niños testigos. Es posible que los niños más pequeños no puedan brindar suficiente información para determinar los detalles del caso, mientras que los niños mayores y los adolescentes pueden ser acusados de manipulación deliberada. El hecho de estar involucrados en el sistema de justicia penal pone a los miembros de la familia en una relación de adversarios dentro del tribunal y les hace correr un peligro económico más allá del resultado, pero en especial si va a prisión el que gana el sustento.

EL ABUSO SEXUAL EN LA FAMILIA

Esta preocupación con respecto al papel invasivo de la intervención misma, más allá de las buenas intenciones, y a sus efectos perturbadores en la familia, instó a un médico anónimo a preguntar: "Si el sector público trata el problema de una manera destructiva, ¿no está justificado que en algún momento el terapeuta deje de lado el sistema y brinde la ayuda necesaria a los miembros de la familia, poniendo fin al mismo tiempo a la explotación sexual?". Esta persona atribuía a esta sospecha la falta de cooperación de muchos profesionales con las leyes que rigen la información de los casos de abuso.

La mayor parte de los servicios para niños que han sufrido abuso sexual y sus familias ofrecen una amplia gama de modalidades de tratamiento, como psicoterapia grupal e individual, terapia de juego, asesoramiento familiar, grupos de apoyo, terapia de pareja, intervención en la crisis y otros servicios conexos, como el asesoramiento psicológico para problemas de alcoholismo y drogadicción (véase Friedrich, 1991; Gil, 1991 y Keller, Cicchinelli y Gardner, 1989).

Sin embargo, es difícil determinar la eficacia de las diferentes formas de tratamiento para el abuso sexual infantil dada la poca cantidad de información disponible. El pequeño tamaño de las muestras, las limitadas mediciones de resultados y el hecho de que no se utilicen generalmente grupos comparativos hacen que sea casi imposible decir algo definitivo sobre qué tipos de tratamientos funcionan mejor y para qué niños, abusadores y familias. El hecho de que no exista un único patrón de síntomas o problemas que se desprenden de una historia común de abuso sexual infantil complica las opciones de tratamiento. El efecto del abuso sexual es devastador para algunos, pero no es uniforme. Un sorprendente número de niños parecen superarlo, sobrevivir e incluso desarrollarse sin inconvenientes. Además, como la etiología conocida y los efectos del abuso sexual ya mencionados son tan variables, y tan diferentes las características de los abusadores y de las unidades familiares, el tratamiento debe centrarse en una amplia gama de problemas. "El proceso de tratamiento puede ser tan simple como educar a los padres para supervisar y poner los límites apropiados" (Berliner y Elliott, 1996, pág. 63).

177

Es necesario que la terapia y el asesoramiento psicológico toquen áreas tan diversas como los problemas en la conducta sexual, los problemas en la comunicación, el aislamiento social, la depresión, el PSTD y las distorsiones cognitivas. La elección del tratamiento adecuado para cada niño y cada familia debe ser muy específica. Si bien hay algunos estudios de resultados de tratamientos bien controlados que ajustan el tipo y la duración de un tratamiento y el control para diferentes efectos y tipos de familias, cierta información anecdótica, retrospectiva y clínica sugiere que los programas eficaces son los que persiguen cuatro objetivos terapéuticos generales: 1) aliviar y tratar los síntomas; 2) quitar el estigma del abuso en la víctima; 3) aumentar su autoestima y dominio; y 4) controlar y cambiar el entorno separando al niño del perpetrador. Un tratamiento adicional consiste en brindar asesoramiento psicológico y apoyo a los miembros de la familia (abusadores y no abusadores) para que aprendan o vuelvan a aprender conductas apropiadas y para asegurarse de que funcionen los sistemas de control. El tratamiento del abusador, ya sea pedido por el tribunal o voluntario, se centra en que acepte su responsabilidad en el hecho, pida perdón a la víctima y participe activamente tanto en la terapia familiar como en el asesoramiento psicológico individual.

Para lograr un mejor resultado se recomienda brindar apoyo inmediato en la crisis a las víctimas y sus familias, involucrando a todos los miembros en el tratamiento (más allá del marco teórico particular), y ofrecerles oportunidades para que asistan a grupos de apoyo, con supervisión y seguimiento a largo plazo (Beutler, Williams y Zetzer, 1994).

Para los que corren peligro

El sexual, como otros tipos de abuso, es una expresión de disfunción familiar. Muchos terapeutas nos dicen que estas familias presentan algunos problemas sociales. A veces constituye un desafío convencerlas de que necesitan un tratamiento, especialmente cuando no se las puede forzar por ley a asistir a una terapia. Se informa que las familias en las que se manifiestan abusos sexuales son menos unidas, más desorganizadas y a menudo sufren los efectos del consumo de sustancias tóxicas, el aislamiento y la falta de recursos personales y sociales. Todos estos problemas pueden ser agotadores para el profesional que se encuentra con ellos. Como decía un clínico: "Nadie es inmune a la ira, el falso recato, la curiosidad mórbida, la excitación sexual, el resentimiento, la hostilidad, la desesperación, la impotencia, las fantasías omnipotentes de rescate y un sinnúmero de otros sentimientos encontrados que la familia incestuosa provoca en quien presuntamente debería ayudarla". De la misma manera que aquellos que orientan a las familias involucradas en otros tipos de abuso, el clínico que trabaja con el abuso sexual necesita ayuda especial. Volveremos a este tema (el de ayudar al que ayuda) cuando tratemos algunos puntos programáticos en nuestro capítulo final.

CAPÍTULO 7

MICHAEL NUNNO / MARTHA HOLDEN / BRIAN LEIDY

EL MALTRATO INFANTIL
IN LOCO PARENTIS

Cuando el abuso y el descuido infantil recibieron por primera
vez atención pública, en los años sesenta, la discusión se cen-
traba en el maltrato dentro de las familias. En los setenta, el
concepto se expandió y comenzó a incluir a las instituciones y
la sociedad en general (Gil, 1975). Aunque las familias tienen
la responsabilidad principal del cuidado y la seguridad de los
niños, en el curso normal de la vida de éstos casi todos pasan
un tiempo con otras personas que los cuidan, como sus maestros del preescolar, la escuela primaria y la secundaria y, en un
número creciente de niños, con gente que los cuida durante
el día. En otras circunstancias, cuando las familias no pueden
o no quieren cuidar a sus niños de manera adecuada, los tribunales los asignan a hogares sustitutos o albergues preparados para satisfacer sus necesidades de cuidado, seguridad y
desarrollo. La expresión legal *in loco parentis* significa "en el lugar de los padres". Puede referirse a los maestros, al personal
de la escuela o guardería, los padres sustitutos, los trabajadores de hogares de niños y otros que no ocupan un lugar familiar o parental, pero que tienen derechos y responsabilidades
sancionados por el Estado para cuidar de los niños bajo su tu-
tela. No se aplica a las niñeras, los líderes de grupos de explo-
radores, el clero o miembros de la familia.

En este capítulo nos centraremos en el maltrato infantil
por parte de los adultos que están en una situación *in loco parentis* con respecto a los niños a su cuidado. Esto abarca el maltrato en instituciones que brindan cuidados a los niños durante las
24 horas, como los hospitales, refugios, centros de detención,
centros para niños que necesitan cuidados especiales y hogares

sustitutos. También examinaremos el maltrato en las organizaciones comunitarias, como las escuelas primarias y secundarias, los establecimientos preescolares, los centros de atención diurna de familias y las guarderías, destinadas a todos los niños de una comunidad.

¿Qué es el abuso *in loco parentis*?

Cuando un organismo o institución acepta la responsabilidad de brindar cuidados a los niños, ese cuidado debe tener un nivel más alto que el de los padres. El espectro aceptable de conductas parentales con los niños es más amplio que el espectro de las conductas aceptables en quienes brindan cuidados extrahogareños. Por ejemplo, los padres pueden darle un tirón de orejas a sus hijos, llevarlos a restaurantes de comidas rápidas tres veces por semana, dejarlos dormir en la misma cama y mandarlos a la escuela que deseen. Aquellos que brindan cuidados extrahogareños deben ceñirse a las normas y reglas estrictas que gobiernas estas prerrogativas parentales. El maltrato en los centros de atención diurna incluye actos de omisión, comisión y permisividad excesiva realizados por el personal y/o los directivos de escuelas, centros de detención para jóvenes, centros y hospitales de salud mental y organizaciones asistenciales infantiles que violen los derechos del niño a un cuidado básico, la seguridad y el crecimiento.

Las decisiones para determinar la culpabilidad del maltrato infantil en estos centros se basan, con frecuencia, en la capacidad de prever el incidente o la circunstancia. Por ejemplo, ¿debería haber previsto la organización que este niño se lastimaría y tomado las medidas para evitarlo? La responsabilidad por el incidente o la circunstancia a veces va desde el trabajador individual que cuida al niño a la administración y la gerencia de la institución y al organismo que lo derivó allí. Por lo tanto un incidente, o un entorno que creó o contribuyó a que un incidente sucediera, se consideraría un maltrato si: 1) pusiera en peligro, o pudiera poner en peligro, la protección y/o la seguridad del niño; 2) impidiera al niño obtener lo que necesita para satisfacer sus necesidades básicas de cuidado, físicas y emocionales; 3) pusiera obstáculos al desarrollo del niño o restringiera en gran medida sus oportunidades de desarrollo; o 4) impidiera al niño participar en el tratamiento o cuidado especial que necesita para su adecuado progreso evolutivo.

El maltrato en las instituciones de cuidado infantil

Aunque los cálculos acerca del número de niños que viven en instituciones varían ampliamente, hay acuerdo general de que en los años ochenta y comienzo de los noventa ese número ha aumentado en América del Norte en todo el espectro de establecimientos de cuidado infantil, centros de salud mental y de detención de menores. Lerman (1994) estima que en 1987 vivían en estas instituciones entre un millón y un millón cuatrocientos mil niños estadounidenses menores de dieciocho años, o entre el 1,5 y el 2% de la población. En los años noventa ese número aumentó en Estados Unidos, ocupando el primer lugar los que están en centros de detención de menores por distintas razones: **abuso familiar**, falta de recursos familiares alternativos adecuados, servicios comunitarios deficientes que no satisfacen las necesidades de la familia y el niño, o la decisión de la comunidad de que colocarlos allí es necesario para protegerse de ellos. Luego de ponerlos en esos lugares, la comunidad supone que el cuidado y las condiciones vigentes dentro de la institución llegan al nivel normal en el Estado o lo exceden; sin embargo, las tasas de abuso infantil en las instituciones de cuidados extrahogareños son a veces dos o tres veces más altas que las tasas de maltrato familiar (Rindfleisch y Nunno, 1992).

Cuando se descubre el maltrato, con frecuencia se elevan protestas y pedidos de reforma provenientes de los defensores de los niños, los políticos y los ciudadanos preocupados. El maltrato en las instituciones de protección infantil puede tomar una variedad de formas, que van desde la violación de normas estatales específicas, como negarle al niño una visita al hogar o escamotearle la comida, a actos más atroces, como el aislamiento prolongado, el daño físico o la presión para participar en actividades sexuales (Brannan, Jones y Murch, 1992; McGrath, 1985-86; Nunno y Motz, 1988; Rosenthal, Motz, Edmonson y Groze, 1991).

En el extremo del espectro, algunos establecimientos utilizan métodos de control como el "sometimiento"[1] (Seely y Craig, 1993) y la "inmovilización"[2] (Levy y Kahan, 1991). El único propósito de estas actividades es someter la agresividad del niño con más agresión por parte de los pares y los adultos. Estas condiciones y prácticas han hecho cuestionar la eficacia y la seguridad del cuidado brindado en estas instituciones (Miller, 1987; Schwartz, 1991; Thomas, 1990), y algunos han sugerido que la estrategia de prevención más eficaz podría ser reducir la colocación de niños en ellas (Lerman, 1994). No obstante, los profesionales de la salud mental y el bienestar infantil las ven como la última esperanza para algunos niños, producto de familias de alto riesgo (que a su vez viven en barrios de alto riesgo) y que necesitan un entorno controlado para romper con el círculo de violencia y agresión generado en su vida (Goldstein y Glick, 1987).

El entorno de las instituciones de protección

Aun en la mejor de las circunstancias, las condiciones de trabajo en las instituciones de asistencia pueden ser extremadamente difíciles y tensionantes. El apoyo estructural es esencial si la institución ha de brindar buenos cuidados. Los factores es-

---

1 El sometimiento [*beatdown*] se describe como un procedimiento en el cual el personal cerca al joven en un área aislada de la institución y le grita, reprochándole todas las cosas que ha hecho mal. Luego de terminar esa lista, comienzan a empujar al joven tirándolo de una persona a otra. Los empujones se convierten pronto en golpes y patadas.
2 La inmovilización [*pindown*] tiene cuatro características básicas: 1) aislar al joven en una unidad especial; 2) sacarle la ropa común y obligarlo a usar ropa interior o de dormir; 3) obligarlo a reclamar aquello a lo que tiene derecho como si se tratara de prerrogativas especiales; y 4) permitirle su asistencia a la escuela de la institución con ropa normal pero con la condición de que vuelva a ponerse la ropa de dormir al volver al lugar de su aislamiento.

tructurales consisten en el tipo de organización de la institución, sus recursos humanos, su tecnología y su metodología de tratamiento. Incluyen la calidad y cantidad del personal, su supervisión, los niveles de educación, las condiciones que debe reunir el personal y los servicios ofrecidos para los niños (Donabedian, 1980).

El liderazgo y la cultura de la institución

Sundrum (1984) sugiere que el abuso institucional es causado por un tipo de organización reforzada desde los niveles más altos de la jerarquía que permite "círculos que se cierran solos", los cuales no dejan lugar para la detección y la corrección. El director es el responsable de que se trate a los niños con consideración, de abrir la comunicación y poner en claro las expectativas sobre la conducta del personal. El funcionario administrativo o ejecutivo más importante marca las pautas y acepta la responsabilidad de los factores del entorno, las condiciones y la manera de actuar de los subordinados (Thomas, 1980). Además, en una encuesta llevada a cabo por Dodge-Reyome (1990) sobre las percepciones de los directores ejecutivos acerca del maltrato cuando éste ocurría en su institución, éstos identificaron como uno de los factores más importantes que producían el maltrato las cuestiones administrativas (como la falta de una política y de procedimientos claros de interacción entre los niños y los encargados de brindarles cuidados).

El sistema de protección

En estas instituciones, la falta de un sistema educativo, psicosocial y físico integral de atención promueve el maltrato (Daly y Dowd, 1992). El uso de una sola metodología de tratamiento y la falta de competencia para usar otras metodologías identificará un entorno de alto riesgo (Thomas, 1990). Lerman (1984) argumenta que el maltrato ocurre cuando un niño está en un lugar que no tiene que ver con sus necesidades de desarrollo, salud y seguridad.

Patrones de supervisión del personal

Una insuficiente supervisión del personal que tiene bajo su cuidado a un gran número de niños difíciles se asocia con una mayor incidencia de maltratos (Spencer y Knudsen, 1992). Los supervisores pueden aliviar la tensión y la presión que los que brindan cuidados sienten en su trabajo, fijar claras normas sobre cómo debería tratarse a los niños y responder a las necesidades del personal. El supervisor es también el nexo entre los trabajadores y la administración y debe identificar los factores del entorno que pueden poner a los niños en peligro (Blatt, 1990). La falta de una supervisión estrecha de los trabajadores y otros residentes es también una variable relacionada positivamente con el abuso sexual entre niños o entre niños y adultos (Nueva York State Commission on Quality of Care, 1992; Rosenthal, Motz, Edmonson y Groze, 1991).

Una supervisión demasiado escasa de los niños puede dar como resultado una tasa más alta de maltrato entre los residentes (Spencer y Knudsen, 1992). En un estudio sobre las instituciones para niños con problemas mentales, el 57% de los incidentes ocurrían mientras los niños estaban en su período de tiempo libre o se dedicaban a actividades diarias como comer, bañarse o vestirse. Los momentos más vulnerables para la comisión de abuso y descuido infantil institucional ocurren cuando se deja solo al personal que atiende directamente a los niños, sin actividades planeadas (Nueva York State Commission on Quality of Care, 1992).

Los cuidadores

El personal que tiene el mayor contacto directo con los niños es con gran frecuencia el que tiene el peor entrenamiento y la menor experiencia. El personal recién contratado se sumerge rápidamente en el trabajo y debe llevar a cabo las tareas propias del empleado de tiempo completo sin una orientación, supervisión o entrenamiento adecuados. Esto hace que los trabajadores nuevos no estén preparados para manejar situaciones difíciles y explosivas con el tipo de jóvenes provocativos con que es posible que se encuentren (Powers, Mooney y Nunno, 1990; Snow, 1994).

Rosenthal, Motz, Esdmonson y Groze (1991, pág. 259) observan que al personal de cuidado directo "con frecuencia le falta la capacidad para prevenir una crisis o para frenarla sin recurrir a la fuerza física". Un gran número de estudios (Blatt, 1990; Daly y Dowd, 1992; Dodge-Reyome, 1990; Nueva York State Commission on Quality of Care, 1992) mencionan esta falta de entrenamiento en el manejo de crisis y otras capacidades relacionadas con el cuidado de los niños como un factor de riesgo para el maltrato que explica la existencia de una variedad de programas de capacitación en instituciones de cuidados (Budlong, Holden y Mooney, 1993; Edens y Smit, 1992).

La situación y la actitud

Cuando el personal no participa nunca, o casi nunca, de las decisiones de la institución, su uso de la fuerza con los niños puede aumentar (Rindfleisch y Baros-Van Hull, 1982; Rindfleisch y Foulk, 1992). Los cuidadores que no tienen poder alguno, están profesionalmente aislados y a los que se les pide que hagan tareas difíciles, para las que carecen de entrenamiento o conocimiento, pueden hacer de los niños su blanco y su forma de desahogarse por su falta de poder (Blatt, 1990; Mercer, 1982; Sundrum, 1984). Cuanto más restrictiva sea la institución, más severas serán las crisis y los métodos de control. Rindfleisch y Baros-Van Hull (1982) asocian el nivel de resentimiento del trabajador hacia los niños con un mayor uso de la fuerza. McGrath (1985-1986) relaciona la interacción entre el trabajador alienado y el nuevo trabajador, con la despersonalización de los niños, que da como resultado una conducta de maltrato.

La tensión laboral

Varios estudios citan la relación entre la tensión laboral y el agotamiento del personal (Freudenberger, 1977; Mattingly, 1977; McClelland, 1986) y la influencia correspondiente en la interacción con los niños y su despersonalización (McGrath,

1985-1986). Garbarino, Guttman y Seeley (1986) también mencionan la tensión laboral y el agotamiento como factores críticos asociados con el maltrato infantil en las instituciones; a la vez los niveles generales de tensión entre la población de cuidadores involucrados en situaciones adversas eran altos (Rindfleisch y Foulk, 1992).

Factores infantiles

Los niños que tienden a ser maltratados son un subgrupo de los internados en instituciones por problemas de salud mental o emocionales, consumo de sustancias tóxicas y/o previo maltrato familiar, y es posible que provengan de comunidades y familias agresivas, hostiles y desorganizadas (Garbarino, Guttman y Seeley, 1986; Lewis, Mallouh y Webb, 1989). Se observó que al personal de la institución le resultaba más difícil trabajar con los niños que aparecían en los informes de maltrato institucional; tendían a ser más suicidas, violentos, peligrosos, a atacar y a necesitar una supervisión personal mayor que el resto de los niños (Blatt y Brown, 1985). También tenían una mayor tendencia a escaparse de la institución, destruir la propiedad u originar incendios. Rindfleisch y Foulk (1992) demostraron que ciertas características de los residentes, como la presencia en ellos de perturbaciones leves o moderadas y su aislamiento relativo respecto de su familia (más de 230 kilómetros), predecían situaciones adversas entre ellos y los adultos de la institución.

El maltrato en las escuelas, los establecimientos preescolares y las instituciones de cuidado diurno

Mientras observamos el papel de las escuelas en el abuso infantil, no sólo debemos preocuparnos por el maltrato como resultado de actos de abuso sino también por cómo las escuelas perciben y llevan a cabo su responsabilidad de satisfacer las necesidades básicas evolutivas y de seguridad de los niños.

¿Son culpables las escuelas de ser perpetradoras de maltrato? Una gran parte de esta cuestión gira alrededor de la definición de maltrato. Si usamos la más limitada posible (daño corporal intencional que viola las reglas de la comunidad), las escuelas son raramente culpables. En cambio, si usamos una definición más amplia (tomando al *abuso* como cualquier tipo de violencia o fuerza usada contra los niños y al *descuido* como cualquier tipo de negativa a brindar servicios) muchas escuelas son culpables directas.

En muchos países, el castigo corporal infantil en la escuela sigue siendo una forma de disciplina aprobada de manera oficial y extraoficial. El continuo apoyo al uso del castigo corporal está relacionado con los siguientes factores: 1) creencias muy difundidas sobre su eficacia; 2) falta de conciencia acerca de los problemas que resultan del uso del castigo corporal; y 3) falta de conocimiento sobre otras medidas disciplinarias eficaces (Dubanoski, Inaba y Gerkewicz, 1983). La Corte Suprema de Estados Unidos ha mantenido el uso del castigo corporal como una prerrogativa de los directores de escuela, aceptada por muchos educadores. Algunos estados han limitado su uso al restringir el momento y la manera en que debe aplicarse. Al mismo tiempo, hay pruebas de que, hasta que se lo estimuló (e incluso forzó), muchas escuelas se habían negado a brindar sus servicios a niños y jóvenes con una discapacidad educativa, una conducta antisocial o alguna otra anormalidad. Si usamos la definición más amplia en lugar de la más limitada, las escuelas son culpables de maltrato.

De la misma manera, las escuelas emplean diversas formas de maltrato emocional o psicológico. El maestro que ridiculiza o humilla a los alumnos cuando dan respuestas incorrectas; el entrenador deportivo que se burla de los más frágiles y alienta a los demás a mofarse de ellos; el maestro que usa el sarcasmo y el desdén verbal, grita a los alumnos o muestra una conducta incoherente hacia ellos, puede hacer que un niño vulnerable tenga dudas sobre sí mismo, una baja autoestima y percepciones negativas de la escuela.

Tal vez lo más perturbador de la educación actual sea la sensación creciente de que las escuelas se están descontrolando. ¿Cómo responden los docentes ante los niños difíciles o especiales? En muchos casos, recurren a una conducta análoga a la de las familias: tratan a través de la coacción o descuido, si no a través del abuso, a los niños que se apartan psicológica o físicamente de la norma social. En esto, las escuelas son víctimas y victimarios. En una sociedad que exige una competencia académica mínima, no podemos permitir que los niños experimenten tal descuido institucional.

Organizaciones que se encargan del cuidado de niños durante el día

Las organizaciones que se encargan del cuidado de niños durante el día incluyen las guarderías, los centros de atención diurna de la familia y las organizaciones cuyo personal va a atender al niño a su casa. Al contrario de la escuela, el cuidado diurno no es una experiencia universal. No obstante, un número significativo de niños lo reciben durante una parte del día de alguien que no es su cuidador principal. Por esta razón, las mismas preguntas que se hacen sobre el papel de la escuela en el maltrato se pueden hacer sobre estas organizaciones. Aunque es más probable que un niño llegue al lugar que se encarga de su cuidado después de haber sido abusado que el que sea abusado mientras lo cuidan, en los últimos años ha habido gran preocupación sobre el posible abuso de niños por parte de quienes los cuidan. Al mismo tiempo, las investigaciones sugieren que aquellos niños que sufren abuso fuera del hogar no resultan menos traumatizados que los que lo sufren en la familia (Browne y Finkelhor, 1986; Ehrenshaft, 1992).

Margolin (1990) argumenta que las personas que brindan cuidados y abusan lo hacen porque el niño actúa de una manera difícil e ingobernable, que amenaza la imagen personal de esta persona y su control sobre otros niños. A veces, la conducta abusiva hacia el niño cuenta con el apoyo de los padres. Éstos permiten el castigo corporal y hacen caso omiso de las quejas del niño y su temor hacia esa persona. Con frecuencia, los niños abusados tienen problemas de conducta, por lo que es posible que lleguen al centro de cuidado diurno habiendo sido abusados ya por miembros de la familia. Durkin (1982) sugiere que las víctimas y los perpetradores del abuso en los organismos de cuidado infantil son similares de muchas maneras a las víctimas y los perpetradores del abuso dentro de la familia. En ambos casos, las víctimas son niños difíciles que necesitan un cuidado especial, y los abusadores son a menudo individuos aislados a quienes les falta un sistema de apoyo y trabajan demasiado, reciben una remuneración demasiado baja y están demasiado tensionados.

Korbin (1991) sugiere otra manera de considerar el abuso en los lugares que se encargan del cuidado infantil analizando el maltrato infantil en términos culturales. Esta autora observa que es menos probable que el abuso ocurra en culturas que valoran a los niños como recursos económicos, como portadores del linaje familiar y la herencia cultural o como fuentes de satisfacción emocional. Esta misma valoración puede darse o no a nivel de la organización, entre el personal de cuidado y los niños, o a nivel interpersonal, entre el cuidador y el niño. Los cuidadores pueden tomarse la licencia de tratar a los niños de una manera abusiva porque no los juzgan capaces de hacer nada importante.

Ambos paradigmas para examinar el abuso infantil en los lugares que se encargan del cuidado (la tensión y el aislamiento del cuidador contra la desvalorización de la víctima) pueden apreciarse en los estudios acerca de las diferencias entre los perpetradores masculinos y femeninos. Margolin (1991) examinó el contexto social en el que los cuidadores que abusaban sexualmente de los niños tomaban contacto con éstos y sus padres. Descubrió que las perpetradoras eran generalmente adolescentes contratadas para ir a la casa y brindar sus cuidados regularmente. Los perpetradores varones eran de edades variadas y cometían el abuso sexual en una gama de situaciones bastante más amplia que las mujeres. El abuso por parte de las mujeres ocurre con más frecuencia en situaciones aisladas de tensión, mientras que el abuso por parte de los hombres incluye más probablemente una desvalorización de la víctima.

Independientemente de las razones para el abuso en las organizaciones que se encargan del cuidado infantil, la reacción de la comunidad suele ser bastante enérgica. Spencer y Knudsen

(1992) descubrieron que es menos probable que los niños que asisten a hogares y centros de cuidados diurnos y escuelas sean maltratados, que aquellos que viven en hogares sustitutos, albergues o instituciones y hospitales estaduales. Aunque en los lugares que se encargan del cuidado infantil la probabilidad de abuso es menor, la respuesta del público tiende a ser distorsionada por diversas razones. Bybee y Mowbrary (1993) descubrieron que ciertos aspectos del abuso sexual en los centros que se encargan del cuidado infantil complican la respuesta de la población ante los alegatos de que: 1) los testigos de las víctimas son muy jóvenes; 2) es posible que el número de víctimas y perpetradores sea muy grande; 3) es probable que el abuso sea serio y los métodos de coacción sean extremos; y 4) el incidente puede incluir elementos extraordinarios casi increíbles, como perpetradoras mujeres y la producción de pornografía.

A raíz de la manera en que la población percibe el abuso en estas situaciones, es especialmente importante que los cuidadores tomen medidas para prevenir el abuso y el descuido dentro de sus programas. Atten y Milner (1987) hallaron que los trabajadores de centros de cuidado diurno eran menos propensos a incurrir en el abuso infantil a medida que mejoraban sus expectativas en el trabajo y aumentaba su satisfacción general con él. También es importante seleccionar con detenimiento a los aspirantes al empleo. Haldopoulos y Copeland (1991) descubrieron que cuando se entrevistaba detenidamente a los candidatos y se evaluaba su historia, su conocimiento de la tarea y su personalidad individual, el 10% de ellos representaban un alto riesgo para un posible abuso infantil, aunque todos se consideraban a sí mismos buenos para brindar estos servicios.

El sistema de bienestar infantil y legal de nuestra sociedad cuenta con organismos e instituciones que deben fijarse un nivel más alto de cuidado infantil que la familia. La comunidad supone que estas organizaciones cumplirán con dicha norma; sin embargo, las tasas de abuso en ellas exceden las tasas de maltrato familiar.

Por desgracia, los niños que son abusados en tales lugares

son con frecuencia los mismos que son abusados en la familia. El maltrato familiar se da en niños más difíciles de manejar, lo que a su vez aumenta la tensión de la persona que le brinda cuidados y la probabilidad de que el círculo de conductas abusivas continúe en la vida posterior del niño. El maltrato está asociado también a la desvalorización de los niños. Si los cuidadores piensan que no tienen un valor significativo ni pueden hacer una contribución importante, sentirán una mayor libertad para explotarlos. Para los que están a cargo de programas de protección infantil es importante minimizar el abuso y el descuido prestando atención a los factores personales y laborales que originan tensión y llevan a la desvalorización de los niños.

Incluso en las mejores circunstancias, brindar buenos cuidados fuera del hogar para satisfacer las necesidades de desarrollo del niño y las expectativas de la sociedad puede ser extremadamente difícil y tensionante. Los niños que viven en comunidades, barrios o familias agresivas, hostiles o desorganizados (Garbarino, Dubrow, Kostelny y Pardo, 1992) corren un riesgo de maltrato mayor en los lugares que se encargan de su cuidado fuera del hogar. A menudo, estos niños muestran conductas ingobernables que tensionan más aún a la persona que los cuida. Trabajar con niños en estos lugares es una tarea que requiere una buena organización de las actividades y personas experimentadas y competentes. Sin la programación y el entrenamiento adecuados, los cuidadores corren el riesgo de reforzar la violencia con la misma violencia que caracterizaba la vida familiar, barrial o comunitaria del niño o joven.

TERCERA PARTE

EL MALTRATO
AL ADOLESCENTE

CAPÍTULO 8

JAMES GARBARINO / JOHN ECKENRODE / JANE LEVINE POWERS

EL MALTRATO
AL ADOLESCENTE

A pesar de su importancia, la transmisión del abuso de una generación a la siguiente no es la única cuestión pertinente en lo que hace al desarrollo cuando se considera el maltrato al adolescente. Un enfoque evolutivo más elaborado debe investigar los cambios en las causas, correlaciones y efectos del maltrato a medida que tiene lugar el proceso de maduración y desarrollo. Ya lo vimos antes, cuando examinamos el papel de la escuela en el maltrato infantil; los problemas que se presentan con los niños en edad escolar son algo distintos de los que se presentan con los bebés, o incluso con niños de tres años. El bebé no puede hacer virtualmente nada para protegerse del abuso y está totalmente indefenso frente al descuido de sus padres. El bebé golpeado se vuelve una víctima en proporción directa a los impulsos de sus padres y la existencia de restricciones internas frente a ellos (restricciones que por lo general son muy pocas). El bebé experimenta el descuido en la medida exacta en que los padres no pueden cuidarlo, y queda expuesto a una imposibilidad inorgánica de prosperar. Además, el bebé es inconsciente de todo eso y su capacidad de señalar a los demás cuál es su difícil situación es limitada.

El niño en edad escolar, en cambio, tiene más recursos. Puede adaptarse al progenitor con el objeto de reducir el abuso, asumiendo cualquier papel que pueda moderar a aquél: se volverá excesivamente complaciente, inofensivo o responsable. Tal vez contrarreste el descuido manteniéndose a sí mismo en alguna medida. Su capacidad para comunicar su situación es mayor, así como sus oportunidades para hacerlo, por ejemplo en la escuela. Por último, es probable que cuente con una red social independiente más amplia de la cual obtener cariño y apoyo.

La adolescencia en la evolución del maltrato

Este tipo de perspectiva evolutiva se torna más importante aún cuando pasamos a comparar el maltrato infantil con el abuso sobre el adolescente. En este último caso, hay mil motivos evolutivos para prever diferencias en las causas, correlaciones y efectos, así como en las estrategias de intervención eficaces. En el fondo, ser padre de un adolescente (y ser el hijo adolescente) es algo notoriamente distinto de ser padre de un niño (o ser niño), en varios aspectos.

1. Las capacidades cognitivas del adolescente probablemente estén mucho más desarrolladas que las del niño. Los adolescentes razonan en forma mucho más parecida a la del adulto, lo cual introduce un nuevo elemento de complejidad en la tarea del progenitor.

2. El poder del adolescente es mucho mayor que el del niño. Nos referimos tanto al poder físico (incluida su capacidad para una represalia física efectiva si el progenitor lo ataca) como el poder de acicatear el conflicto familiar e influir en él, de abandonar a la familia, de dañarse a sí mismo y a los demás, de poner a los padres en situaciones difíciles y de compararlos con otros adultos. En otros sentidos, el adolescente también cuenta con la capacidad de ayudarse a sí mismo y a los demás.

3. El adolescente tiene un mundo social más amplio con el que los padres deben entenderse. Sus relaciones autónomas con los pares así como con otros adultos son más intensas, incluidas las relaciones sexuales, que muchos padres perciben como efímeras.

La confluencia de estos factores (y de otros muchos) modifica los límites que definen las conductas correctas en las relaciones familiares. Ciertas conductas parentales que eran apropiadas (aunque quizá no del todo inteligentes) en la niñez, pueden tornarse abusivas en la adolescencia. Por ejemplo, las consecuencias psicológicas de zurrar a un niño de tres o cuatro años son muy distintas de las que tiene zurrar a un chico o chica de quince. Puede ser aceptable que un padre se empeñe en controlar todos los detalles de la vida diaria de su hijo de cuatro años, en tanto que esa misma injerencia en la vida de un adolescente resulta totalmente inaceptable. Análogamente, ciertos tipos de caricias y contactos físicos íntimos entre un padre y su hijita pueden ser apropiados, pero se tornarán impropios si la hija es púber.

En algunos aspectos, los padres cuentan con mayor margen de maniobras para tratar a sus hijos pequeños que a sus hijos adolescentes. Estos poseen una experiencia más amplia con la cual comparar la conducta del progenitor. Si el adolescente sufre un abuso, lo percibirá como una anomalía con mucha mayor probabilidad que un niño.

Los adolescentes están dotados del equipo cognitivo para comprender mejor los errores argumentativos y morales de sus padres. Lo característico es que exijan que en las decisiones familiares se les otorgue un papel más participativo. Estos factores, combinados con la diferente forma en que nuestra cultura ve la adolescencia (con sospechas) y en que nuestras instituciones la tratan (con una mezcla de dureza y compasión), anticipan que el fenómeno del abuso al adolescente diferirá marcadamente del maltrato infantil, no sólo por su propia naturaleza sino en lo que respecta a su identificación y su posterior tratamiento.

El abuso tiene muchas raíces. Las familias en las que hay adolescentes sufren presiones internas y externas. Internamente, los cambios que la mediana edad provoca en los padres y la pubertad en el niño influyen en la relación parentofilial e instan a la familia a adaptarse. Externamente, tensiones como las creadas por los apuros financieros, los desplazamientos geográficos y la frustración del adolescente por no poder encontrar una salida aceptable para su energía dejan también su marca, sin lugar a dudas. Toda disfunción familiar es el resultado acumulativo de alguna combinación de presiones externas (ambientales) y de vulnerabilidad interna (interpersonal).

Obviamente, la situación no es la misma en las familias que recurren al abuso desde hace mucho tiempo que en aquellas que maltratan por primera vez a sus hijos en la adolescencia. Si la dificultad para amoldarse a los cambios de la pubertad es el catalizador del abuso que se inicia en la adolescencia, por cierto que esa misma dificultad exacerbará un abuso de más antigua data. En nuestra opinión, el abuso arraiga tanto en la insuficiencia cultural para tratar al adolescente como en la insuficiencia familiar. Ambas se nutren mutuamente, y la comprensión cabal del abuso adolescente no puede dejar de lado a ninguna de estas dos partes del problema. Las insuficiencias de los padres son más visibles, en tanto que las de la sociedad a menudo pasan más inadvertidas. Los cursos de acción evolutivos que los distintos miembros de la familia persiguen en forma independiente pueden complicar no sólo su propia vida sino las de quienes los rodean. Pasaremos a examinar ahora las cuestiones vinculadas con el desarrollo del adolescente y de sus padres, así como la cultura que los afecta a ambos. Esto nos permitirá entender de qué manera algunos padres llegan a maltratar a sus hijos adolescentes; en qué forma las circunstancias convierten a los padres en víctimas y ellos a su vez convierten en víctimas a sus hijos. Para comprender este fenómeno debemos comprender la ecología humana de la adolescencia.

La ecología humana de la adolescencia

La mayoría de nosotros tenemos sentimientos mezclados con respecto a nuestra propia adolescencia. Probablemente la recordemos mejor y peor de lo que realmente fue. Más que cualquier otro período de la vida, ha sido alternativamente idealizado y temido. Según las motivaciones de la persona que habla, se oye decir que hoy los chicos son irrespetuosos, idealistas, irresponsables, generosos o peligrosos. Esta ambivalencia y confusión no es nueva.

A lo largo de la historia siempre se tuvo poca consideración por los adolescentes. En el siglo XIX se decía de ellos que eran frívolos, románticos, atolondrados. La adolescencia no sólo era lo opuesto de la edad adulta sino un período de prolongada inmadurez y lamentable irresponsabilidad (Hawes, 1828).

EL MALTRATO AL ADOLESCENTE

La clásica canción popular contemporánea, "¿Qué les pasa a los chicos hoy?", podría haber sido escrita por los antiguos griegos. G. Stanley Hall, uno de los primeros psicólogos que hizo objeto a la adolescencia de un estudio científico, la describía como un período en que el individuo reencarna el tránsito de la humanidad del salvajismo a la civilización. En su opinión, todo intento de poner fin prematuramente a la etapa forzando los valores y normas de los adultos estaba condenado al fracaso, porque llevaría a la expresión de las inclinaciones salvajes en la adultez. Como veremos, la visión actual que tiene la sociedad de la adolescencia no se aparta mucho de esta descripción de Hall. Erik Erikson la definió como "un período de rápido cambio: físico, psicológico, fisiológico y social; una época en que todas las continuidades e identidades en las que antes se confió son nuevamente cuestionadas" (Erikson, 1963, pág. 26).

Muchas definiciones de la adolescencia ponen el acento en los temas del cambio y la autonomía, que son aquellos que más repercuten en la forma en que los jóvenes interactúan con sus padres y hermanos. La adolescencia es asimismo la época en que se aprenden los papeles adultos, y este proceso exige pruebas que pueden afectar la vida hogareña. Todos estos procesos de aprendizaje se producen en adolescentes que están atravesando los grandes cambios biológicos, intelectuales y sociales definitorios de esta etapa de la vida. Si bien una revisión completa de nuestros conocimientos sobre el desarrollo adolescente sobrepasa los límites de este libro, puntualizaremos algunos aspectos de esos cambios que sitúan en su contexto el fenómeno del maltrato.

Desarrollo físico y sexual

El inicio biológico de la adolescencia es el "estirón del crecimiento" que marca el comienzo de la pubertad y es seguido por la maduración de los órganos sexuales (los ovarios en la niña, el pene y los testículos en el varón) y más tarde por la aparición de los caracteres sexuales secundarios (vello facial y voz grave en los varones; desarrollo de los pechos y ensanchamiento de la pelvis en las mujeres; y en ambos sexos el vello pubiano y axilar). Este crecimiento se ve estimulado y acompañado por cambios hormonales que pueden provocar variaciones bruscas en el talante. Pero estos cambios biológicos son en realidad menos importantes para nuestros fines que sus repercusiones sociales, pues estas tienen mayor influencia en la dinámica familiar.

En lo tocante al momento en que se producen el crecimiento y la maduración sexual, hay gran variabilidad entre los sexos y entre los individuos. Los varoncitos pueden tenerlos ya a los diez años y medio, o no tenerlos hasta los dieciséis años; en las niñas pueden darse ya a los ocho años, o no darse hasta los once y medio. (Históricamente, la edad de comienzo de la pubertad ha disminuido con el tiempo, aunque ahora parecería que se ha estabilizado. Para los profesionales que los atienden, esto significa que su clientela es cada vez más joven.) Lo típico es que el adolescente sea extremadamente consciente de estos cambios, sobre todo si su desarrollo se produce muy temprano o muy tarde. Parecería que las niñas de maduración precoz y los varones de maduración tardía tienen más problemas psicosociales en su vida posterior que sus pares desarrollados parejamente con la mayoría (Weatherly, 1963). Las pruebas tangibles de que ha comenzado el crecimiento son la menarca (primera menstruación) en las niñas y las poluciones nocturnas en los varones. Y según el contexto en que se producen, estos signos seguros de maduración pueden generar aprensión u orgullo, tanto en los adolescentes como en sus padres. Se considera que la reacción parental es uno de los principales factores determinantes del impacto psicológico de la menarca en la niña (Konopka, 1966). Con frecuencia los padres se sorprenden e incomodan ante la incipiente sexualidad de sus hijos, quizás porque temen que pueda ser el vehículo a través del cual estos cuestionen su autoridad y poder.

En nuestra sociedad, la autoridad y la sexualidad les son sustraídas a los jóvenes hasta que "cumplan con sus obligaciones", vale decir, acepten las reglas culturales establecidas para la sexualidad. Sin duda, algunos adolescentes ven en el sexo un medio de separarse del mundo adulto representado por sus padres o de definirse como seres diferenciados y dotados de un poder propio. En la actualidad, los propios adolescentes equiparan a menudo la experiencia sexual con la experiencia de la vida en general (Blos, 1979). Huelga añadir que las cuestiones que rodean a la sexualidad –la hora de regreso a la casa, las citas, la elección de pareja– constituyen un elemento poderoso en la vida de adolescentes y adultos. El comportamiento sexual del adolescente, al que sus padres no pueden asistir y por ende les es difícil regir, puede exasperar a las familias que procuran, con éxito variable, ejercer un alto grado de control sobre la vida social del joven. A los padres sólo les queda confiar en que el adolescente obrará según sus deseos, o abdicar su poder de decisión en favor del joven, o ponerlo en cuarentena privándolo de todo trato social. Toda vez que están en juego valores tan sagrados como la castidad, la verdad y la independencia personal, las emociones se encrespan y se allana el camino al abuso.

Desarrollo intelectual

Si la maduración sexual y el estirón del crecimiento son los factores primarios del desarrollo físico, la incipiente capacidad para el pensamiento abstracto es el aspecto más saliente del desarrollo intelectual. Con la adolescencia sobreviene una capacidad significativamente mayor para abordar problemas hipotéticos, matemáticos, filosóficos y éticos. Los adolescentes son capaces, además, de pensar en forma abstracta sobre su propia conducta, su familia, sus estudios y la sociedad en general. A diferencia de los niños, están en condiciones de sopesar puntos de vista alternativos y evaluar con independencia las motivaciones ajenas. Esto implica que están mejor dotados para discutir los problemas familiares y tienen una visión mucho más objetiva que antes sobre las motivaciones de sus padres.

Los educadores acogen con beneplácito el aumento de estas habilidades cognitivas porque ellas permiten un trabajo más elaborado en el aula, pero los padres, en cambio, pronto advierten que estas nuevas herramientas intelectuales pueden volcarse también a cuestiones sociales e interpersonales. La mayoría de los adolescentes cambian de foco y se vuelven más introspectivos y analíticos que cuando niños. Lo típico es que les preocupe definir su identidad y conciliar los enormes cambios físicos que están atravesando con sus experiencias sociales. Sus ideas pueden pasar de lo real a lo posible, y absorberlos en el placer del puro pensar. El psicólogo Paul Osterrieth (1969) apunta que si bien estos avances intelectuales le abren al joven un nuevo panorama, contienen, como toda oportunidad, las semillas del conflicto y la turbulencia junto con las de la armonía y el mejoramiento de las relaciones. Por último, ahora que pueden adoptar puntos de vista alternativos, los adolescentes se sienten como nunca antes capaces de ponerse del lado de los desvalidos o sometidos, e inclinados a hacerlo. Esta nueva capacidad los lleva a alinearse con las víctimas de la opresión, y hasta pueden sentirse incluidos en ese grupo.

Por más que los adolescentes recurran a mil técnicas para ganar poder dentro de sus familias, lo cierto es que tanto en lo político como en lo económico y lo social son en gran medida impotentes. En nuestra sociedad, los adolescentes son en general "marginales", y si sus opiniones reflejan esa situación pueden tener graves discrepancias con sus padres, en especial si éstos se hallan bien establecidos en la vida económica y social. Las acaloradas discusiones sobre temas políticos y sociales no tienen, como se sabe, un efecto apaciguador; pero en realidad la mayoría de las disputas familiares no proceden de esos reinos etéreos; como veremos, las rutinas de la vida diaria generan mucho más conflicto que las ideologías.

La expansión de sus capacidades cognitivas y la exploración que dichas capacidades estimulan tienen importantes consecuencias en la conducta del adolescente. Como adultos seguros de nosotros mismos, tendemos a aproximarnos a las situaciones nuevas con cierto grado de confianza y también con precaución, sabiendo por lo general que, si tenemos en cuenta nuestra experiencia del pasado, es probable que nuestras conductas resulten aceptables. Los adolescentes necesitan conquistar esa seguridad y por ello quizás traten de imitar la conducta de las personas competentes que conocen. Quizás pongan a prueba la paciencia de sus padres, que a veces se deberán enfrentar con las réplicas vivientes de los cantores populares, los ídolos de la pantalla, las figuras del deporte y otros héroes y heroínas. Si bien este cambio periódico de identidad explica sin duda en gran parte que el comportamiento del adolescente se perciba como errático, parece ser un paso indispensable para desarrollar un sentido estable de sí mismos y, en general, no pone en peligro la unión subyacente con los padres y sus valores básicos en la mayoría de las familias.

Desarrollo social

En parte como consecuencia de su necesidad de poner distancia respecto de sus padres, los adolescentes parecen muy preocupados por sus compañeros y coetáneos, que se convierten en la influencia primordial en muchas actividades cotidianas y pueden competir con los padres. Dado que esta influencia de los pares puede ser fuerte en algunos aspectos muy notorios de la modalidad de vida, es fácil caer en la exageración en cuanto a su significación a largo plazo, sobrestimando la dicotomía entre los valores parentales y las exigencias de los pares (Hill, 1980). Pero es cierto que los adolescentes que ingresan en el mundo de sus coetáneos prestando adhesión (quizás inconsciente) a un nuevo conjunto de valores –sobre todo si quieren poner de relieve su nueva filiación– ven a los adultos realmente como "forasteros" cuya autoridad hay que poner en tela de juicio. En el mundo norteamericano actual, los adolescentes pasan gran parte de la vida diaria segregados de otros grupos etarios en las escuelas secundarias, que son una suerte de gueto de los jóvenes (Bronfenbrenner, 1970). A su modo, han creado una subcultura diferenciada. Los valores y normas de esta subcultura de los jóvenes, que divergen de los del mundo adulto y tienen en sí mismos una uniformidad propia, forman el contexto en el cual los adolescentes practican sus relaciones interpersonales con amigos, parejas y conocidos. El egocentrismo que señalamos en el desarrollo mental de cada adolescente se hace extensivo a su asimilación a otros adolescentes. Son pocos los adultos que pueden penetrar en este mundo y sentirse cómodos y aceptados en él; los que lo logran pueden servir de puente entre los jóvenes y los adultos y actuar como un nexo vital entre las víctimas adolescentes de abusos y los servicios asistenciales, ya que aquéllas tienen pocas personas a las cuales recurrir y, por otra parte, se muestran precavidos en sus pedidos de ayuda y no la piden a cualquiera.

Tareas evolutivas

Muchos de los cambios internos que sufren los adolescentes tienen un efecto directo en sus actitudes con respecto al mundo en general y a sus familias en particular. Las tareas que los adolescentes deben cumplir para madurar no siempre son agradables de experimentar, ni siquiera de observar. Una importante es la separación de sus padres. Es un proceso normal; más aún, nos preocuparíamos si no ocurriera. Pero para cumplir con ella el adolescente debe estar convencido de que sus padres no son las personas perfectas que había imaginado (Offer y Offer, 1974). Para el niño, la idealización del progenitor es tranquilizadora, ya que lo hace sentirse más seguro. En la adolescencia, llega la hora de abandonar dicha seguridad en favor de establecer una identidad independiente.

Algunos adolescentes, en especial los más dependientes de sus padres, necesitan trabajar más duro que el resto para alcanzar esta separación (Steirlin, 1974). Tienen que lanzarse fuera con más ímpetu que otros. Un adolescente dependiente puede sentirse furioso por sus propios sentimientos de dependencia cuando intenta la separación, y dirigir esa furia a los propios padres con los que tan ligado se siente. Para separarse, tal vez necesitó no sólo derribar a los padres del pedestal en que se encontraban sino, dando un paso más, denigrar a esas poderosas figuras de autoridad que siempre controlaron su vida. Este esquema es común; a menudo parecería que al llegar a la adolescencia se experimentara una ambivalencia extrema respecto de la propia dependencia (Kandel y Lesser, 1972). Esta tarea normal (la individuación) probablemente se torne más difícil aún debido a la obsesión de nuestra cultura por la independencia así como a nuestros sentimientos no resueltos respecto de la dependencia (Rotenberg, 1977). La complica aún más el dogmatismo adolescente, que quizás sea en parte el resultado de la experimentación con los modelos de la que ya hablamos. Osterrieth (1969) describe la manera en que los adolescentes defienden sus propias opiniones con un arrebato melodramático que indica su necesidad de reafirmar su identidad propia pero a la vez mostrar una genuina diferenciación.

También, como el adolescente se ve obligado a examinar por primera vez tantos conceptos nuevos, es probable que tenga escasa capacidad para barajar distintos puntos de vista. Lo que sí es cierto es que los adolescentes parecen dotados de una sorprendente habilidad para adherir con fervor a las ideologías y creencias simplistas. Dentro del marco hogareño, esto puede significar, por ejemplo, que los padres, seres comunes y corrientes a los que antes se exaltaba, de pronto son denunciados como hipócritas y débiles. Como es natural, este dogmatismo complica la tarea de brindar servicios al adolescente. Pero más allá de eso, el contexto íntegro de la adolescencia es el de la puesta a prueba de círculos no conocidos cada vez más amplios. Situaciones nuevas que, aunque amenazadoras, son también tentadoras. De tanto en tanto el adolescente volverá a la seguridad del hogar, aunque otras veces se muestre muy independiente. Este vaivén de la independencia a la dependencia y viceversa puede frustrar a los padres, que lo interpretarán como el afán de quedarse con el pan y con la torta (lo cual puede ser cierto en algunos casos, ya que la existencia de una necesidad legítima no excluye que se la use con fines manipulativos).

Por otra parte, las familias norteamericanas parecen particularmente proclives a tener problemas con la independencia. En este país la mayoría de los progenitores están firmemente convencidos de que es necesario contar con una precoz autonomía, pero no socializan a sus hijos en consonancia con tales convicciones, sino que generan un prolongado período de dependencia (Kandel y Lesser, 1972). Si los padres analizan la situación con su propia perspectiva sin tener en cuenta las necesidades del adolescente, tal vez puedan sentirse usados. La empatía, o sea, la capacidad de ponerse en el lugar del otro, es una habilidad primordial para ser un progenitor eficaz, sobre todo cuando los hijos llegan a la pubertad (Jurich, 1979). Sin ella, muchas de las crisis diarias que atraviesan los adolescentes pueden parecer triviales y fastidiosas. Y la empatía puede llegar a ser más importante aún en una sociedad que brinda escaso apoyo a los padres. Si éstos asumen una responsabilidad excesiva por la vestimenta y apariencia de su hijo o hija adolescente, el grado en que sienta haber triunfado o fracasado dependerá de su poder para controlar las preferencias de sus hijos.

Esta necesidad de control tal vez proceda de la falta de confianza del padre en su autoridad, y puede dar origen a conductas incongruentes y al uso de formas de control que no corresponden a esta etapa del desarrollo del hijo. Por añadidura, si obrando en forma irreflexiva el progenitor amenaza con controlar la conducta privada de su hijo adolescente, tal vez provoque en éste una dogmática pero justificada indignación ante el avasallamiento de su intimidad. Este círculo vicioso se produce cuando el progenitor no ha delegado en su hijos la responsabilidad en forma gradual, a medida que ellos aprenden a utilizarla. Esto puede causar problemas al llegar a la adolescencia. Dado que ésta implica por lo común un desplazamiento independiente, es simplemente inoperante que los padres pretendan controlar las actividades de sus hijos fuera del hogar. Los padres hipercontroladores terminan iniciando interrogatorios desbordados por la emoción ante la ausencia de datos de primera mano, ya que no poseen en esta etapa mecanismo alguno para observar de cerca muchas de las conductas de sus hijos. Estas escenas fácilmente pueden conducir a abusos. De hecho, un estudio comprobó que la mayoría de los casos de abusos físicos sobre adolescentes habían sido precedidos por comportamientos moderada a severamente desmedidos por parte del adolescente (Libbey y Bybee, 1979).

El maltrato del adolescente comparado con el del niño

Si bien el problema del maltrato infantil ha pasado a ser actualmente en Estados Unidos una cuestión social extremadamente notoria, el centro de la inquietud y de las manifestaciones públicas han sido los niños y no los adolescentes. Las creencias predominantes sostienen que el maltrato al adolescente es me-

nos grave, generalizado y lesivo que el aplicado a los más pequeños. Pocos investigadores han tratado de comprender las causas
y consecuencias singulares del maltrato adolescente. Las percepciones vigentes sobre las víctimas infantiles o adolescentes influyen en el reconocimiento y tratamiento del problema (Garbarino, Schellenbach, Sebes y colaboradores, 1986; Fisher, Berdie,
Cook, Redford-Barker y Day, 1979). Básicamente, los niños pequeños suscitan simpatía, no así los adolescentes. Es comprensible que la mayoría de los adultos consideren que los niños son
más vulnerables al maltrato y tienen mayor necesidad de ayuda y
protección que los muchachos. La imagen que se tiene del niño
está asociada al desvalimiento y a la imposibilidad de autoprotegerse o de buscar ayuda, debido al limitado acceso que posee a
adultos más allá de su familia inmediata. Se juzga que los niños
son inocentes de todo mal y que no debe culpárselos por sus
errores; por el contrario, los adolescentes no evocan estas imáge-
nes de victimización inocente. No sólo pueden cuidarse a sí mismos, escapar y buscar ayuda, sino que su mayor tamaño físico y sus
capacidades cognitivas y físicas más desarrolladas implican que
pueden autoprotegerse o eludir las situaciones abusivas (Gelles y
Cornell, 1990). Ciertos estereotipos negativos de los adolescentes,
que los describen como provocadores, díscolos o ingobernables
contribuyen a forjar la idea de que son seres responsables y merecen el maltrato cuando lo reciben, idea que se ve robustecida por
el hecho de que algunos reaccionan ante los abusos parentales ata-
cando a su vez (véase, por ejemplo, Kratcoski, 1985). Es fácil
simpatizar con progenitores que no pueden manejar a sus hijos
adolescentes, y para la sociedad resulta más sencillo verlos a éstos
como perpetradores y no como víctimas.

Estos prejuicios generales y profesionales llevan a suponer
que los adolescentes se merecen el abuso que padecen. A su vez,
esto puede hacer que los adultos pasen por alto las señales de
abuso y se abstengan de informar acerca de ellas cuando las advierten. En un nivel más profundo, fuerzas inconscientes pueden hacer que los adultos procuren defenderse, de una manera
autoprotectora, de sus propias experiencias de maltrato vividas
en su adolescencia (Miller, 1984). Este elemento puede contribuir a la falta de interés que muestran los organismos asistencia-

les que se ocupan de los niños en hacer extensiva su acción a los adolescentes abusados (Fisher, Berdie, Cook, Redford-Barker y Day, 1979).

Esta falta de atención es particularmente desconcertante si se tiene en cuenta que éste se asocia con riesgos evolutivos y consecuencias lesivas documentados en las investigaciones existentes. La gama de conductas riesgosas para la salud y de serios problemas sociales entre los jóvenes maltratados es muy llamativa: embarazos y parentalidad prematuros, depresión, ideas y conductas suicidas, angustia crónica, confusión en cuanto a la identidad sexual, abuso de sustancias tóxicas, problemas de adaptación y comportamiento, dificultades escolares y delincuencia (Browne y Finkelhor, 1986; Polit, White y Morton, 1990; Berenson, San Miguel y Wilkinson, 1992; Gardner y Cabral, 1990; Farber y Joseph, 1985; Lewis, 1992).

Las derivaciones que todo esto tiene para la sociedad son asimismo inquietantes. Un cuerpo creciente de investigaciones indica que los jóvenes abusados (ya sea cuando niños o cuando adolescentes) tienen más probabilidades de convertirse en el origen de la violencia familiar futura (Straus, Gelles y Steinmetz, 1980; Wiehe, 1990; Kratcoski, 1985; Corder, 1976; Widom, 1989). Además, se encontraron vínculos entre el maltrato y la posterior conducta delictiva (Widom, 1989). Entre los jóvenes que pasan por los tribunales de menores se comprobó que habían sufrido abusos en una alta proporción (Straus, 1988), y también se encontraron antecedentes familiares de abusos graves entre los adolescentes que habían huido de sus casas o carecían de hogar (Burgess, Janus, McCormack y Wood, 1986), las prostitutas (Seng, 1989) o los enfermos de sida (Zierler, Feingold, Laufer, Velentgas, Kantrowitz-Gordon y Mayer, 1991). Las consecuencias a largo plazo para una adultez sana resultan comprometidas: el maltrato al adolescente puede interferir en forma significativa con la negociación de ciertas tareas evolutivas fundamentales y predisponer al individuo a desarrollar trastornos mentales en su vida posterior (véase Cicchetti, Toth y Bush, 1988; Wolfe, 1987; se hallarán reseñas en Wyatt y Powell, 1988).

Magnitud del problema

Los datos de las investigaciones sugieren que el maltrato a los adolescentes no es menos serio, generalizado ni lesivo que el infantil. Varios estudios realizados en Estados Unidos a nivel nacional comprobaron que al menos la cuarta parte del total de casos sobre los cuales se informó oficialmente a organismos pertenecientes a los servicios de protección del niño incluían a adolescentes de 12 a 17 años (National Committee on the Prevention of Child Abuse, 1996; U.S. Department of Health and Human Services [USDHHS], 1986). Datos provenientes del Sistema Nacional de Datos sobre Abuso y Descuido del Niño (NCANDS; ya hicimos referencia a este sistema en el Capítulo 2) muestran asimismo que en los informes oficiales sobre maltrato las edades varían según el tipo de maltrato: sólo el 16,7% de los casos de descuido en todo el país incluían adolescentes de 12 a 17 años, mientras que los porcentajes eran del 33,4% en los casos de abuso físico, 36,4% en los de abuso sexual y 32,8% en los de maltrato emocional. Otras investigaciones de menor envergadura llevadas a cabo en varios estados dan cuenta de porcentajes aún mayores de maltrato adolescente. En Minnesota, Blum y Runyan (1980) hallaron que el 42,3% del total de casos confirmados de maltrato a menores correspondía a víctimas adolescentes. Por su parte, Powers y Eckenrode (1988), en una muestra representativa de los informes oficiales de maltrato tomada en el estado de Nueva York, hallaron que los adolescentes constituían más de un tercio del total de víctimas.

Según arroja el segundo de los Estudios de Incidencia Nacional del Abuso y Descuido del Niño (NIS; también descritos en el Capítulo 2) señalan que los adolescentes conforman una proporción sustancial del total de casos de maltrato conocidos por los profesionales, alrededor del 44%. Los índices de maltrato (cantidad de víctimas por cada mil niños) eran también mayores para los adolescentes que para los niños de menor edad: en el primer caso el índice era de 28,5 por mil, en el segundo de 19,4. Esta pauta regía en todos los tipos de maltrato.

Los últimos resultados conocidos del tercer Estudio de Incidencia Nacional (NIS), correspondiente a las estadísticas de maltrato para 1993, sugieren que en los siete años transcurridos desde el segundo NIS hubo cambios en las tendencias según la edad. El índice de maltrato adolescente ha experimentado un modesto aumento con el tiempo, sobre todo para los más jóvenes (12 a 14 años). Sin embargo, el aumento fue aún mayor para los niños más pequeños, dando como resultado que los índices de maltrato de niños y de adolescentes son más similares entre sí que los observados en el segundo NIS. Será menester que se realicen nuevos análisis de los datos de los NIS para explicar estos cambios.

Características de los casos

Los datos nacionales de Estados Unidos indican que aunque tanto los niños pequeños como los adolescentes que sufren maltrato provienen predominantemente de familias de bajos ingresos, los adolescentes pertenecen más a menudo a familias de ingresos medios. En sus análisis de los primeros datos NIS reunidos en 1980, Olsen y Holmes (1986) dan cuenta de que sólo el 11% de los niños maltratados de menos de 12 años pertenecían a familias con ingresos anuales superiores a 15.000 dólares, entre los niños de 12 a 14 años el porcentaje era 26% y entre los de 15 a 17 años, 39%. Sólo una de cada seis familias con un adolescente maltratado recibía asistencia pública, mientras que la recibía una de cada tres familias con niños maltratados de menos de 12 años. Además, los datos señalan que el desempleo de los padres es menos corriente en los casos de adolescentes que en los de niños, y que la proporción de padres y madres que habían terminado la escuela secundaria era mayor en los casos de adolescentes. En suma, las mediciones socioeconómicas sugieren que los casos de maltrato a adolescentes pertenecen más uniformemente a la población general, en tanto que los de niños proceden fundamentalmente de familias de bajo estatus socioeconómico. Como los padres de adolescentes suelen tener más edad que los de niños pequeños, la diferencia de edad puede explicar en parte las diferencias de ingreso y educación que favorecen al grupo de más edad, así como todas las demás diferencias que implica la mayor edad para el nivel de ingresos y la educación.

Los datos de los NIS dejan en claro que las víctimas adolescentes de maltratos suelen ser mujeres. Olsen y Holmes (1986) informan que en el primer NIS sólo el 46% de niños maltratados de menos de 12 años eran mujeres, en tanto que en el grupo de 12-14 años lo era el 60% y en el grupo de 15-17 años, el 65%. Nuestros propios análisis del segundo NIS (datos nacionales de 1986) muestran que si bien este efecto obedece parcialmente a que casi tres cuartas partes de las víctimas adolescentes de abuso sexual son mujeres, también en las otras categorías de maltrato el número de mujeres superaba al de varones. La mayor diferencia en cuanto a la edad corresponde al abuso físico, pues el 65% de los casos sobre adolescentes eran mujeres, en tanto que sólo lo eran el 45% de los casos de niños de menos de 12 años.

En muchos aspectos, pues, los casos de abuso sobre adolescentes parecen diferir de los que involucran a niños pequeños. En general, los primeros parecen más representativos de la población general en lo que hace a los factores socioeconómicos, mientras que los casos de niños se concentran más en los grupos de alto riesgo: madres solteras o separadas y hogares pobres. Esto nos ha sugerido una hipótesis que analizaremos en posteriores exámenes de la sociología del abuso al adolescente, a saber: las familias con hijos pequeños son víctimas más probables de las tensiones demográficas y socioeconómicas, y el cuidado diario de un niño pequeño depende mucho más que el de un adolescente de las circunstancias materiales de la vida. Dicho de otro modo, el maltrato al adolescente bien puede constituir un problema interpersonal en mayor medida que el infantil, que está más directamente ligado a la calidad de vida demográfica y socioeconómica. Esta es la principal hipótesis evolutiva que generó nuestro repaso de los datos nacionales sobre los casos que se informaron. Tampoco debe olvidarse que en la adolescencia las muchachas corren muchos más riesgos que los varones respecto de varios tipos de maltrato, fenómeno que puede estar ligado a su mayor vulnerabilidad ante determinadas clases de maltrato (por ejemplo, el abuso sexual), su papel en la familia y las opciones que tienen para hacer frente a las relaciones familiares disfuncionales.

Tomando estos datos como punto de partida, estamos en condiciones de avanzar en nuestro análisis confiando en nuestra presunción evolutiva: que los problemas de la ecuación conductal que vincula al progenitor con el hijo y a la familia con el entorno cambian en función de la edad. Más aún, ahora contamos con algunas pistas que podemos seguir: la hipótesis de que el abuso adolescente está menos relacionado con la pobreza material que el maltrato infantil; que se da en una gama más amplia de contextos sociales; que es más psicológico y menos físico; y que probablemente implique complejas negociaciones entre los padres, la víctima y la sociedad para decidir dónde vivirá el adolescente.

> Un día me escapé de la escuela y mi papá me encontró y me dio una gran paliza con la cinta que usa para afilar su navaja. Me quedaron hematomas por todos lados en las piernas. Así que ese viernes me fui de casa.

> Me lastiman con la cuchilla grande para la carne. Una noche estaba cocinando unas hamburguesas y se me quemaron, y entonces mamá agarró el cuchillo y me hizo un tajo. No es que lo hagan siempre, sólo cuando se ponen locos. Tengo un montón de lastimaduras y marcas de los correazos que me dieron desde que era muy pequeña. Nunca me fui de casa porque me las merecía todas.

Uno de estos adolescentes se fue de la casa cuando sufrió el primer abuso, el otro toleró varios años de graves vejaciones. Estos relatos ilustran una de las principales afirmaciones hechas en este capítulo: que la experiencia del abuso difiere de un individuo a otro y que sus efectos pueden ser muy distintos si comienza en la adolescencia o en la niñez. Un adolescente que viene sufriendo abusos desde su temprana infancia vive en circunstancias diferentes que otro que es maltratado por vez primera cuando ya es adolescente. Antes comparamos el abuso adolescente con el infantil; ahora examinaremos cuatro tipos distintos del primero, definidos sobre la base de la edad que tenía la víctima cuando comenzó el abuso.

Cuatro esquemas de abuso

Partiendo de una investigación básica limitada, hemos identificado estos cuatro esquemas.

Esquema 1: El abuso comienza en la adolescencia

Este tipo de maltrato se produce, presumiblemente, porque el nivel de conflicto, sobre todo en torno de problemas inherentes a la adolescencia misma, se eleva hasta alcanzar proporciones peligrosas, o quizás porque la adolescencia incorpora algún nuevo elemento a la situación ya existente. Algunos investigadores creen que este esquema es más común en las familias en que los padres suelen mimar o consentir a sus hijos. Esta conducta indulgente hace que los padres esperen de sus vástagos un grado excesivo de acatamiento y dependencia, expectativa que a su vez provoca frustración, resistencia e ira en los hijos cuando estos empiezan a madurar y les molesta verse tratados como niños. La conducta característica de un adolescente dependiente que se empeña en lograr autonomía es precisamente la que más enfurece a un padre indulgente (Steirlin, 1974). Hay muchos otros motivos por los cuales la adolescencia puede hacer estallar un conflicto en la familia, entre ellos el efecto sinérgico de los estados evolutivos respectivos de los progenitores y los adolescentes, las limitaciones económicas características cuando los niños entran en la adolescencia y las ambigüedades que manifiesta la sociedad en lo tocante a los privilegios de los adolescentes.

Por nuestra parte, realizamos un pequeño estudio (Garbarino y Gilliam, 1980) con el que pudimos verificar que casi la mitad de los casos informados de abuso a adolescentes no presentaban antecedentes en la niñez. Otros investigadores han dado cuenta de una proporción aún mayor: Lourie (1977) informa que el 90% de setenta casos clínicos se habían iniciado en la adolescencia; el pequeño estudio de Libbey y Bybee (1979) con 25 adolescentes reveló que el 80% había comenzado en la adolescencia; otro estudio de 33 casos (Pelcovitz, Kaplan, Samit, Krieger y Cornelius, 1984) informa que el 57% se iniciaron en la adolescencia. En otros trabajos (Berdie, Berdie, Wexler y Fisher, 1983) los porcentajes son menores. Si bien de estos estudios en pequeña escala no se puede inferir un número preciso, creemos que existe claramente un fenómeno de abuso que comienza en la adolescencia.

Esquema 2: La relación entre el abuso y la adolescencia es casual

En estos casos se continúa simplemente con un maltrato ya iniciado en la niñez. No es algo nuevo en la familia y no tiene ninguna relación especial con la edad de la víctima ni su estadio de desarrollo. Uno se pregunta cómo es posible que el abuso prosiga durante toda la niñez y llegue a la adolescencia sin que se produzca alguna intervención externa, pero por desgracia en la vida real sucede con gran frecuencia. A menudo el abuso no es descubierto durante la niñez, y aunque se lo descubra, continúa. Los índices de éxito de las familias abusivas sometidas a tratamiento suelen estar entre el 40 y el 60%. Si el problema no se agrava hasta poner en peligro la vida, el abuso crónico puede continuar inmodificado mientras el niño permanece en el hogar. Confiamos en que este esquema represente una categoría residual en disminución, que se reduzca cada vez más a medida que la identificación temprana y el tratamiento se difundan y se tornen más eficaces; pero lo cierto es que en nuestro pequeño estudio, el 40% de los casos correspondían a este esquema.

Esquema 3: Un castigo corporal leve o moderado se convierte en abuso

Es difícil distinguir este esquema del primero, y hasta quizás sería preferible considerarlo una variedad de éste, ya que el castigo corporal, como práctica difundida en toda la población infantil, sólo en la adolescencia se vuelve estadísticamente anómalo. El hijo que de niño fue abofeteado o zurrado pasa a ser golpeado o abusado de algún otro modo cuando se convierte en adolescente. Este esquema puede ser característico de padres rígidos o restrictivos que sienten que pierden el control de su hijo a medida que éste aumenta de tamaño y que crecen su fuerza, confianza en sí mismo e independencia (Williamson, Borduin y Howe, 1991). Como consecuencia, el progenitor cree que le es necesario aplicar mayor fuerza para castigar y controlar. Puede representar asimismo una escalada del conflicto, por la cual prácticas disciplinarias ineficaces del progenitor generan en el hijo reacciones cada vez más hostiles, dando lugar a un ciclo de violencia que se torna más grave con el tiempo (Patterson, 1986). Esta escalada de violencia puede constituir un esfuerzo desesperado para salvar a la familia de la catástrofe real o imaginaria que sería capaz de provocarle el hijo o hija rebelde. Los métodos autoritarios de crianza impiden a los jóvenes internalizar valores y ganar autocontrol. Esta falta de control interno se evidencia como una propensión a incurrir en comportamientos irresponsables y puede llevar a los padres a pensar que deben hacer mayor uso de la fuerza. (La idea de que "él es ahora demasiado grandote como para darle una paliza" puede significar el pasaje a un método disciplinario más psicológico o a una escalada de la fuerza.)

Las confrontaciones pueden ser brutales e implicar ataques mutuos. En nuestro estudio, este esquema correspondía sólo a un pequeño porcentaje de los casos pero como es difícil documentarlos en forma retrospectiva, pueden muy bien ser más comunes de lo que indican estos datos. De hecho, dada la prevalencia de un grado menor de violencia contra los niños, quizás sea consecuencia de los procedimientos de medición utilizados. Sin duda, la mayoría de los jóvenes abusados del Esquema 1 habían sido disciplinados con castigos corporales cuando eran niños.

Esquema 4: El abuso constituye una reincidencia en conductas anteriores

Muchos investigadores han destacado el paralelismo existente entre la adolescencia y "el terrible período de los dos años", y varios estudios sobre el abuso señalaron que en estas dos épocas de la vida son mayores los riesgos. En ambas, hay discrepancias entre los progenitores y sus hijos en cuanto a las expectativas, el grado de dependencia o de autonomía y el control social. Los padres que tienen dificultades en este terreno cuando su hijo comienza a caminar pueden pasar por las mismas dificultades, tal vez más intensas, cuando llega a la adolescencia. Las cuestiones en juego son, nuevamente, la autonomía y la independencia. En nuestro estudio, alrededor del 5% de los casos informados se ajustaban a este esquema, que desde el punto de vista conceptual ocupa una posición intermedia entre los dos tipos principales de abuso sobre el adolescente.

Dos series antagónicas de circunstancias

Nos ocuparemos con detalle sólo de los esquemas 1 y 2: el abuso que comienza en la adolescencia y el que continúa una pauta ya iniciada en la niñez. Estas dos categorías dan cuenta de la mayoría de los casos, y, como hemos visto, las otras dos pueden fácilmente subsumirse en éstas. Nuestra investigación (véase Garbarino y Gilliam, 1980) sugiere que la vida de las familias que encuadran en estos dos grupos principales difieren en gran medida. En otras palabras, parecería que en estas familias ocurren cosas muy diferentes y por muy diferentes razones. En general, comprobamos que las que comienzan a ser abusivas cuando un hijo está en la adolescencia son familias más arraigadas y estables que las que han practicado el abuso desde hace varios años.

De hecho, los padres que comenzaron a abusar de los hijos cuando éstos eran pequeños se asemejan a los clásicos multiproblemáticos caracterizados por tensiones vitales intolerables y escasez de recursos para hacer frente a la situación. Esto no sorprende, ya que probablemente eran las mismas familias en las cuales se continuaba abusando de los hijos al llegar a la adolescencia. Descubrimos que había muchas más probabilidades de que los padres que abusaban de sus hijos por primera vez en la adolescencia estuvieran casados y su relación fuera menos transitoria, en comparación con los padres que practicaban el abuso desde mucho tiempo atrás. Además, en el primer caso las instituciones sociales que ayudaban a la familia le suministraban asesoramiento psicológico centrado en la víctima y servicios vinculados con la salud mental, mientras que en el caso de las familias en que el abuso era de antigua data predominaban los servicios tendientes al manejo de las situaciones de la vida.

Esto complementa el hallazgo de que entre los casos de abusos recientes, el emocional aparece mencionado tres veces más que entre los casos de abusos prolongados. En estos últimos, los padres percibían menores ingresos (menos de la mitad que los que empezaban a maltratar a sus hijos en la adolescencia) y era más probable que hubieran sido ellos mismos víctimas de abuso en su niñez o que presentaran antecedentes de maltrato al cónyuge.

Era más probable que fuesen las madres, y no los padres, las que ejercían abusos con sus hijos pequeños, tendencia que se invertía para los adolescentes, donde se mencionaba a menudo a los padres como perpetradores, en parte, al parecer, por el nivel del abuso sexual. Las madres que abusaban de sus hijos pequeños tendían a ser solteras, pobres y desocupadas. Entre las casadas, es posible que los papeles sexuales determinasen que sólo ellas quedaran a cargo del cuidado del hijo (Gil, 1970). Las madres estallaban con violencia cuando resultaban asediadas por la deficiencia de sus habilidades sociales y la conducta inadecuada de sus hijos (Gray, 1978). Los padres (incluidos los padrastros) desempeñan un papel más importante en la enseñanza del adolescente y por ende estaban más involucrados con el abuso de éste.

El hecho de que fuesen los padres los que abusaran más a menudo de sus hijos adolescentes apunta a la diferencia entre los problemas que la adolescencia en sí incorpora al cuadro. Ciertos procesos de cambio normales en el desarrollo adolescente, como el afán de independencia, la maduración sexual y la capacidad para el pensamiento abstracto, exigen una adaptación de los progenitores y por consiguiente pueden crear conflictos sustanciales (Hill, 1980). En una familia normal, tanto la madre como el padre pueden modificar su comportamiento frente al reto que formula el adolescente (Steinberg, 1977). El tradicional dominio paterno dicta que dentro de las atribuciones de la función paterna se halle la de imponer la autoridad sobre sus hijos, lo cual lo coloca en el punto culminante de un abuso potencial (Straus, 1980). Además, en la mayoría de las familias es más probable que sean las necesidades propias de los padres, y no las de las madres, las que determinen la respuesta. Es más habitual que sea el padre y no la madre quien intente controlar física o verbalmente la conducta del adolescente en este período de cambios normales, y algunos padres utilizan métodos inapropiados y lesivos.

En gran parte, el perfil que hemos trazado es una forma elaborada de describir las diferencias en los esquemas y tipos de abuso como fenómenos ligados a la clase social. La inestabilidad conyugal, la transitoriedad de la relación y el desempleo que hemos visto en las familias abusivas de antigua data son problemas asociados a la pobreza. Entre las familias que abusan de los niños pequeños, los pobres están sobrerrepresentados.

Ignoramos cuánto de esto se debe a las diferentes maneras de presentar la información, por oposición a las tensiones que genera la pobreza. Estudios previos indican que los sesgos de clase en la presentación de los informes no son tan amplios ni tan simples como supone el saber convencional (Garbarino y Crouter, 1978a; Garbarino y Kostelny, 1992). Leroy Pelton ha llegado a hablar del "mito de la inexistencia de las clases sociales" en el campo del abuso infantil, como una manera de contraponerse a la idea de que las diferencias de clase de los casos informados carecen de validez (Pelton, 1978). Este autor reafirma que las diferencias informadas reflejan diferencias reales. La diferencia de clase cobra sentido cuando se piensa en lo que implica golpear a un bebé en comparación con golpear a un adolescente. Dando por sentado que los bebés no irritan a sus padres deliberadamente como lo hacen los adolescentes, el abuso es fundamentalmente, en estos casos, resultado de otros factores del medio que rodea al progenitor, en especial las tensiones. La pobreza limita la descarga de la frustración en casi todas las formas posibles, desde la cantidad de metros cuadrados de espacio concedidos a cada persona, o la imposibilidad de gastar en diversiones o en niñeras, hasta la falta de estabilidad en materia de vivienda.

Más allá de sus limitaciones concretas, la pobreza tiene otro efecto pernicioso: muchos individuos pobres comienzan a internalizar los valores de la sociedad dominante y las opiniones que esta abriga sobre ellos. Si piensan que su desfavorecida situación social es culpa de ellos, la caída que ello ocasiona en su autoestima puede invalidarlos. A su vez, la baja autoestima puede desencadenar agresión si la persona aterra a los demás como una forma de convalidar su propia potencia. Una vez que se ha producido el abuso, la autoestima del progenitor cae más bajo aún, pues corrobora su fracaso en la función parental. En capítulos anteriores nos hemos ocupado de los orígenes sociales del maltrato infantil y adolescente, que son penosamente claros. Sin embargo, hay muchos otros factores que influyen en la calidad de vida y nada tienen que ver con la clase social. El abuso que se inicia en la adolescencia no parece estar particularmente vinculado con la pobreza, sino más bien difundido por toda la comunidad.

Las diferencias en cuanto a los antecedentes de clase de las dos categorías de abuso adolescente tienen importantes corolarios para los profesionales que actúan en tareas asistenciales. Es probable que quienes trabajan con jóvenes noten las diferencias llamativas entre los que provienen de estos dos grupos, sobre todo cuando el trabajador social toma conciencia de estas diferencias. En general, cuanto más tarde comience el abuso, mayor será el grado de integridad que conserve la víctima. Una de las razones es la cantidad de desarrollo permitido sin bruscas alteraciones; otra es la probabilidad de que la víctima de un abuso reciente proceda de un entorno menos empobrecido y que no retrasa el desarrollo.

Más adelante examinaremos las implicaciones que esto tiene para los servicios. Basándonos en estas diferencias de clase, parecería que los remedios para el abuso infantil son, en muchos aspectos, más fáciles de discernir pero más difíciles de llevar a la práctica que los remedios para el abuso adolescente. El remedio primordial más obvio del abuso infantil es asegurar que las estructuras económicas básicas de la vida sean equitativas, que la brecha entre los ricos y los pobres sea lo más angosta posible. En la actualidad, en Estados Unidos esta brecha es grande y está en aumento. Por ejemplo, el 10% superior de la población en cuanto al nivel de ingresos tiene en el mundo ingresos cuatro veces mayores a los del 10% inferior, en tanto que en Estados Unidos el 10% superior tiene ingresos seis veces mayores (en Suecia son dos veces mayores aproximadamente). Para reducir esta brecha se requiere nada menos que una gran redistribución de la riqueza. En cambio, la victimización de los adolescentes es un fenómeno más complejo que el abuso infantil y más difícil de comprender, aunque quizá, paradójicamente, más sencillo de resolver. Las propias capacidades de los adolescentes pueden servir de base para abordar el problema mediante servicios comparativamente poco onerosos, algunos de los cuales se dirijan a la familia y otros la excluyan en favor de los jóvenes. Los recursos necesarios para financiar tales servicios son minúsculos si se los compara con los que requiere encontrar una solución total para el problema del abuso infantil.

Esto no quiere decir que las necesidades de un grupo deban contraponerse a las del otro. En rigor, la mitad del problema del abuso adolescente deriva de un abuso infantil no controlado. El abuso infantil ha sido reconocido como problema desde hace mucho más tiempo que el abuso adolescente. Ambos son problemas importantes. Más aún que en el caso del abuso infantil, en el ámbito adolescente es válido que la toma de conciencia constituye un paso decisivo hacia la resolución del problema.

CAPÍTULO 9

JOHN ECKENRODE / JANE LEVINE POWERS / JAMES GARBARINO

LOS ADOLESCENTES QUE TIENEN DIFICULTADES SON LOS QUE HAN SIDO HERIDOS

> "No me habrían golpeado si no me lo hubiera merecido.
> Seguro que no lo habrían hecho."
> *—Marcia, 15 años*

Los niños vienen al mundo sin un marco de referencia. Carecen de una escala de valores con la cual juzgar sus propios méritos y deben inferirlos de los mensajes que reciben. Los progenitores determinan en gran medida la calificación que el niño se dará a sí mismo, por lo menos hasta que ingrese a la escuela y comience a reevaluarse sobre la base de la retroalimentación que allí reciba. No es de extrañar que los hijos de personas con signos de patología emocional tengan dificultades para formular juicios de valor, sobre todo en lo que respecta a sus propios méritos personales (Tucker, 1976). Y teniendo en cuenta lo que influyen los padres en la vida de los hijos, tampoco puede extrañarnos que el maltrato tenga consecuencias devastadoras, las que quizá se manifiesten años más tarde bajo la forma de un comportamiento antisocial y autodestructivo: cuando un niño vulnerable sufre un maltrato, el resultado puede ser una lesión corporal, baja autoestima, angustia, falta de empatía con los demás, dificultad para entablar relaciones sociales, drogadicción o alcoholismo, delincuencia, suicidio u homicidio.

Los efectos y sus pautas

En el Capítulo 8 organizamos nuestras ideas en torno de dos grupos de adolescentes maltratados: aquellos cuyo maltrato

223

se inició en la adolescencia y aquellos que fueron maltratados desde la niñez. Al analizar los efectos es lógico suponer que el abuso puede afectar a estos dos grupos de distinta manera. Si bien nuestras pruebas empíricas van en aumento, todavía sabemos relativamente poco acerca del curso evolutivo del maltrato. Salvo lo que podamos inferir de los estudios generales sobre niños con problemas, realmente no conocemos demasiado sobre el éxito que las víctimas del abuso y el descuido tuvieron en su educación y vida profesional, en su matrimonio o su adaptación social. Más aún, no sabemos casi nada sobre la forma en que diferentes individuos reaccionan frente a estos esquemas. No obstante, de las pocas pruebas disponibles parece inferirse que tanto el abuso en sí como el contexto ambiental en el que ocurre son muy distintos para los integrantes de uno y otro grupo.

Sobre la base del estudio preliminar antes citado, creemos que los dos grupos de víctimas difieren en cuanto a su clase social y a la estabilidad de su familia (Garbarino y Carson, 1979a). Presumimos que los efectos psicológicos del abuso de largo plazo no son los mismos que los de un abuso relativamente reciente. Presumimos que haber soportado durante la niñez un abuso que duró años deja daños mayores que un maltrato iniciado en la adolescencia. Un pequeño signo de que los adolescentes sin antecedentes de abuso son psicológicamente más fuertes que los que presentan tales antecedentes es que los primeros informan sobre su condición de víctimas casi dos veces más que los segundos (el 22% de los casos, contra el 13%, en nuestro estudio). Presumimos que los adolescentes a los que no se maltrató de niños no están habituados al maltrato, y por ende no suponen que deba suceder. Todos los demás estudios pertinentes robustecen esta hipótesis. Por ejemplo, Hershberger (1996) halló que cuando los niños abusados recibían un tratamiento que los instruía en cuanto al comportamiento parental apropiado o inapropiado, podían reevaluar a sus propias familias y ver el maltrato padecido allí donde antes no lo veían (Lourie, 1977; Libbey y Bybee, 1979).

Para presentarse como víctima del abuso parental, se requiere reconocer que éste es intolerable e inmerecido. Además, se requiere contar con capacidad de comunicación y con cierto grado de iniciativa personal. Un abuso duradero tiende a minar tales capacidades, por lo cual interpretamos que el menor índice de información espontánea entre las víctimas de larga data es signo de lesión psicológica. Los clínicos nos dicen que los adolescentes abusados que también lo fueron durante su infancia suelen estar más invalidados en el plano emocional que los que no lo fueron, y su nivel de dependencia suele ser extremadamente grande. Muchos de quienes se abusó durante su infancia o niñez temprana y que luego fueron apartados del hogar no tienen posibilidades de abordar el abuso que sufrieron, y hasta pueden llegar a idealizar a sus padres y estar ansiosos por retornar a ellos (Friedman, 1978). Esto tiene graves implicaciones para el sistema de los hogares sustitutos.

Si hemos abordado la cuestión de los efectos diferenciales, es en parte porque queremos trazar los nexos entre el maltrato y la delincuencia. Pensamos que los jóvenes de ambos grupos tendrán muy distintas motivaciones para delinquir. Un adolescente de clase media que fue objeto recientemente de un abuso sexual probablemente incurra en transgresiones muy distintas que un adolescente pobre que siempre fue golpeado y que no tiene más remedio que robar si necesita dinero para comer. No podemos ignorar los efectos del entorno de pobreza del cual es casi seguro que procedan las víctimas de abusos duraderos (Elmer, 1979). De hecho, hay crecientes pruebas de la importancia decisiva del medio social empobrecido para dañar a niños a los que el maltrato parental (u otros factores de riesgo) ya habían vuelto vulnerables (Garbarino, 1995). Se diría que ciertos ambientes son en sí mismos abusivos (Martin, 1976).

En un gueto racialmente delimitado, por ejemplo, gran parte de la conducta delictiva o problemática, como la prostitución, la pertenencia a pandillas o la temeridad de las demostraciones sexuales, pueden servir como modos alternativos de adquirir competencia, toda vez que los modos legítimos resultan inalcanzables (Smith, 1968). Que los problemas que padece un adolescente abusado se manifiesten o no en una conducta delictiva tiene tanto que ver con las exigencias y expectativas de su situación social como con las inclinaciones de su personalidad. No conocemos lo suficiente los efectos diferenciales de los dos tipos de abuso en la delincuencia, salvo por los medios en que se produce. Esto no debería llamar la atención, siendo que varias décadas de investigaciones sobre la delincuencia en general no han logrado resolver muchos temas básicos en materia de las causas y consecuencias. La clase social también gravita en el destino de un adolescente abusado. En 1997 tuvimos una reunión con los directivos de un centro de detención de menores, que nos ponían al tanto de los antecedentes de los muchachos allí encarcelados. Uno de nuestros alumnos preguntó por los orígenes sociales de los internados; el subdirector del centro lo miró fijamente: "Aquí no hay hijos de ricos", manifestó.

Sin embargo, estos efectos van más allá de la violencia y la delincuencia. Las transgresiones contra el estado legal son actos permitidos a los adultos pero no a los menores. Es más probable que un padre o una madre pobre inicie una causa por transgresión del estado legal contra su hijo adolescente, y no que lo haga uno que puede enviar al muchacho a una escuela de pupilos o alguna otra institución privada. En un tratamiento familiar, los padres pueden peticionar al Estado a fin de que se haga cargo de un hijo al que ellos no pueden controlar. Los pobres tienen menos acceso a servicios psiquiátricos y por lo tanto menos posibilidad de obtener ayuda profesional para resolver sus problemas. De éstas y muchas otras maneras, la pobreza sitúa a las familias en un doble vínculo, pues es la causa de los problemas y a la vez lo que impide su resolución.

Los servicios sociales y el sistema de la justicia penal pueden reaccionar en forma menos favorable ante las víctimas de estas familias que ante otros jóvenes más acaudalados. Este tratamiento diferencial puede ser en parte función de un sesgo de clase, así como la reacción frente al hecho de que entre las víctimas de larga data la salud psíquica está mucho más deteriorada. Las diferencias entre estos dos tipos de casos de abuso exigen en cierto sentido una respuesta también distinta, tema que examinaremos en el próximo capítulo. Por otro lado, el daño evolutivo experimentado por las víctimas de ambos grupos probablemente sea similar. La principal diferencia es de grado: una baja clase social y una prolongación del maltrato exacerban el problema. Dicho esto, agreguemos que en el resto del presente capítulo consideraremos a los adolescentes abusados como un único grupo, ya que, pese a todas sus diferencias, todos enfrentan las mismas tareas de desarrollo, normas sociales y formas de abuso parental. Más aún, ni siquiera contamos con los conocimientos indispensables para diferenciar entre los tipos de lesiones que sufren los jóvenes de uno y otro segmento.

—oOo—

Para convertirse en adultos competentes, los seres humanos necesitan unos pocos elementos básicos esenciales. Muchos psicólogos han ofrecido distintos modelos de estas necesidades básicas (por ejemplo, Maslow, 1954), pero todos ellos contienen temas similares. Por ejemplo, los niños necesitan sentir su propia potencia, su capacidad de influir en el mundo que los rodea. Necesitan conocer su identidad, quiénes son y a qué grupo humano pertenecen. Necesitan ser aceptados por sus padres con una consideración incondicional que les permita experimentar y cometer errores. Necesitan coherencia para sentir que el mundo es previsible. Necesitan sentirse meritorios. Necesitan afecto.

Los padres que brindan estos elementos esenciales suelen tener hijos competentes, entendiendo por "competencia" eficacia comunicativa, capacidad de adaptarse al medio social, paciencia, alta autoestima, responsabilidad social y empatía (Mc-Clelland, 1973). Un estilo de crianza dotado de autoridad (por oposición a uno autoritario o a uno permisivo) tiende a producir seres confiados y felices (Baumrind, 1979).

Los progenitores dotados de autoridad combinan el apoyo con la fijación de límites, conceden un grado razonable de autonomía y explican siempre los fundamentos de sus decisiones. Los padres que estimulan a sus hijos, que atienden a su aporte al proceso decisorio y que se interesan por sus logros suelen tener hijos competentes (Bee, 1967). De hecho, el apoyo que los padres brindan a sus hijos, por oposición a los castigos severos que les imponen, se relaciona en forma directa con la competencia social e intelectual de éstos (Kelly y Drabman, 1977). Durante la adolescencia, los elementos esenciales de una parentalidad eficaz incluyen una gradual cesión de responsabilidades y privilegios al hijo, el otorgamiento de un mayor poder dentro de la familia.

Un importante factor determinante de la salud mental del adolescente es que se sienta o no querido y respetado por sus padres (Harris y Howard, 1979). Los que piensan que sus padres los aprecian tienen más probabilidades de defender sistemas de valores prosociales y de cuidar su propia imagen social. Los adolescentes mayores a quienes sus padres les conceden mucha libertad suelen sentirse muy próximos a éstos, les gusta realizar actividades conjuntas, les piden consejos, quieren parecérseles y muy rara vez tienen con ellos alguna reyerta (Kandel y Lesser, 1972). Los adolescentes con autonomía, capaces de tomar decisiones independientemente de sus padres y compañeros, suelen proceder de hogares en los que priva un alto nivel de apoyo y un moderado control (Devereux, 1970). Los jóvenes que mantienen relaciones positivas con sus padres y otros adultos están motivados para evitar los actos antisociales y autodestructivos, pues reconocen el valor de sus intereses sociales. Es lógico que la reprobación del adolescente por parte de los adultos no logre disuadir de realizar dichos actos a adolescentes que nunca contaron con la aprobación de sus padres. En los hogares abusivos el proceso de socialización tiende a operar en detrimento del niño.

Los procesos lesivos

La buena nueva con respecto a los niños es que son capaces de adaptarse a cualquier cosa. La mala nueva con respecto a los niños es que son capaces de adaptarse a cualquier cosa.

Quizá la característica más sorprendente del ser humano sea su flexibilidad y adaptabilidad. Los niños son capaces de vivir dentro de una amplia gama de circunstancias. El precio que pagan por esta adaptabilidad suele ser un daño evolutivo si tienen que adaptarse a circunstancias poco saludables. Los que viven en medios donde prevalece el abuso y el descuido aprenden a acomodarse a los sucesos dañinos que experimentan. Son dañados a través de varios procesos normales, observados y descritos por numerosos clínicos, teóricos e investigadores en la jerga del enfoque psicodinámico, el cognitivo-evolutivo y el conductista del comportamiento y el desarrollo.

Entendemos que hay dos procesos lesivos fundamentales, que interesan para comprender las consecuencias del abuso y el descuido. El primero consiste en la imitación e identificación de los niños o jóvenes con sus padres; a través de la imitación, las víctimas aprenden a ser socialmente deficientes. El segundo consiste en la racionalización de la dinámica familiar y de las consecuencias lesivas de dicha dinámica; por este proceso, la víctima incorpora un concepto negativo de sí misma.

Estos procesos han sido bautizados con diferentes términos técnicos, la mayoría de los cuales se relacionan con determinadas teorías de la personalidad y del desarrollo psíquico. A fin de brindar un análisis útil y práctico, hemos elegido centrarnos en las conductas involucradas, ligándolas con algunos de los conceptos psicodinámicos clásicos.

Una de las formas en que se produce el daño es a través de la imitación e identificación. En general, los niños aprenden a ser como el grupo de personas al que "pertenecen". Aprenden a parecerse a sus padres (en mayor o menor grado) porque están emocionalmente ligados a ellos y porque han pasado junto a ellos sus años formativos. Este proceso abarca tanto la acumulación de conductas, hábitos y características específicas (modelamiento) como el desarrollo de una identidad más general (identificación). El modelamiento, o aprendizaje mediante el ejemplo, es un método eficaz de enseñanza porque comprende mucho más que las palabras. La persona que se ofrece como modelo de conducta da información a través de su lenguaje corporal y de las inflexiones de su voz. Merced al modelamiento, los niños procuran ser, cuando crezcan, parecidos a las personas que les importan y para quienes ellos importan.

Por lo tanto, estos procesos (modelamiento, imitación e identificación) son los derroteros naturales para el desarrollo social y personal. Sin ellos, sería casi imposible convertirse en un ser humano, dado que los datos nunca podrían enseñarles concretamente a los niños todos los detalles de la personalidad.

Al identificarse con las prohibiciones de sus padres para evitar un castigo, los niños desarrollan su conciencia moral y se socializan (Hall, 1954). Sin embargo, los procesos de identificación y de imitación también implican que el niño asimilará cualquier realidad que sea definida para ellos, por más que esa realidad sea tergiversada y violenta.

Un especialista describe de este modo el proceso de identificación. Todo ocurre como si el niño dijese: "Si hago que tu imagen sea parte de mi imagen de mí mismo, puedo controlarte. En ese caso, ya no podrás herirme tanto" (temor a la agresión), o bien "... ya no podrás irte y abandonarme" (temor a la pérdida del amor). Irónicamente, cuanto mayor sea el nivel de violencia del progenitor o más intensa su amenaza de pérdida del amor, más fuerte resulta la inclinación del niño a emularlo. Esto parece decirnos que los hogares abusivos pueden constituir fábricas poderosas de seres humanos dañados por su fuerte identificación con personas que sólo tienen para enseñarles muchas lecciones negativas.

Los niños están fuertemente motivados a imitar la incompetencia social de sus padres, como sugieren las pruebas conductales (Burgess y Conger, 1978). Si se identifican con padres agresores, incorporarán la hostilidad de éstos. Al tratar de ganarse los favores de un enemigo potencial, la víctima puede llegar a ser su propio enemigo. En términos cognitivo-evolutivos, el concepto que tiene el niño de sí mismo se define en gran medida por su experiencia cotidiana de la realidad en el seno de su familia. A fin de obtener cierto grado de autoprotección y de dominio del medio, el niño puede identificarse mucho con el agresor y desarrollar una pauta muy arraigada de descarga de la agresión contra el mundo externo para poder manejar sus inseguridades internas (Steele, 1970).

Coherencia cognitiva

La conducta humana es en gran medida un producto de la emoción pasada por el tamiz del intelecto. En su encuentro con otros seres humanos, el intelecto a menudo se manifiesta en una habilidad social. Un individuo competente posee una gama de habilidades sociales y una vida emocional positiva que impulsa y regula el uso eficaz de dichas habilidades. Así como el abuso parece minar las habilidades sociales necesarias para mantener relaciones interpersonales eficaces y gratificantes, también parece producir una vida emocional negativa. Los niños aprenden a valorarse (a desarrollar su autoestima) cuando son valorados. El rechazo (expresado en un trato improcedente) le transmite al niño directamente que no vale mucho. Al empeñarse en lograr la coherencia cognitiva, la persona procura conciliar siempre su realidad con sus sentimientos.

A raíz de este proceso, siempre es posible que el niño justifique el abuso parental autodegradándose. Como dijo una víctima joven: "Tiene que haber *alguna* razón para que me golpeen. De lo contrario, ¿por qué lo harían?". Además de esta autodenigración, es probable que haya ira, furia, frustración, odio, temor y dolor. Conciliarse uno mismo plenamente con una realidad horrenda es imposible. Algunas víctimas eluden su situación dividiendo sus emociones en compartimientos o escapando de la realidad mediante el alcohol, las drogas o la locura. Otras terminan simplemente con un cúmulo de fuertes emociones negativas que operan contra ellas.

No ha de sorprender que la vida emocional de la víctima de abusos corra peligro; una de las que entrevistamos lo expresó diciendo que era "como caminar sobre una delgada capa de hielo". El proceso empieza muy temprano. Los progenitores abusivos ayudan menos que otros a sus niños pequeños y les demuestran una menor aprobación. A su vez, los niños replican mostrándoles menos afecto y expresando menor placer por la vida en general que los niños no sometidos a abusos (Herrenkohl, 1977). Si un niño se topa en repetidas oportunidades con un castigo severo o el retiro del afecto por parte del progenitor, su reacción natural seguramente será la franca hostilidad o el retraimiento (Katz, 1967).

A la luz de los procesos involucrados, es difícil imaginar cómo un niño puede sobrevivir al abuso... y mucho más difícil es pensar que pueda sobrevivir intacto. Por fortuna, a veces sucede, y tal vez sea la regla y no una excepción, simplemente debido a la gran adaptabilidad de la psique humana. El hecho de que en la Segunda Guerra Mundial los niños sobrevivieran en los campos de concentración relativamente intactos desde el punto de vista psicológico da testimonio de este fenómeno (Freud y Dann, 1951). No sabemos en realidad cuántas víctimas del maltrato sobreviven psicológica y socialmente (Garmezy, 1977). Lo que sí sabemos es que algunas sobreviven.

Hay un pequeño grupo de niños sumamente competentes que se amoldan a los errores de sus padres y hasta pueden prosperar. Se los denomina niños "resistentes" o dotados de entereza, y por lo común disponen de especiales recursos personales y sociales, y están bien armados y blindados contra las influencias parentales adversas (Haggerty, Sherrod, Garmezy y Rutter, 1994). Pero lo cierto es que muchas personas maltratadas no tienen esa fortuna. El maltrato las daña y muchas crecen con grandes problemas emocionales. Describiremos los problemas más comunes de las víctimas de abusos y luego examinaremos las acciones que dichos problemas precipitan, acciones que con frecuencia significan infligir un daño a los demás.

Daño físico

> Que yo hubiera hecho las cosas bien o mal no importaba. A veces ella me castigaba por nada, y luego decía que lo hacía "por si acaso haces algo malo". Mamá solía golpearme muy fuerte, no era una mera bofetada; y lo hacía por nada. Un par de veces hasta me hirió con un cuchillo.

Es poco probable que un adolescente muera a manos de uno de sus progenitores. Algunos estudios (McClain, Sacks, Froehlke y Ewigman, 1993) muestran que sólo un 10% aproximadamente de los casos fatales vinculados con abusos corresponden a niños de más de cuatro años. Si bien en el caso de los adolescentes la lesión física no es un problema tan tremendo como lo es en el caso de los bebés, no puede ignorárselo. En este sentido, el mayor tamaño corporal del adolescente puede constituir una desventaja, pues al ser más difícil someter físicamente a los adolescentes, con frecuencia son atacados con armas. Un estudio comprobó que sólo los varones en edad preescolar co-

rrían más riesgos de sufrir un ataque físico que las chicas adolescentes (Alley, Cundiff y Terry, 1976). De todos modos, los
adolescentes están mejor dotados para defenderse que los niños
pequeños, y la mayoría sólo sufre heridas menores. Aunque
siempre existe el riesgo de una lesión permanente, en especial
si afecta el sistema nervioso central, el peligro más habitual del
daño físico son sus consecuencias psicológicas. Esto se evidencia
en los informes espontáneos que hemos recibido de las víctimas.

Baja autoestima

> Mi mamá, ¿sabe?, me golpeaba con los muebles, y mi papá
> con el cinturón, con el puño y con todo lo que podía... Lo
> soporté durante cinco años. No los culpo por hacer eso,
> porque yo me lo merecía totalmente.

La autoestima es el valor que nos atribuimos a nosotros
mismos, la forma en que nos calificamos. Es uno de los factores
decisivos de nuestra respuesta a la vida (Coopersmith, 1967). La
gente con alta autoestima siente que el mundo es un buen lugar
porque ella está presente. Un investigador, Stanley Coopersmith, estudió la autoestima y formuló los monólogos internos
de las personas que poseían alta y baja autoestima, como un modo de describir el concepto. En su opinión, alguien con gran autoestima podría pensar, por ejemplo: "Me considero una persona valiosa e importante, al menos tan buena como otras de mi
edad y formación. Personas importantes para mí me juzgan alguien digno de respeto y consideración. Puedo controlar mis actos destinados al mundo externo y poseo una comprensión bastante buena del tipo de persona que soy" (Coopersmith, 1967,
pág. 4).

Los progenitores que inculcan en sus hijos una alta autoestima, les prestan gran atención y alaban su conducta, sin dejar
de imponerles normas. Los niños con alta autoestima están mejor equipados para hacer frente a los desafíos, pueden expresar
mejor su creatividad y son más competentes que los que poseen
una autoestima baja. En contraste con esto, Coopersmith seña-

la que el monólogo interior de alguien que tuviese muy baja autoestima sonaría más o menos así: "No creo ser una persona importante ni agradable, y no veo muchas razones para que alguien guste de mí. No espero demasiado de mí mismo/a ahora o en el futuro. No poseo un gran control sobre lo que me sucede, y supongo que las cosas no mejorarán, sino que empeorarán" (Coopersmith, 1967, pág. 5).

Enfrentada a una contingencia adversa, una persona con baja autoestima se encuentra en una situación insostenible, y se inclinará a pensar: "¿Cómo puede resolver sus problemas una persona tan inútil como yo?". Los individuos con baja autoestima tienen más probabilidades de manifestar pautas de conducta anómalas, incluida una tendencia destructiva hacia los objetos inanimados, angustia y síntomas psicosomáticos. Entre ambos extremos hallamos las personas con una autoestima moderada, criadas en familias que les brindaron un razonable apoyo. Para las víctimas de maltratos, el problema más habitual es convencerse a sí mismos de que son individuos meritorios, luego de que durante tanto tiempo se les dijo y demostró que no lo eran. Es natural que los niños adopten las opiniones de sus padres y de otras personas significativas, y cuando estos adultos expresan una opinión negativa ya sea a través de sus actos o de sus palabras, les es difícil no creerles.

Nosotros pensamos que la esencia del desarrollo radica en la concepción evolutiva que cada cual se forja del mundo y de su lugar en él: su "mapa social" (Garbarino y colaboradores, 1992). Todas las evidencias que el abuso presenta a la víctima son negativas. Según Coopersmith, las críticas constantes de los progenitores "no sólo reducen los placeres del momento, sino que contribuyen a eliminar las esperanzas realistas cifradas en el futuro. La corrosiva llovizna de evaluaciones negativas, cabe presumirlo, anula el júbilo de hoy y la anticipación del de mañana" (Coopersmith, 1967, pág. 130).

Este autor entiende que el clima global imperante es un factor más determinante que ciertos hechos aislados: "Es posible que hechos menos graves o dramáticos tengan, por su reiteración, un efecto más deprimente que otros episodios más dramáticos pero aislados" (Coopersmith, 1967, pág. 158). Esto confirma nuestra creencia de que lo que más daño provoca es el clima abusivo. La dominación, el rechazo y el fuerte castigo (diferentes expresiones de lo que hemos llamado abuso) dan por resultado una merma de la autoestima. En tales condiciones, los adolescentes tienen menos experiencias de amor y de ética y tienden a volverse retraídos y sometidos, aunque de vez en cuando se pasen al extremo opuesto, el de la agresión y la dominación. Simplemente no se les ha dado la base para creer que podían confiar en sí mismos. No tienen práctica en la sensación de competencia. El mundo no es un lugar seguro. Criados en estas condiciones, psicológicamente invalidantes, los niños y jóvenes tienen pocas esperanzas de ver el mundo en forma realista o de tener un funcionamiento cotidiano eficaz, mucho menos de realizar todas sus potencialidades.

¿Qué ocurre si, pese al maltrato, ciertos adolescentes son capaces de forjarse y mantener un sentido positivo de sí mismos, quizá porque tuvieron acceso al menos a una relación adulta de apoyo? Los datos sugieren que dichos adolescentes pueden estar a salvo de algunos de los daños psicológicos del maltrato. En un estudio (Moran y Eckenrode, 1992), se comprobó que muchachas maltratadas que tenían niveles medios o altos de autoestima no resultaban más depresivas que compañeras no maltratadas con niveles similares de autoestima. En cambio, las adolescentes maltratadas con baja autoestima eran particularmente vulnerables a la depresión. En consonancia con nuestro examen anterior de los esquemas de maltrato de adolescentes, dicho estudio verificó asimismo que si el maltrato se había iniciado en la infancia, era más probable que resultara afectada la autoestima que si se había iniciado en la adolescencia.

Angustia

Un problema íntimamente relacionado con el de la baja autoestima es el de la ansiedad y angustia. Dado que las víctimas de abusos suelen desmerecerse a sí mismas, dependen en demasía de la opinión ajena, y por consiguiente se muestran muy ansiosas o angustiadas respecto de las señales que emite el entorno. Este alto nivel de angustia hace que se magnifiquen los problemas reales. La angustia es una de las razones significativas de los fracasos y la falta de rendimiento escolares. La gente aprende mejor cuando tiene la mente clara y cuando se siente bien consigo misma. Los estudiantes de bajo rendimiento son más autocríticos que los de alto rendimiento. Esta autocrítica cumple una función de autoprotección, pues reduce la angustia: prologa toda acción con una evaluación negativa que descarta la alternativa que tendría el interlocutor de desvalorizar dicha acción. El bajo rendimiento escolar, la angustia y la autodesvalorización están relacionados entre sí, y a su vez se relacionan con el predominio de un refuerzo negativo de los padres, un escaso interés parental por el hijo y aceptación de éste, y una conducta parental muy punitiva (Katz, 1967). Si se sufrieron graves castigos o abusos en el pasado, y en especial si éstos fueron imprevisibles, se siente angustia por el futuro (Feshbach, 1973). La angustia ante la agresión puede incluso llevar a una persona a cometer actos de violencia. Las personas que tienen un alto grado de angustia ante la agresión pueden, a su turno, reaccionar con más agresividad que las que la padecen en escaso grado. En general, el maltrato aumenta en la mayoría de los jóvenes su incertidumbre acerca de sí mismos y de su lugar en el mundo. Sienten que el mundo no es confiable ni ellos tampoco. Esta angustia a menudo se complica con otro elemento: una verdadera incapacidad para interpretar con precisión a las personas y las situaciones sociales, o sea una falta de empatía.

Falta de empatía

> El viejo pensaba que era un sujeto fuerte, o algo así. No quiso darme la billetera, así que lo tuve que tajear. Si no está dispuesto a entregármela, sería mejor que no anduviera por estos lugares cuando yo necesito dinero.

La empatía consiste en adoptar el papel de otro, sentir lo que siente otra persona. La empatía cumple una función importante para hacer de la sociedad humana algo más humanitario. En pruebas experimentales se demostró que niños de seis años preferían ceder sus caramelos a un adulto si de ese modo le pro-

236

ducían un placer, y si veían que un ruido le resultaba muy molesto a otro niño, le ponían fin (Aronfreed y Paskal, 1969). La empatía obra como una fuerte motivación para asumir responsabilidad social. Si a los niños pequeños se les explican las consecuencias que tiene su conducta en los demás, se comportan mejor que si se los castiga o simplemente se les dice que su conducta es mala (Hoffman y Saltzstein, 1967). Una persona empática procurará ayudar a otra aunque ésta no sepa ni pueda llegar a enterarse de quién le prestó ayuda (Berkowitz, 1957).

La empatía es tan fundamental para la salud mental y la madurez, que algunos la consideran la clave de la socialización, definida por un investigador como "la capacidad de ponerse en el lugar de los demás sin dejar de tener en cuenta la propia situación. [...] Si comprender a los demás es la esencia de la interacción social, hacerlo con éxito implica que uno sea capaz de diferenciar entre uno mismo y los otros. [...] Esa diferenciación creciente es el proceso por el cual la mente desarrolla lo que en líneas generales se llama madurez" (Coser, 1975, págs 256-63). Pero la empatía tiene además otros efectos favorables y forma parte de lo que Goleman (1995) denomina "inteligencia emocional".

Un niño dotado de mucha inteligencia emocional será menos agresivo que otro dotado de poca (Feshbach, 1973; Miller y Eisenberg, 1988). La empatía sirve de base al altruismo, la conmiseración y la conducta servicial, y es el fundamento mismo de la moral (Berkowitz, 1957). No hay que sorprenderse de que los niños empáticos consideren que sus padres les brindan buen apoyo, en tanto que los poco empáticos piensan que son demasiado severos (Keller, 1975).

Uno de los efectos más perturbadores del abuso es que quienes lo han padecido tienden a perder su capacidad de empatía o directamente no la desarrollan, repitiendo así la falta de empatía que les mostraron sus progenitores cuando eran niños. Los adolescentes maltratados suelen reaccionar ante los niños de una manera que recuerda la reacción de sus padres ante ellos: son incapaces de tomar conciencia empáticamente de las necesidades del niño (Bavolek, Kline, McLaughlin y Publicover, 1979). Por su parte, los padres carentes de empatía son proclives a caer en el abuso si se ven expuestos a tensiones sociales y económicas (Gray, 1978). Esto sugiere la conveniencia de reinstruir a los niños y jóvenes maltratados a fin de ayudarlos a que eviten un esquema crónico de relaciones sociales frustradas.

Malas relaciones sociales

> Me resulta difícil entregarle a alguien una parte de mí misma para que la tome, porque tengo miedo de que la "haga pedazos", ¿me entiende?, la retuerza y la haga un bollo y me la arroje de vuelta.

Los adolescentes maltratados suelen estar muy mal preparados para mantener relaciones significativas con los demás, y una de las raíces de esta dificultad es la baja autoestima. Las personas con poca autoestima se sienten agradecidas si alguien les habla, no importa qué les diga ni cómo lo haga. Se desvalorizan y se otorgan a sí mismas menor valor que el que asignan a los otros; se sienten responsables de todo lo que sale mal; piensan que deberían estar agradecidas a todo el mundo y nada piden para sí mismas; después de todo, ¿quiénes son ellas para pedir? (Satir, 1972). Así pues, las víctimas del maltrato están naturalmente predispuestas a seguir siendo víctimas toda la vida. Por otra parte, los sentimientos de minusvalía pueden tener otro efecto: la agresión. Los individuos con baja autoestima quizás intenten convencer a los demás de que valen algo obligándolos a cumplir con sus deseos, a obedecerlos o a temerlos. Sabemos que cuando un adolescente se torna agresivo, empeora su relación con todo el mundo, incluso con sus pares (Bandura y Walters, 1959).

Los estudios realizados comprobaron que los niños rechazados no tienen un buen desempeño social (Rohner y Nielsen, 1978); enfrentan el futuro con menos confianza y mayor confusión, desalentados y más inseguros que los que gozaban de la aceptación de sus padres cuando fueron criados (Symonds, 1938). Y el rechazo no sólo lastima en los primeros años; en la adolescencia, el rechazo parental luego del establecimiento de los vínculos tempranos tiende a generar una conducta antisocial y una mayor dependencia respecto de los pares y de otros adultos (Wolberg, 1944). Es lógico que las personas busquen el apoyo en cualquier lugar que lo encuentren; si sus padres no se lo brindan, tratarán de encontrarlo en otro lado.

La necesidad desesperada de llenar un vacío, junto con la inseguridad que provoca sentirse indigno, hace que las víctimas de abusos sean extremadamente vulnerables a las personas que las rodean y a las fuerzas más generales de la toxicidad social (Garbarino, 1995). Véanse, por ejemplo, estas palabras de un chico inteligente que se había ido de la casa: "Es terrible. Alguien tiene que ayudarte, y estoy esperando que cualquier persona que pasa por la calle me tome la mano y sea mi amigo. No puede ser que me lastimen como todos los demás". El conformismo más servil para con los pares se da en aquellos adolescentes cuyos padres fueron sumamente permisivos o sumamente autoritarios (Devereux, 1970). Si se amplía la escala para incluir el descuido (por el lado de la permisividad) y el abuso (por el lado del autoritarismo), los efectos no pueden sino ser más intensos aún.

Pese a la necesidad que tiene el adolescente abusado de pertenecer a un grupo, se halla en desventaja para entablar relaciones sanas con sus pares. En parte ello deriva de lo que piensan estos jóvenes de las relaciones. Un estudio longitudinal con alumnos de la escuela primaria mostró que el abuso provoca dificultades para el procesamiento de la información social por parte de los niños (Dodge, Pettit, Bates y Valente, 1995). Es más probable que los niños abusados sea hipersensibles a las señales de hostilidad de su medio, que no perciban la información social carente de hostilidad y que atribuyan intenciones hostiles a los demás, en mayor medida que otros niños. Puesto que ya asimilaron en su hogar un conjunto de comportamientos agresivos, estas cogniciones refuerzan sus conductas agresivas en situaciones sociales que por lo demás son favorables y que implican un grado moderado de discrepancia o de conflicto con sus pares. Estos niños tenderán a juntarse con otros que presentan similares características cognitivas y conductales, y a aislarse en cambio de niños menos agresivos y antisociales.

Esta es una de las razones por las cuales las víctimas de abuso hogareño parecen tan vulnerables a que también abusen de ellas las personas extrañas. Las familias abusivas suelen quedar socialmente aisladas, en el sentido de estar apartadas de sistemas de apoyo prosociales. Sabemos que los padres más negligentes con sus hijos fueron ellos mismos seres aislados en su adolescencia (Polansky, Chalmers, Buttenweiser y Williams, 1979), y como padres aíslan a sus hijos no fomentando que éstos hagan amistades. Los niños criados en hogares abusivos tienden a instaurar un curso de conducta social que se autoperpetúa y los conduce al aislamiento. Es probable que no hayan aprendido qué se debe hacer para llevarse bien con los demás. Como temen la dependencia, interpretan erróneamente todo signo de estima o amor, y echan por tierra las amistades con despliegues inmediatos de agresión (White y Watt, 1973). Una víctima de abusos desde tiempo atrás lo describía así:

> Uno se acostumbra tanto a que lo golpeen, que cuando no lo golpean no sabe qué mierda hacer. Y si yo me encuentro con alguien que no me lastima, rápidamente hago algo para que le salga alguna cosa negativa. Entonces me le acerco y lo increpo: "Ya te dije que yo a ti no te importaba un rábano". Uno no puede confiar en nadie. Es un hecho. No es la declaración de un paranoico, es un hecho.

El aislamiento social puede completar el círculo e incluso hacer que los adolescentes sean todavía más vulnerables al abuso. En primer lugar, pasan más tiempo solos en su casa. Al tener un mundo más reducido, se empantanan en la dinámica patológica de su familia. Además, no tienen adónde ir en busca de consejo sobre alguna otra forma de sobrevivir (Fisher, Berdie, Cook, Radford-Barker y Day, 1979). Si como consecuencia de su insuficiente habilidad social el joven se ve aislado de todo contacto y apoyo social, su aislamiento se convierte en un problema que se autoperpetúa. Queda privado de oportunidades para aprender aquellas habilidades que normalmente se adquieren con el contacto social regular.

Los problemas que presentan los jóvenes maltratados suelen reflejar el tipo de maltrato que padecieron. Un adolescente descuidado no tendrá necesariamente el mismo tipo de problemas que la víctima de un abuso sexual. Las chicas de las que se abusa sexualmente suelen tener problemas con los hombres; los chicos criados por padres excesivamente rigurosos que fomentan la dependencia respecto de los adultos probablemente se conviertan en adultos hipercontroladores (Hill, 1980).

De aquellos a quienes nunca se les permitió madurar no podemos esperar otra cosa que inmadurez. Se comprobó que los hijos de hogares autoritarios e hipercontroladores discutían y peleaban más que los otros chicos, eran más desconsiderados e insensibles y menos populares. Los estudios clínicos nos dicen que los que fueron castigados severamente evidencian poco afecto, titubean al tener que expresarse verbalmente (Radke, 1946) y son sumamente sometidos (Newell, 1934). El sometimiento a un adulto avasallador no es sino una técnica de supervivencia, el resultado natural de la dominación.

Uno de los primeros investigadores en este campo lo enunció así: "El progenitor autoritario que apela a su edad para la afirmación desnuda de su poder sobre los hijos se gana su dependencia y su resistencia pasiva; tal vez, si tiene suerte, consiga criar hijos rebeldes" (Newell, 1934, pág. 400). Otro investigador sostiene: "El individuo descontrolado puede ser el causante de numerosos actos antisociales, pero el que es crónicamente hipercontrolado es mucho más peligroso a la larga" (Johnson, 1972, pág. 127).

Muchas personas con conductas violentas, que cometieron homicidios, asaltos a mano armada, violación de propiedad y otras transgresiones de esa índole, habían sido crónicamente hipercontrolados de niños. Estos transgresores parecen sujetos profundamente reprimidos que aunque en lo exterior se muestran muy controlados, interiormente están enajenados y son capaces de realizar actos muy violentos y antisociales (Megargee, 1971). Más de un infausto asesino fue descrito por sus vecinos como "una persona tranquila... nunca se metía con nadie ni daba motivos de queja. Era un buen inquilino".

Los problemas psicológicos que padecen los niños rechazados son demasiado numerosos como para que los exploremos con detalle aquí (Rohner, 1975). El abuso y el descuido son prueba de rechazo; hasta el control excesivo del niño es también rechazo, por expresa desaprobación respecto de su independencia. Dicho sumariamente, los clínicos encontraron que los niños rechazados eran sádicos, nerviosos, tímidos, tercos, indóciles (Radke, 1946); inquietos, apáticos, indiferentes, impulsivos, peleadores, compulsivamente dependientes, displicentes, emocionalmente inmaduros (Wolberg, 1944); más inestables y agresivos que los niños que contaron con aceptación (Newell, 1934). El rechazo es un elemento maligno en el desarrollo humano (Rohner, 1975). Según dijo un médico: "Los empeños caracterológicos por superar la sensación de desvalimiento [que tiene la víctima] provocan distorsiones en sus actitudes, valores y objetivos, que a su vez generan relaciones patológicas con el mundo y con la gente" (Wolberg, 1944).

Huir del dolor: el suicidio

Casi todo el mundo desea evitar el dolor. Aquellos para quienes la vida entera es terriblemente dolorosa son los que más se empeñan en huir de ella ya sea en forma temporaria a través del alcohol y las drogas, o en forma irreparable a través del suicidio. No todos los estudios presentan un mayor consumo de alcohol entre los jóvenes que sufrieron abusos o que se escaparon de sus hogares, pero sí hay algunas pruebas de que éstos se dan al hábito de la bebida con consecuencias socialmente catastróficas (Houten y Golembiewski, 1976). Las manifestaciones de amor de ambos padres ayudan a proteger a los adolescentes de la drogadicción, en tanto que, a la inversa, la ausencia de dicho amor es un predictor seguro del consumo del alcohol y las drogas.

Los investigadores han dado cuenta de la conexión existente entre el consumo de drogas y el deterioro de las relaciones familiares, sobre todo de las díadas padre-hija y madre-hijo (Streit, 1974). Los hijos más desesperados intentan matarse. Por supuesto, casi todo cuanto sabemos acerca de las víctimas del suicidio proviene de estudios realizados con aquellos cuyo intento fue infructuoso:

Tomé algunas píldoras y traté de matarme. Había pasado por eso mismo tantas veces que no quería vivir más. La forma en que mi madre me trataba me hacía sentir terriblemente mal.

La mayor parte de los hijos que cometen suicidio lo hacen a raíz del abuso, el descuido o la desazón que les ha provocado la muerte de un ser querido (Duncan, 1977). La falta de armonía familiar, los conflictos de la pareja de los padres, el aislamiento del niño en su relación con los padres y la hostilidad de los hermanos llevan a algunos adolescentes a ver en el suicidio la única escapatoria frente a un agudo dolor emocional (Paulson y Stone, 1974).

El suicidio del adolescente suele estar precedido por una secuencia de acontecimientos –incluida una larga historia de problemas que se arrastran desde la niñez– que se acumulan dando origen a una reacción en cadena, la que disuelve cualquier relación social significativa (Teicher, 1973). Muchos adolescentes suicidas (aunque no todos, desde luego) provienen de familias en las que se instaura entre padres e hijos un ciclo destructivo de ira (Toolan, 1975). Entre los que se suicidan es habitual descubrir que alguno de sus progenitores es alcohólico, así como la presencia en los padres de hostilidad, depresión, rechazo del hijo y reacciones extremas ante su conducta, manifestaciones extremas de control o expectativas exageradas o incongruentes respecto del hijo.

Un estudio halló diferencias netas entre los adolescentes que habían hecho tentativas de suicidio y los que no las habían hecho, aunque ambos grupos presentaban un estrés familiar semejante, con situaciones de divorcio, padrastros o madrastras problemáticos y privación económica: en el caso de los suicidas, la hostilidad, indiferencia y rechazo manifiesto del hijo por parte de sus padres era la regla, en tanto que en el caso de los sujetos de control era la excepción (McIntire, Angle y Schlicht, 1977). La tentativa de suicidio puede constituir a menudo un pedido de ayuda más que un acto autodestructivo. Sin duda, muchos jóvenes abusados recurren a conductas autodestructivas para manipular a los demás, en la esperanza de que así lograrán que satisfagan sus deseos (Kreider y Motto, 1974). Puede ser una manera de tratar de rectificar la inversión de los papeles de progenitor e hijo dentro de la familia.

El intento de suicidio es un pedido de restitución del derecho del hijo a solicitarle al progenitor que satisfaga sus necesidades de dependencia. Este paso drástico hace que el joven deba ser apartado de la situación familiar tal vez en forma permanente, y llevado a vivir a otro lugar (Kreider y Motto, 1974). Una de las principales diferencias comprobadas entre los jóvenes que hicieron tentativas de suicidio y otros jóvenes trastornados era que, aunque ninguno de los dos grupos se comunicaba bien con sus padres, los no suicidas al menos mantenían contacto con sus pares y con otros adultos (McIntire, Angle y Schlicht, 1977). Debido a su escasa habilidad social, las víctimas del maltrato están predestinadas al aislamiento (Francis, 1978). Muchos jóvenes que intentan matarse no tienen siquiera una sola persona a la que sientan que pueden acudir en momentos difíciles. Agreguemos que muchos adolescentes que eligen morir, o intentar matarse, se sienten totalmente desvalidos y desesperanzados.

Muy pocos de los adolescentes que sobrevivieron a un intento de suicidio aseguran haber notado luego del episodio un cambio significativo en la actitud de sus padres hacia ellos (McIntire, Angle y Schlicht, 1977). La idea de llevar a cabo el intento suele ser el producto de un proceso racional de toma de decisiones (Teicher, 1973), puesto en marcha sólo después que fallaron otras soluciones para el problema. Es una rotunda acusación a la comunidad por su falta de disposición o de capacidad para ayudar a estos jóvenes.

Conducta perturbadora

Vivir cargando con los problemas psicológicos que acabamos de esbozar no es sencillo. Los individuos que padecen estos problemas tienen dificultades para amoldarse a la sociedad normal. A los adolescentes con esos problemas no les es fácil superar las limitaciones que les impone un medio cualquiera. A menudo decimos que son jóvenes trastornados, en situación de riesgo, enajenados, antisociales o descarriados. Su incompetencia para las funciones que deben cumplir se expresa en toda suerte de conductas perturbadoras: ausencias injustificadas a la escuela, deficiente rendimiento escolar, consumo de sustancias tóxicas y promiscuidad sexual. Además de poner en peligro el desarrollo sano del adolescente, estas conductas pueden causar otros percances que perjudiquen su futuro. Las ausencias injustificadas y el mal rendimiento escolar pueden dar origen a una baja movilidad ocupacional; el consumo de alcohol y de drogas puede tornarse adictivo; la promiscuidad sexual quizá se convierta luego en embarazos no deseados, enfermedades venéreas y sida. Todo esto pone en contacto al adolescente con el sistema de la justicia penal.

Todas estas conductas son capaces de trastornar la vida del adolescente, y en su conjunto predicen que al llegar a la adultez tendrá una personalidad antisocial. Yahares (1978) comprobó que los siguientes comportamientos eran anuncios de la presencia de una personalidad antisocial: hurtos, renuencia a modificar la conducta, huida del hogar, asociación con otros niños o jóvenes delincuentes, permanencia fuera de la casa más tarde de lo permitido, problemas disciplinarios en la escuela, peleas, actos temerarios, desaseo, enuresis, el hábito de mentir sin beneficio aparente, imposibilidad de mostrar cariño, imposibilidad de sentirse culpable por las conductas perturbadoras o renuencia a asumir la responsabilidad por ellas. Este autor contó que la cantidad de síntomas evidenciados era un mejor signo que cualquier síntoma en forma aislada.

El nexo existente entre el abuso y la conducta antisocial

Por más que pudiera impedirse todo maltrato, ello no nos llevaría a suponer que gracias a esto habrían de terminar los problemas de conducta, el comportamiento antisocial y la delincuencia juvenil (términos cuyos significados clínicos, científicos y legales se superponen en parte). La delincuencia tiene numerosas causas; algunas son situacionales, otras están ligadas a la historia personal de cada adolescente (Loeber y Dishion, 1983). No obstante, el abuso y el descuido están estrechamente relacionados con la delincuencia, por tres motivos (Garbarino, Schellenbach, Sebes y colaboradores, 1986): 1) las víctimas de maltratos suelen presentar rasgos propios de la predelincuencia; 2) tanto el abuso como la delincuencia surgen de ambientes comunes; y 3) el abuso y la agresión van juntos. Es difícil imaginar una experiencia que debilite más una personalidad que la del abuso y descuido parentales.

Por lo demás, como la índole de la relación parento-filial es un elemento del comportamiento futuro, el maltrato torna al adolescente proclive a convertirse en delincuente. Si es atacado con violencia, cargará con el pesado fardo de su furia apenas sofocada. Si sufre un abuso sexual o emocional, buscará alguna forma de compensar o vengar su resentimiento y su autodesprecio. Es más probable que un joven cometa actos delictivos si sabe que sus padres ignoran su paradero (Hirschi, 1969). Desde luego, en esta situación se encuentran los adolescentes descuidados por sus padres. En general, si el hijo está enajenado respecto de los padres, será menos probable que pueda forjarse normas morales o desarrollar una adecuada conciencia moral (Nye, 1959).

La bibliografía científica muestra en forma permanente que la hostilidad o rechazo de los progenitores es causa de la conducta antisocial (Yoshikawa, 1994). Más aún, factores sociales tales como la inestabilidad y pobreza de la familia, a menudo ligados a la conducta antisocial, parecen provocar su efecto dañino por el hecho de comprometer la conducta parental (Loeber y Strouthammer-Loeber, 1986). Los esfuerzos por documentar el nexo existente entre el abuso infantil y la delincuencia juvenil violenta tienen una larga historia. Cuando Kempe estableció el "síndrome del niño golpeado" (Kempe, Silverman, Steele, Droegemueller y Silver, 1962), Curtis (1963) formuló la hipótesis de que los niños sometidos a graves maltratos "serían los asesinos y los perpetradores de otros crímenes violentos el día de mañana" (pág. 368).

El maltrato y la conducta delictiva suelen aparecer en los

mismos ambientes familiares. En un estudio se halló que en casi la mitad de las familias en las que había abuso y descuido infantiles, por lo menos uno de los hijos fue más tarde llevado ante la justicia por su conducta ingobernable o delictiva (Alfaro, 1976). Por otra parte, la forma en que se comunican las familias de delincuentes tiende a ser distinta de la que caracteriza a las familias sin hijos delincuentes. Los miembros de las familias anómalas adoptan entre sí posturas más defensivas y se brindan menos apoyo mutuo que los de las otras familias (Alexander, 1973). En este aspecto, su comportamiento se asemeja al hallado en los estudios sobre familias abusivas y descuidadas. Se comprobó que las familias abusivas eran disfuncionales, presentaban múltiples problemas y no se amoldaban a la vida normal de sus respectivas comunidades. La probabilidad de que los hijos de estas familias que fueron víctimas del abuso o el descuido se convirtieran en sujetos ingobernables o en delincuentes era cinco veces mayor que la de la población en general (Alfaro, 1976).

Varios estudios demostraron la asociación que existe entre el grado de violencia manifestado por un delincuente y la historia de abusos sufridos (Alfaro, 1981; Welsch, 1976), indicando que los hijos abusados en general eran más agresivos y desobedientes (Kent, 1976; Reidy, 1977; Lewis, Shanok, Pincus y Glaser, 1979). Aunque la mayoría de los niños abusados no se transforman en delincuentes violentos, estudios clínicos y estadísticas retrospectivas señalaron que entre los delincuentes juveniles de ambos sexos y los criminales adultos el índice de maltratos sufridos durante la niñez de que habían dado cuenta era mucho mayor que el de la población general (Lewis, Mallouh y Webb, 1989; Vissing, Straus, Gelles y Harrop, 1991). Además, estadísticas del Departamento de Justicia de Estados Unidos establecieron que el 49% de las mujeres condenadas por crímenes violentos habían sido víctimas de abusos ("Women report past abuse", 1991).

Una serie de investigaciones conducidas por Widom y sus colaboradores (Widom, 1989; Maxwell y Widom, 1996) echaron luz sobre la naturaleza específica de la relación entre el maltrato infantil y la delincuencia. Estos investigadores identificaron un gran número de niños que habían sido maltratados entre

247

1967 y 1971, y los compararon con un grupo equivalente de niños no maltratados. Luego se examinaron los legajos de arrestos correspondientes a la época en que estos niños llegaron a la adolescencia. El estudio confirmó que el maltrato se asociaba a un mayor riesgo de caer en la delincuencia (26% de los niños maltratados por oposición al 17% de los no maltratados) y mostró que los niños maltratados iniciaban su carrera delictiva antes que los no maltratados.

De hecho, el tiempo se convierte en una variable importante al examinar los riesgos que sufren durante su vida los adolescentes que incurren en conductas antisociales. Muchos adolescentes se ven involucrados, en algún momento, en tal o cual variante de conducta delictiva o antisocial, a punto tal que estas conductas pueden considerarse normativas. Sin embargo, la mayoría desiste de estas conductas cuando llegan a ser adultos jóvenes. Hay un subgrupo de delincuentes que comienzan su carrera delictiva antes y persisten en ella cuando la adolescencia ha quedado atrás, incurriendo en transgresiones adultas. Moffitt (1993) ha rotulado a esta pauta como las conductas "limitadas a la adolescencia" y "persistentes a lo largo de la vida" (pág. 674).

Esto guarda un paralelismo con nuestro análisis de distintos esquemas de maltrato adolescente, como el que se inicia en la niñez y continúa en la adolescencia, o el que se inicia en la adolescencia. Por una variedad de razones, los problemas de conducta de los niños maltratados pueden persistir en la adolescencia como conductas antisociales y en la adultez como actos criminales. Las fuentes de esta continuidad se encuentran tanto en el individuo como en el entorno (Caspi y Bem, 1990). Hay buenos motivos para suponer que el maltrato vuelve más probable que un niño padezca estas continuidades destructivas.

Moffitt (1993) propone que existen dos grandes tipos de interacción entre las personas y su medio social que promueven la continuidad de la conducta antisocial: 1) la dificultad para asimilar alternativas prosociales convencionales frente a la conducta antisocial; y 2) el hecho de quedar "atrapado" en un estilo de vida desviado por las consecuencias del propio delito. El maltrato socava los recursos psicológicos que los niños necesitan tener para verse a sí mismos y a su mundo social de un modo positivo y seguro. Una vez que el niño, y luego el adolescente, comienza a adoptar conductas antisociales, las consecuencias de dichas conductas deterioran aún más sus posibilidades de vida. Cuanto antes se inicie este proceso y cuanto más crónico se vuelva, más resistencia opondrá a cualquier intervención externa. Este es un motivo más, por supuesto, para procurar que los programas de prevención destinados a las familias en que se practican maltratos se apliquen lo antes posible.

Los clínicos afirman que es más probable que las víctimas de maltratos desarrollen conductas agresivas si son hombres, y autodestructivas si son mujeres. Esta tipificación por sexo concuerda con la que aparece en la conducta desviada en general. Es mucho más probable que los sujetos de los que se informa oficialmente por sus actos delictivos sean varones, como también los que en las encuestas admiten haber cometido actos delictivos (Elliott, Huizinga y Menard, 1989). Según las estadísticas del FBI, de los jóvenes arrestados en 1992 por delitos contra la propiedad entre el 80 y el 85% eran varones, y también lo eran entre el 90 y el 95% de los arrestados por crímenes violentos (Snyder y Sickmund, 1995). Sin embargo, los arrestos de mujeres aumentaron a lo largo del tiempo a mayor velocidad que los de varones: entre 1983 y 1992, la cantidad de arrestos femeninos por delitos contra la propiedad aumentó un 27%, en tanto que la de los arrestos masculinos aumentó un 7%.

Históricamente, se nos pintaba un cuadro según el cual si las adolescentes tenían algún contacto con el sistema de la justicia en Estados Unidos, era básicamente por actos autodestructivos, con acusaciones de vagancia, huida del hogar, violación de las normas sobre el horario de regreso al hogar, ebriedad, consumo de drogas y prostitución. Lo típico era que menos del 2% de las jóvenes arrestadas fuesen acusadas de cometer crímenes violentos (U.S. Federal Bureau of Investigation, 1978). No obstante, ahora esto está cambiando. Los cambios en los estereotipos tradicionales respecto de los papeles sexuales han hecho que las adolescentes victimizadas pudieran ventilar su furia, y por otro lado aumentó la desensibilización general frente a la conducta agresiva. Si bien el grueso de los crímenes violentos siguen siendo cometidos por varones, la cantidad de casos presentados hoy ante los tribunales juveniles son semejantes (Snyder y Sickmund, 1995), y varones y mujeres presentan más o menos la misma proporción de delitos contra la propiedad o las personas, drogadicción o trastorno del orden público. La investigación de Widom (1991) mostró asimismo que si bien el maltrato se asociaba a un aumento de los delitos contra la propiedad y las violaciones del régimen jurídico tanto en varones como en mujeres, sólo entre las mujeres estaban asociados a un aumento de los delitos violentos. Si bien es preciso comparar estos hallazgos con otros estudios, sugieren que quizás esté cambiando el estereotipo tradicional según el cual las mujeres reaccionan frente al maltrato con conductas no violentas o autodestructivas.

Por desgracia, la agresión de algunos jóvenes se convierte en asesinato. Los números llevan a reflexionar. Entre 1976 y 1991, casi 23.000 jóvenes de menos de 18 años cometieron homicidios en Estados Unidos, y la cantidad de homicidas juveniles detectados se duplicó entre 1984 y 1991 (Snyder y Sickmund, 1995). En una tristemente curiosa confluencia de estadísticas, la cantidad de jóvenes que cometieron asesinatos en 1991 (2.202) es aproximadamente igual al número de niños que murieron ese mismo año a causa de los abusos de sus padres y tutores: tenemos ahí a las víctimas y a los victimarios.

Violencia en el hogar y violencia juvenil

Si consideramos la forma máxima de la violencia, el homicidio, el nexo con el abuso se vuelve más claro aún. Desde el momento en que aceptamos que los chicos que asesinan no son "criminales natos" sino que se convirtieron en criminales, debemos preguntarnos: ¿Qué convierte a un niño en un criminal? ¿Y por qué motivo otros niños de la misma familia le vuelven la espalda a la violencia?

Presentaremos la historia de Leo y Tony, dos hermanos que crecieron en una familia dominada por la violencia, dos adolescentes que fueron testigos del abuso reiterado sufrido por su madre y que por ende corren un alto riesgo de llegar a convertirse en hombres violentos.

Leo tiene 18 años y ha sido acusado de asesinato en primer grado. Mató a un miembro de una pandilla rival en una riña callejera que tuvo lugar en su barrio. La historia de Leo muestra una acumulación de factores de riesgo: padre ausente, madre drogadicta, discriminación, pobreza y una comunidad violenta. Leo creció en medio de esa comunidad violenta; recibió disparos de balas más de una vez y en los meses previos al crimen por el que se lo acusa, fue acuchillado. ¿Qué otro camino podía seguir que el que lo llevaría a terminar como "soldado de infantería" en la pandilla de su barrio? ¿Cabe sorprenderse de que la actitud defensiva y la agresividad dominen su visión del mundo?

El hermano mayor de Leo, Tony, tiene 20 años y jamás vio a su padre. Leo y Tony fueron criados por la madre, una alcohólica que mantenía a su familia alternando períodos de trabajos mal pagados con otros en que recibía un subsidio de asistencia social. Durante casi toda su niñez, Tony y Leo vieron cómo se relacionaba su madre con hombres que la maltrataban física y psicológicamente. En el hogar de estos dos hermanos la violencia era una realidad cotidiana. Como consecuencia, ellos pasaban todo el tiempo que podían en la calle, donde también reinaba la violencia. Cinco años atrás Leo le disparó a otro adolescente en un enfrentamiento por los territorios de las pandillas respectivas para el tráfico de drogas. A los cuatro años de este grave hecho de violencia, por el cual Leo debió pasar un tiempo en una institución estadual para jóvenes, la vida de Tony dio un vuelco. Aprendió a leer, fue un astro deportivo en la escuela secundaria y después se fue a vivir a un campus universitario para continuar sus estudios. Está cursando ahora el último año de la carrera y dentro de unos meses se graduará.

¿Por qué terminó Leo atrapado en la red de la violencia y en cambio Tony pudo concluir sus estudios universitarios? Ambos fueron criados en la misma atmósfera de violencia hogareña, pero uno de los hermanos se apartó de ese camino en tanto que el otro pasó de sus primeros actos violentos al homicidio. ¿Por qué razón? ¿Cuál es el motivo de que algunos muchachos que crecen soportando la violencia que se descarga contra la mujer más importante de su vida terminan incorporando esa violencia a su modalidad interpersonal, mientras que otros logran zafar de la violencia e inician un estilo de vida más positivo?

¿Qué diferencia a Tony de Leo? ¿Qué hará Leo ahora que

debe pasar un tiempo en la cárcel por su delito? ¿Tendrá alguna nueva oportunidad de triunfar en la vida? ¿Y qué pasa con otros muchachos provenientes del mismo medio de privación familiar y violencia comunitaria, que sin embargo nunca siguen el camino del crimen violento?

La violencia ejercida contra las mujeres y los niños

Frente a los crímenes cometidos por niños y jóvenes, la sociedad reacciona con muestras de ira, conmoción y confusión. Es difícil imaginar que un ser de poca edad sea capaz de quitarle deliberadamente la vida a otro ser humano. Al mismo tiempo, muchos de nosotros tenemos necesidad de encontrarle sentido a la violencia que existe en el mundo, incluida la violencia extrema que despliegan los jóvenes asesinos. Una mejor comprensión de las causas de la violencia tal vez sea nuestra única esperanza de hallar soluciones a largo plazo, soluciones que permitan rescatar a los jóvenes antes de que su vida quede atrapada en la violencia. Hay un creciente interés entre los científicos por describir los "senderos alternativos" de desarrollo (Rutter, 1989) y ahondar en nuestro saber sobre el surgimiento de conductas sumamente agresivas en los niños y jóvenes, así como en los que cometen asesinatos en general. ¿Qué experiencias conducen a un niño por el camino violento que culmina en un asesinato? ¿Qué pasa con una sociedad capaz de engendrar esta conducta letal en sus niños y jóvenes? ¿Y por qué algunos son capaces de negarse a recorrer ese camino?

En la actualidad, miles de niños y jóvenes de las ciudades norteamericanas y de los centros urbanos de todo el mundo crecen en medio de un problema, que se agrava con el tiempo, de violencia comunitaria, desde los delitos menores que se cometen en la calle, en las escuelas, en los medios de transporte, hasta los disparos y las puñaladas (Garbarino, Dubrow, Kostelny y Pardo, 1992). Para muchos la violencia no es algo que está "allá afuera", sino que son testigos o víctimas de ella en su propio hogar. En un estudio sobre una comunidad de bajos ingresos realizado por Osofsky, Wewers, Hann y Fick (1993), el 91% de los niños encuestados habían presenciado directamente algún tipo de violencia, ya fuera en su hogar o en la comunidad, y más de la mitad habían sido víctimas de ella.

Sea porque existe una mayor conciencia del delito y de los ataques graves que se producen en una comunidad, sea porque participen en las actividades de alguna pandilla, los niños están involucrados de muchas maneras en el problema de la violencia comunitaria, sobre todo si pertenecen a familias pobres y viven en vecindarios pobres. Ellos son testigos: a los cinco años de edad, la mayoría de los niños que residen en los barrios pobres de las grandes ciudades ya han presenciado algún tiroteo; al llegar a la adolescencia, la mayoría han sido testigos de peleas con puñaladas o armas de fuego, y un tercio lo ha sido de un homicidio (Bell, 1991). También son víctimas: en 1991, fueron asesinados unos 2.200 niños y jóvenes de menos de 18 años (Alle-Hagen y Sickmund, 1993). Por último, son perpetradores: en 1992 fueron arrestados 3.300 niños y jóvenes por cometer asesinatos, premeditados o no (U.S. Department of Justice, 1992). La cantidad de homicidios juveniles y el índice de asesinatos cometidos por jóvenes han aumentado permanentemente en los últimos años (Ewing, 1990).

La experiencia del niño frente a traumas violentos

La violencia hogareña forma parte integral, por varios motivos, del problema de la violencia juvenil. Uno de esos motivos es el papel que tiene la etiología de la delincuencia juvenil violenta, como vimos ya en este capítulo. La relación del abuso físico con la conducta homicida ha despertado especial interés. La bibliografía está llena de estadísticas y de pruebas anecdóticas sobre la incidencia extremadamente alta de abuso infantil entre los jóvenes que matan. Ya en 1940 Bender y Curran habían advertido que los niños y jóvenes asesinos presentaban antecedentes de graves y precoces abusos físicos. Según Lewis y sus colaboradores (1986), entre los 14 jóvenes que ellos estudiaron, los que habían sido recluidos por provocar muertes en disputas callejeras, 12 habían sufrido brutales abusos físicos en su niñez. Otros estudios corroboran estos hallazgos (véase por ejemplo King, 1975; Lewis et al., 1985; Sendi y Blomgren, 1975).

Los cimientos de la conducta y las creencias violentas se establecen en la niñez

A los ocho años, ya las pautas de agresión se encuentran tan bien establecidas que, *si no existe ninguna intervención externa que las interrumpa*, se vuelven indicios de lo que sucederá con el niño cuando llegue a adulto (National Research Council, 1993). Pero es en la adolescencia cuando se produce la cristalización de las pautas infantiles de pensamiento, sentimiento y conducta (Garbarino, Schellenbach, Sebes y colaboradores, 1986). La adolescencia es, por tanto, el período crítico en el curso de la vida humana para la expresión de la agresión bajo la forma de un crimen violento (James y Krisberg, 1994), así como la niñez es el período crítico para su motivación.

Los estudios de los jóvenes violentos, en especial los que a la larga cometen algún asesinato, indican que dentro de las familias de los jóvenes agresivos una historia de abusos es parte del cuadro de la violencia. Además, las familias en que se criaron los delincuentes violentos se caracterizan por un alto nivel de violencia hogareña (King, 1975; Corder, 1976; Lewis y col., 1985; Sendi y Blomgren, 1975). Así pues, comprender el efecto de los factores de riesgo y de la resistencia en la socialización de los varones que viven en familias abusivas, es decisivo para comprender las cuestiones más amplias vinculadas con la violencia juvenil.

El maltrato a los jóvenes sin hogar y a los que huyeron de su hogar

No es mucho lo que me acuerdo de mi infancia, salvo las palizas. Mi padre era alcohólico, volvía a casa borracho y empezaba a gritar y a ponerse violento y agresivo. Tomaba cualquier objeto y lo tiraba hasta el otro lado del cuarto. Y golpeaba a mi madre. Recuerdo cuántas veces yo me quedaba sentada en un rincón llorando porque golpeaba a mi madre. Después empezó a pegarme a mí. Me pegaba con los puños y también con cinturones. Me pegaba en cualquier lugar que pudiera. A veces cuatro o cinco veces por semana. Durante mucho tiempo estuve asustada, pero viví guardando silencio sobre el asunto, hasta que un día decidí que ya era suficiente y me escapé de mi casa. No tenía dinero ni ningún lugar donde vivir. Empecé a hacer la calle. Se ganaba buen dinero, y era fácil. Me iba bastante bien. Por las noches, bebía... un quinto de botella de whisky por día. Empezaba a beber tal vez a las nueve de la noche y seguía hasta que perdía la conciencia. Entonces me levantaba, me iba con algunos sujetos, volvía y seguía bebiendo. (Carrie, una niña de 15 años que huyó de su casa.)

Que los adolescentes abandonen sus hogares, vivan en la calle y sean explotados no es nada nuevo. A lo largo de la historia, los jóvenes han elegido esta forma de exilio, o se vieron forzados a adoptarla. Sin embargo, desde fines de la década de los '60, en Estados Unidos el problema de los jóvenes sin hogar o que huyeron de sus hogares ha aumentado en volumen, alcances y difusión. Intentos recientes de medir la magnitud de este problema sugieren que, cada año, como mínimo medio millón (Finkelhor, Hotaling y Sedlak, 1990) a un millón (U.S. Department of Health and Human Services, 1984; Solarz, 1988) y tal vez varios millones de niños y jóvenes de diez a diecisiete años viven en las calles de Estados Unidos, en edificios abandonados o en albergues "asistenciales" (National Network of Runaway and Youth Services, 1988). En vista de los riesgos mortales asociados con la vida callejera y el grado en que corren peligro esos jóvenes y su futuro, las cifras son alarmantes. Mal preparados para sobrevivir por sus propios medios, los adolescentes sin hogar son fácil blanco de la victimización y la explotación. A fin de conseguir refugio y comida, un número creciente de estos jóvenes callejeros recurren a la prostitución, el tráfico de drogas y otras formas de actividad delictiva (Janus, McCormack, Burgess y Hartman, 1987). La gran mayoría de los adolescentes sin hogar corren un alto riesgo de incurrir en conductas autodestructivas como el abuso de sustancias químicas y el suicidio, los trastornos mentales y dolencias físicas de todo tipo, incluido el sida (Mundy, Robertson, Roberts y Greenblatt, 1990; Robertson, 1989; Shaffer y Caton, 1984; Solarz, 1988; Yates, MacKenzie, Pennbridge y Cohen, 1988).

Los profesionales que brindan servicios a los adolescentes sin techo o fugitivos de hoy se encuentran con una población muy distinta de la juventud de la década de los '60, que huía de su hogar en busca de una nueva forma de vida, en un gesto de protesta política y en rebelión contra el sistema de valores de sus padres. Hoy, los jóvenes no huyen *en busca de* algo sino que huyen *de* algo: lo más típico es que escapen de las intolerables situaciones de su hogar (Janus, McCormack, Burgess y Hartman, 1987). Los datos prueban cada vez más que un porcentaje inquietante de estos adolescentes están en las calles porque han padecido abuso físico o sexual, o porque fueron "echados" de sus casas por sus propios padres (Farber, Kinast, McCoard y Falkner, 1984; Garbarino, Wilson y Garbarino, 1986).

Un conjunto cada vez mayor de pruebas empíricas sugieren que existe un nexo entre el maltrato, la huida del hogar y el deambular callejero de los sin techo. Los investigadores han demostrado que una vida hogareña violenta puede generar el deseo de escapar de la casa (Gutierres y Reich, 1981). Farber y Joseph (1985) hallaron que el 75% de los 199 jóvenes de su muestra que habían escapado de sus casas habían sido sometidos a graves maltratos en el año previo a su fuga. Estos autores afirman que la violencia hogareña contribuyó en forma significativa a que se fueran.

Varios estudios han mostrado que, en comparación con la población general, los que huyen de sus casas presentan un índice mucho mayor de abuso sexual durante la niñez, incluido el incesto (Burgess, Janus, McCormack y Wood, 1986; Adams-Tucker, 1982; Young, Godfrey, Mathews y Adams, 1983). Una encuesta reciente nos informa que en el nivel nacional el 61% de los que huyeron de su hogar eran maltratados en él (National Network of Runaway and Youth Services, 1988). Otras investigaciones brindan datos confirmatorios e indican una alta incidencia de maltrato entre las muestras de los fugitivos (Powers, Eckenrode y Jaklitsch, 1990; Shaffer y Caton, 1984; Nilson, 1981).

Lamentablemente, con suma frecuencia el maltrato de los fugitivos no se reconoce, informa ni atiende. Estos jóvenes pasan a ser objeto de la atención de los tribunales, salas de guardia hospitalarias y organismos de aplicación de la ley cuando incurren en conductas manifiestas como el consumo de drogas, la prostitución o las actividades delictivas; pero sus historias de maltrato permanecen ocultas y rara vez se les brindan los servicios que necesitan. Muchos adolescentes arrojados al sistema judicial penal son remitidos a cárceles para adultos u otros establecimientos donde quedan expuestos al contacto con personas involucradas en una conducta criminal aún más seria. Si bien en Estados Unidos hay leyes nacionales y estaduales que intentaron abordar esta cuestión, por ejemplo instituyendo medidas para separar a los menores de los criminales adultos, muchas jóvenes víctimas siguen sin recibir los servicios adecuados.

El abuso al adolescente como cuestión social

Pese a estos hechos y estadísticas sombríos, aún hay esperanza. Los seres humanos somos sumamente adaptables y capaces de aprender nuevos sistemas de reacción. Las víctimas de maltratos necesitan contar con una alternativa frente a la autodenigración y la autoinculpación; necesitan reconstruir su concepto de sí mismas y sus habilidades sociales. Por último, necesitan ayuda para discriminar entre sus emociones, a menudo intensas y confusas. Un clínico denominó a este proceso "trabajo de reparación con las víctimas" al describir a una consultante (una mujer de 36 años) que había sido sometida a abusos por su madrastra: "Todavía hoy se pone a llorar cuando le viene el desagradable recuerdo a la memoria, y uno se encuentra con una mezcla de tristeza, culpa, terrible soledad, y la sensación de haber sido 'degradada', según dijo ella misma, por la forma en que la trataron".

Los trágicos efectos del maltrato nos obligan a enfrentarlo como un problema social; si no por motivos altruistas, debe hacérselo para la autopreservación. A través de los problemas que nos crean, el abuso y el descuido debilitan a nuestra sociedad. Debilitan a nuestro sistema de justicia penal, a nuestro sistema de asistencia social y a nuestras escuelas. El sufrimiento humano nos impone un coste a todos. Todos perdemos la productividad de la víctima incapacitada y todos somos potencialmente vulnerables ante la víctima agresiva.

257

CAPÍTULO 10

JAMES GARBARINO / JOHN ECKENRODE

COMO CONCLUSIÓN
EL DESARROLLO DE LA VIDA FAMILIAR
Y LA PROTECCIÓN DEL NIÑO

El maltrato a niños y adolescentes es un problema que desborda, por sus alcances, a las víctimas y victimarios, pues incumbe a todos los profesionales y ciudadanos preocupados por la calidad de la vida familiar en su país.

• Warren Long es un asistente social que trabaja en una pequeña ciudad del Medio Oeste norteamericano. Parte de sus funciones en la oficina dependiente de los Servicios de Protección del Niño que hay en su distrito consiste en ocuparse de los casos de maltrato infantil, y Warren se siente profundamente decepcionado por su labor al respecto. Los informes se acumulan en su escritorio y él procura hacer las correspondientes investigaciones; pero a pesar del tiempo que dedica a eso y de su gran empeño, sigue preguntándose cómo puede hacer para influir en los padres con los que toma contacto. Algunos no le dejan ingresar a sus hogares, para no hablar de sus vidas. Otros llevan una vida tan confusa que ni siquiera es posible trazar un esquema válido sobre ella. Warren quiere ayudar, pero a menudo piensa que es una batalla perdida. ¿Qué estrategias debería aplicar?

• Lucy Todd es madre de tres niños pequeños. Su marido trabaja en la compañía telefónica y están ahorrando para adquirir una nueva vivienda. En general, la vida de Lucy es bastante buena, pero hay algo que la está molestando últimamente, y se relaciona con su amiga Betty. Betty también tiene tres hijos, y su marido trabaja asimismo en la empresa telefónica; ese fue el origen de su amistad. Lucy simpatiza con Betty, pero la trastorna la forma en que ésta golpea a sus hijos. El mayor a veces aparece con hematomas, y el mes pasado la más pequeña tuvo en un momento un ojo en compota; Betty le dijo que se había caído de la cama, pero a Lucy esa explicación no la convenció. Sin embargo, ¿acaso puede preguntarle a su amiga si golpea a sus hijos?

259

• Robert Lane tiene un empleo público en la ciudad de Washington. Su trabajo consiste en trazar planes de asistencia familiar porque su organismo se ocupa del abuso y el descuido de los niños. Se diría que el presupuesto disponible (60 millones de dólares) es abundante, pero si se tiene en cuenta que debe utilizárselo en todo el país y filtrarlo por la burocracia, no es raro creer que pronto se esfumará. ¿Cómo puede hacer Robert para proponer un plan de uso de ese dinero de modo tal que beneficie a las familias más necesitadas? ¿Qué camino debe seguir para ello, y de qué manera justificará su decisión ante sus superiores?

• Elsie Makins reside en la zona rural del estado de Nueva York. Nació a menos de treinta kilómetros de donde habita actualmente. El último domingo, después de la misa, casi se queda a hablar de su problema con el párroco, pero al final no lo hizo. Así están las cosas. Se pregunta si realmente es su problema, o más bien no debería meterse. El problema gira en torno de su cuñada Maggie, que vive a unos diez kilómetros por la misma ruta. En su casa habría poco espacio para sus cuatro hijos incluso suponiendo que la mantuviera ordenada, lo cual no ocurre. Parecería que los niños nunca se dan un baño, y están siempre enfermos o lastimados por andar escarbando en la basura. Para colmo, cuando Maggie se va a hacer su recorrida periódica por los bares del pueblo, los deja al cuidado del mayor, que sólo tiene siete años. El marido de Elsie le dice que en su familia les gusta hacer las cosas cada cual a su modo, pero a Elsie le preocupa que sus sobrinitos no puedan criarse sanos por la forma en que viven. ¿A quién podría acercarse para hablar de su problema?

• William Larson es un médico clínico de cabecera del norte del estado de Florida. Está algo intranquilo por Flora Jones y su bebé; William ayudó en el parto así que se siente un poco responsable de la niña. Flora tuvo un embarazo complicado y hubo que hacer una cesárea. La bebé nació con menos de tres kilos. La madre tuvo que permanecer con ella en el hospital durante casi dos semanas. Desde entonces, William no supo nada de ellas, y ya ha pasado casi un mes y medio. Si el único motivo que lo mueve es su inquietud, ¿adónde podría dirigirse?

• Ellen Rogers es una estudiante avanzada de la carrera Desarrollo de la Familia y del Niño en una importante universidad de la Costa Oeste. Hace seis meses que viene repasando toda la bibliografía y ha llegado el momento de escribir su tesis de doctorado. Sabe que el tema que le interesa es el maltrato infantil, pero no ha podido conseguir mucho material concreto sobre él. Confiaba en que sus lecturas le aclararían las cosas, pero sucedió lo contrario: le llenaron la cabeza de multitud de hipótesis, datos y teorías. Necesita ordenar lo que leyó para saber qué paso dar a continuación. ¿Cómo puede plantearse los interrogantes apropiados para que su proyecto de investigación tenga un buen comienzo?

• Steven y Betty Smithson viven en Wichita, estado de Kansas. Sus hijos ya están crecidos y la mueblería que ellos tienen funciona sin necesidad de que le dediquen todo su tiempo, de manera que ahora pueden entregarse a esos proyectos de servicio a la comunidad que los hacen sentirse más realizados. Asistieron a una conferencia pública sobre abuso infantil que les interesó mucho, y desean ofrecer su ayuda. ¿Adónde ir?

El laberinto del maltrato

El asistente social, la amiga, el funcionario, la cuñada, el médico, el investigador y el ciudadano preocupado, todos ellos se encuentran ante el mismo problema. Cada uno tiene respecto del abuso y el descuido infantiles particulares necesidades e intereses, y la perspectiva de cada cual es distinta. ¿Qué tienen en común? Que todos terminan frustrados por las complicaciones sociales y psicológicas que rodean al maltrato. ¿Cómo puede uno ayudar a una familia si ni siquiera tiene acceso a ella? ¿Cómo puede ofrecerle su ayuda a una amiga si este solo hecho tal vez ponga fin a la amistad? ¿Cómo ayudar cuando no se sabe hacia dónde dirigir los recursos que uno posee? ¿Cómo ayudar cuando le dicen a uno que no se meta, que no es un asunto de su incumbencia? ¿Cómo ayudar cuando no se sabe qué preguntas formular? ¿Cómo moverse en este tema? ¿Cómo reunir todos los datos que se conocen para trazar un esquema que pueda mejorar nuestra comprensión?

El florecimiento, en las dos últimas décadas, de medidas oficiales, programas e investigaciones vinculadas con el maltrato infantil nos ha brindado algunas pistas, pero todavía no contamos con un lenguaje amplio para describir el abuso y el descuido, que pueda ser entendido por todos los profesionales. Muchos de nosotros estamos en busca de ese lenguaje común. Necesitamos alcanzar una comprensión de las familias abusivas que sea ecológica y evolutiva. En este libro hemos procurado ofrecer parte del vocabulario y de los principios que podrían contribuir a la creación de dicho lenguaje. En el presente capítulo esbozaremos algunas conclusiones sobre el modo de resolver el problema del maltrato. Intentaremos una integración ecológica que partiendo de los microsistemas llegue a los macrosistemas. Si estas conclusiones están formuladas a la manera de sugerencias (y aun de exhortaciones) para el cambio, es porque creemos que la comprensión se logra trabajando en forma efectiva con el problema en cuestión, tal como está implícito en el apotegma de Dearborn ("Si quieres comprender algo, trata de cambiarlo") y en la Ley de Lewin ("No hay nada tan práctico como una buena teoría"). Comprender a las familias abusivas, pues, es procurar cambiarlas para bien. (Sin duda nadie sugeriría que se las cambie para peor, aunque algún escéptico dirá que las estrategias de intervención utilizadas hasta ahora han hecho eso precisamente.)

Nuestra tarea, entonces, consiste en establecer un curso de acción para esta reforma social que haga justicia a las pruebas existentes, los principios morales involucrados y las familias que necesitan asistencia. No brindamos la habitual "lista para compradores" de los cambios sociales indispensables si queremos abordar el nuevo milenio en una mejor situación. Pensamos que las pruebas existentes son convincentes en cuanto a que ningún programa de ajuste rápido o de auxilio de emergencia bastará. En este tema operan ciertas fuerzas culturales, socioeconómicas y políticas fundamentales. Sin embargo, esto no es incongruente con la implantación de un programa muy pragmático de reforma social que pueda llevarse a la práctica en el plano local, en las comunidades y en los vecindarios, nichos ecológicos donde las familias representan el drama de sus vidas. Quizá el mejor camino sea actuar como visionarios cautelosos y prácticos.

Evidencias de progreso

Desarrollar la conciencia social sobre algo no es un logro minúsculo. Es un paso fundamental en el crecimiento del individuo y también un paso importante para una civilización. Como la historia, a menudo horrenda, de la infancia deja bien en claro, la conciencia social del tratamiento que se le da al niño es un invento relativamente reciente en muchas culturas, incluida la nuestra. Si no se dispone de algún concepto acerca del derecho del niño a la protección y la integridad (su libertad para no ser violado), no es posible siquiera definir el problema del abuso y el descuido, y mucho menos resolverlo. En tal sentido, nuestro análisis es a la vez un desafío y una conclusión esperanzada. Presume que existe una conciencia social a la que puede apelarse y que el derecho básico de los niños y jóvenes a la integridad, tal como nosotros utilizamos este término, es reconocido y aceptado por nuestra civilización.

Ninguno de estos supuestos es del todo exacto, pero sería erróneo negarles por ello toda validez. Trabajamos basándonos en ellos porque necesitamos creer en eso y porque las pruebas disponibles documentan su existencia, aunque en forma imperfecta. Este es un recurso indispensable para aproximarse al problema del maltrato. Nuestros esfuerzos están destinados a construir y expandir la integridad de los niños, tal como es garantizada por la conciencia social individual y colectiva. Ya expuesta la base para abordar el problema, ahora debemos refinar la argumentación.

El primer paso en este proceso es ser precavidos tanto en nuestras pretensiones como en nuestra retórica. Una de las maneras de hacerlo consiste en abstenerse de invocar el motivo, hoy tan trillado, de las crisis, con que típicamente se formulan y luego se desechan los problemas sociales. ¿Enfrentamos una crisis en materia de abuso y descuido del niño? ¿Exige este problema una campaña nacional masiva e inmediata de intervención? Más de dos décadas de esta clase de retórica nos han llevado a creer que una cuestión sólo es grave cuando se proclama que existe al respecto una crisis, sobre todo si se lo hace en una sesión legislativa, y cuando para su solución los políticos, a instancias de las vivaces demostraciones públicas de interés y pedidos de intervención, movilizan a algún organismo oficial. Muchos problemas han seguido este camino de "intervención en la crisis", como los del hambre, la atención de la salud, la pornografía infantil, la caída de las calificaciones obtenidas en los exámenes escolares, la pobreza, la contaminación, el déficit del presupuesto y muchas otras cuestiones verdaderamente graves.

Pero si bien esta secuencia puede ser útil y hasta esencial para lograr un progreso real, no es en sí misma la solución. El meollo del asunto radica en las actividades de lo que en términos económicos se denomina "el sector privado". Vale la pena tomar esta analogía económica. Los esfuerzos directos del Estado para solucionar el problema del desempleo son secundarios si se los compara con los efectos de los que emprenden las empresas privadas: el número de empleos que puede ofrecer el Estado se cuenta en decenas de miles, el de los que pueden ofrecer las empresas, en millones. Así pues, se admite en general que el Estado es, en el mejor de los casos, un empleador de segunda instancia. Por lo demás, su desempeño como tal no siempre es un ejemplo brillante de eficiencia o de productividad. Del mismo modo, los esfuerzos oficiales por intervenir en forma espectacular para solucionar el problema del maltrato son necesariamente limitados, tanto en sus alcances como en su eficacia. Lo cual no quiere decir que no sean decisivos. La acción pública puede fijar el patrón para la atención brindada, ofrecer programas que sirvan como modelo y proporcionar dirigentes a las comunidades, los organismos privados y los ciudadanos individuales.

Ciertamente, no queremos que para enfrentar el problema del maltrato a niños y jóvenes haya que pagar como precio el totalitarismo. En general, empero, pensamos que la dificultad no reside en que la acción colectiva en beneficio de los niños sea excesiva, sino en que es insuficiente. A fin de defender la integridad de los niños y evitar caer en el totalitarismo, debemos confiar en una mezcla de sistemas formales e informales de ayuda a la familia, de redes de colaboración entre ciudadanos, de agencias privadas de servicios, de parientes, vecinos y amigos que presten apoyo a las familias. Sólo dentro de ese esquema pueden los organismos públicos cumplir eficazmente su función de protectores de segunda instancia sin violar los principios esenciales de una sociedad democrática.

El tema del maltrato infantil está tan insidiosamente entretejido con la trama de la vida cotidiana, que ninguna intervención espectacular pero aislada podrá tener éxito por sí sola. Las condiciones necesarias para que se dé el maltrato –una ideología contraria al niño y el aislamiento respecto de los poderosos sistemas de apoyo prosociales– vinculan inextricablemente su prevención con el desarrollo de una sociedad más integrada y humanitaria. Ya nos hemos vuelto lo bastante civilizados como para admitir que el abuso y el descuido constituyen una violación al derecho del niño a la integridad; ahora, debemos construir los mecanismos que garanticen dicho derecho. Se trata, pues, de un problema crónico y no agudo. No basta, ni bastará nunca, con apartar dramáticamente a los niños de los hogares que abusan de ellos, por ejemplo. Pero los defensores de los niños tienen un importante papel que cumplir al convertirse en los voceros de sus derechos humanos. La Convención de las Naciones Unidas sobre los Derechos del Niño proporciona un fundamento global para hacerlo y puede transformarse en una herramienta eficaz para la protección del niño (Bedard y Garbarino, 1996).

La verdadera prueba se dará en las semanas, meses y años posteriores a cualquier declaración de esa índole. ¿Son abordados los problemas fundamentales de la familia? ¿Se toman medidas que corroboren las manifestaciones verbales? ¿Se traducen las políticas esclarecidas en una práctica concreta? Este problema, y cualquier solución genuina que se le dé, involucra a muchos de nuestros valores básicos, acuerdos institucionales y pautas de conducta diaria. Para superar el problema no es indispensable que algún organismo o grupo de organismos emprenda una acción espectacular con el objeto de poner fin a la crisis de una vez para siempre. No se requiere un dramático cataclismo social. Más bien se necesita un esfuerzo decidido que reacomode muchas de las pautas cotidianas de nuestra vida en sociedad, y ésta es una tarea que sólo puede cumplirse de a pequeñas partes. Es cuestión de que tanto los individuos como las comunidades amplíen ciertas normas de conducta y supriman otras. Implica construir sistemas comunitarios de apoyo a las familias, que abarquen sus valores, relaciones informales y estructuras institucionales. Significa aplicar la prevención.

Recursos para proteger a los niños y jóvenes

¿Dónde podremos encontrar los recursos necesarios para hacer frente al problema del maltrato? A fin de responder a esta pregunta tenemos que trazar un plan de acción para los individuos y las comunidades. Del mismo modo que el problema depende de nosotros, individual y colectivamente, así también su solución. Podríamos empezar empeñándonos en reducir la violencia presente en la familia.

Mitigar la violencia familiar

La violencia es hasta tal punto parte de nuestra modalidad de vida que rara vez la advertimos, salvo en los ejemplos más extremos. A muchos el nexo existente entre la violencia y el abuso infantil puede parecerles obvio, pero muchos otros no lo tienen tan claro: lo que para una persona es una forma de disciplina, para otra es un abuso. Por otra parte, una vez que se legitima el uso de la fuerza física y se la establece como pauta válida en un ámbito, tiende a generalizarse a todo el sistema social. La manifestación de la violencia no disipa la hostilidad y la tensión sino que tiende a aumentar la probabilidad de que en el futuro la violencia se repita. El cuento de la mujercita que vivía dentro de un zapato es un buen ejemplo de lo peligroso que es confiar en la fuerza física como arma legítima para ser empleada contra los niños. Como la pequeña dama no sabía qué hacer, los zurraba. Así ocurre con algunos padres: se ven envueltos en el abuso porque no saben qué otra cosa hacer.

Ahora bien: ¿por qué la violencia tendría que ser la reacción natural cuando, en lo que atañe al control del niño, sufrimos alguna frustración? Creemos que la respuesta radica en una de nuestras hipótesis centrales: el maltrato es fundamentalmente un problema cultural. Al definir el mundo de manera tal que la violencia parezca natural como instrumento de las relaciones familiares, hemos creado una situación en la cual la posibilidad de abuso está siempre presente, acechando en el trasfondo, lista para materializarse si un encontronazo entre el progenitor y el niño oprime el botón adecuado.

Hay dos cosas que podemos hacer para contrarrestar nuestra proclividad colectiva a la violencia. En primer lugar, podemos unirnos y generar una ética de la no violencia en el hogar. Ahorrémosle la violencia al niño. Podemos procurar vivir de acuerdo con el principio de que no corresponde golpear a las personas, y los niños son personas. Desde luego, este compromiso ético no basta por sí solo. Pero así como las declaraciones públicas fueron positivas para el avance en el otorgamiento de los derechos civiles a las minorías raciales, así también las expresiones públicas de una ética de la no violencia pueden contribuir a que ésta impere en la vida privada. Tal es el espíritu de la tan difamada ley contra el castigo corporal a los niños aprobada en Suecia. Por cierto, no podemos legislar sobre todos los aspectos de la moral, pero sí podemos establecer leyes que generen un clima capaz de nutrir la moral. El tabú del incesto no impide que se concreten las relaciones sexuales prohibidas entre miembros de la familia, pero sirve para contrapesar las expresiones sexuales improcedentes.

Parecería ser que la probabilidad de un atropello sexual es controlable en proporción directa a la proximidad del lazo familiar; de ahí la fuerza cultural del tabú. Funciona mejor con los padres biológicos que con los padrastros, por ejemplo. En cierto sentido, lo que buscamos es algo que en las demás áreas de violencia familiar cumpla la función del tabú del incesto. En la actualidad, cuanto más íntima es la relación familiar, más probable resulta que se produzca el ataque sexual, y no menos.

En segundo lugar, podemos aprender a controlar a los niños sin apelar a la violencia. Todos sabemos que para crecer bien los niños necesitan que se les fijen límites, pero... ¿cómo se hace para imponer medidas disciplinarias sin castigos físicos? ¿Cómo podemos arreglárnoslas sin dar palizas? Hay alternativas.

El campo del análisis conductal aplicado nos ofrece numerosas técnicas para abordar las conductas problemáticas de los niños. Algunas cobran la forma de programas de crianza eficaz ofrecidos por iglesias, escuelas y otros grupos interesados en la educación de los padres. La promoción de estas técnicas disciplinarias no violentas es una de las formas o prácticas más importantes de impedir el abuso. Su aplicación será una prueba viviente de que es posible criar a los niños sin violencia, y las técnicas enseñarán a otros a través del ejemplo. Más aún, proporcionarán un estímulo para modificar los valores y actitudes a fin de adecuarlos a las nuevas realidades conductales. Por último, estas técnicas concuerdan muy bien con los programas destinados a mejorar, tanto en cantidad como en calidad, la interacción parentofilial. Así pues, ofrecen una estrategia para establecer un patrón de cuidado más apropiado en las familias donde prevalece el descuido.

Establecer normas exigentes en materia de cuidado

La mujercita que vivía en el zapato no sólo incurría en abuso infantil, sino también en descuido. Mitigar la violencia familiar no es suficiente, ante todo porque no aborda expresamente el problema del descuido, que es, igual que el abuso, un problema fundamentalmente social. La clave para contraponerse al descuido son las normas sobre cuidado mínimo del niño que fijamos y mantenemos: si queremos avanzar en este aspecto de la situación de maltrato, tenemos que establecer dichas normas con el mayor grado de exigencia que permitan la ciencia y la práctica. Por lo tanto, tendremos que tomar ciertas decisiones colectivas sobre las necesidades básicas legítimas de los niños, y respetarlas. En abstracto esto parece sencillo, pero no es tan fácil de concretar en la práctica. La política del cuidado del niño es tan sinuosa y laberíntica como casi cualquier otro tipo de política, salvo, quizá, la política energética. Esto, sumado a la escasa importancia que se les da en política a las cuestiones referidas a los niños, asegura que la lucha será ardua. A la luz de estas circunstancias, hay que alabar la nobleza de los esfuerzos realizados por las organizaciones que se dedican a abogar por los derechos de los niños, como el Fondo de Defensa de los Niños de Estados Unidos.

¿Cuáles serían las normas mínimas para el cuidado de los niños y jóvenes? Se clasifican en tres categorías.

1. Primero, debemos insistir en que todo niño y adolescente tenga acceso al cuidado preventivo básico de la salud, la educación, los planes de vacunación, una vestimenta acorde al clima en que vive, atención odontológica, alimentación adecuada, etc. Un beneficio colateral de estos empeños puede ser la mayor integración de la familia en poderosos sistemas de apoyo prosociales. Tal como están hoy las cosas, muchos niños y jóvenes carecen de estos aspectos elementales de un cuidado apropiado.

2. Segundo, debemos insistir en que todo niño cuente con la supervisión de adultos que sea apropiada para su edad y nivel de desarrollo. Los niños pequeños no deben estar nunca desatendidos. Los adolescentes no deben ser abandonados a sus propios recursos, ni debe negárseles la libertad de explorar el ancho mundo que está más allá de su hogar. Como puntualizamos en el Capítulo 1 al definir el maltrato, en la adolescencia cobra particular relieve el hecho de que el cuidado ofrecido al adolescente sea *apropiado*. Los preadolescentes tienen que ser supervisados por un adulto. Hay en Estados Unidos millones de niños que vuelven de la escuela primaria a sus casas todos los días y las encuentran vacías, porque no están su padre ni su madre; todos ellos corren el riesgo de ser víctimas del descuido. Remediar esta situación puede tener también como efecto el incremento de la integración de la familia con los sistemas de apoyo prosociales.

3. Tercero, debemos insistir en que todo niño participe en una relación duradera con un adulto cariñoso y responsable. Este problema afecta particularmente a las instituciones que ofrecen sucedáneos del cuidado parental, como los hogares sustitutos, las escuelas y las guarderías.

Existe creciente preocupación por el hecho de que ciertos

tipos de tratamientos institucionales son sistemáticamente abusivos y ciertos hogares sustitutos caen en el descuido del niño. Si no se cuenta con la garantía de que el niño podrá ser ubicado en forma permanente en un medio estable y protector, sacarlo de su hogar es en sí mismo un abuso en muchas circunstancias. Si todo lo que podemos ofrecer es el descuido institucionalizado, sería preferible que dejáramos a los niños solos, salvo a aquellos cuya vida corre agudo peligro. En este campo como en otros, un buen lema es: "Sobre todo, no dañar". Debemos insistir en que el entorno del niño sea sensible a sus necesidades, lo cual implica, en la infancia, reaccionar positivamente ante él con los estímulos sociales de la sonrisa y la verbalización, y más tarde interesarse por sus actividades, evitando así caer en el descuido emocional. Allí donde sea posible, un programa creativo de desarrollo de las habilidades probablemente contribuya a instaurar estas normas y mejorar la vida del niño.

Es fácil decir que todo niño debe tener estas cosas, pero ¿cómo traducir estos mandatos morales en medidas y prácticas cotidianas? Los profesionales, los funcionarios públicos y, lo que es más importante, todos los ciudadanos interesados, deben unirse en un esfuerzo conjunto. El debate comunitario de estas normas debe ser seguido de medidas autorizadas que las promulguen. La educación de los padres es tan importante aquí como lo es para mitigar la violencia en la familia. Cuando pasamos de la infancia a la adolescencia, el tema de las normas apropiadas de cuidado incluye el requerimiento de que se les dé a los adolescentes la información necesaria para evaluar su propia vida y la de su familia a fin de detectar cualquier pauta de conducta anómala o socialmente riesgosa que hayan aprendido en el hogar, particularmente cuando se trata de las normas que rigen la vida familiar. Debemos reconocer la existencia y frecuencia del abuso adolescente y ayudar a los jóvenes a abordar el problema en un clima de apoyo. Debemos enfrentar la realidad de que al insistir en que los adolescentes dependen de sus padres y deben responder ante ellos, lo que hacemos a veces es aprisionarlos en entornos abusivos. Es de prever que los jóvenes atrapados en una red de comportamientos parentales inapropiados y destructivos pueden a su vez presentar conductas disociadoras, autodestructivas y aun extravagantes.

Como punto de partida para establecer altas normas de cuidado, es menester que aceptemos que los adolescentes son víctimas. Tal como están las cosas, los adolescentes que sufrieron abusos tienen pocos sitios a los que recurrir, sobre todo si el abuso no dejó en ellos heridas físicas evidentes. No obstante, se vislumbran algunas señales de que la ayuda está próxima. Varias comunidades han organizado programas de ayuda a los adolescentes maltratados reconociendo que son personas necesitadas de asistencia. Las escuelas y tribunales pueden desempeñar un papel importante en lo que atañe a fijar el carácter de víctima potencial que tiene el adolescente. Tal vez lo más urgente sea que las personas que forman parte de estos sistemas tomen mayor conciencia del abuso y de su papel central en la vida de muchos jóvenes perturbados.

Muchas víctimas ni siquiera advierten que el tratamiento que se les ha dado en su hogar fue injustificado, y rara vez mencionan, sin que se les solicite, detalles de su vida hogareña en las conversaciones. En nuestras charlas informales con adolescentes en las escuelas comprobamos que ante la pregunta "¿Más o menos cuántos chicos, de un total de cien, son objeto del abuso o el descuido?", en las clases compuestas principalmente por jóvenes con problemas escolares y sociales la respuesta era "Entre ochenta y noventa", mientras que en las clases comunes de la escuela secundaria, la respuesta rondaba entre dos y diez.

Estas normas de cuidado deben transmitirse tanto a los adolescentes como a sus padres. Tenemos que reconocer que uno de los aspectos del cuidado de los adolescentes consiste en respetar sus incipientes derechos a una vida independiente. Esto trae como corolario algunos cambios significativos en la forma en que las leyes definen y tratan por lo general a los adolescentes.

Aunque los cambios enumerados serían útiles para todos los adolescentes, para los maltratados podrían constituir una manera legítima de salir de una situación abusiva. Entre los padres y sus hijos adolescentes las cartas hay que repartirlas de otro modo. El equilibrio del poder en los tribunales de menores debe ser más parejo, pues no todos los padres pueden o quieren brindar a sus hijos lo que es mejor para ellos, sobre todo en la adolescencia. En la situación actual, y fuera de abusar sexualmente de sus hijos o provocarles heridas graves, los padres pueden hacer con ellos casi lo que se les antoje. Si bien las leyes fueron redactadas para proteger a los jóvenes del descuido y del ataque emocional, suelen ser interpretadas en el marco de una autoridad parental casi suprema (pese a la impotencia que algunos padres sienten y manifiestan). En el futuro, tenemos que comprender a los padres incapaces de hacerse responsables del cuidado de un hijo adolescente en Estados Unidos. Cuando los padres piensan que tienen sobre sus hijos adolescentes demasiada responsabilidad y demasiado poco control, a menudo están en lo cierto. Las familias tienen que ser ayudadas como tales, pero a la vez debemos admitir (aunque sólo sea como herramienta práctica) las necesidades y derechos independientes de los adolescentes, en particular los que viven situaciones abusivas.

Poner de manifiesto el interés de la comunidad

Para reforzar su análisis de los niños norteamericanos, el psicólogo Urie Bronfenbrenner planteaba la siguiente pregunta: "¿Quién se preocupa por las familias?". Esta es la pregunta que continuamente debemos formularnos a nosotros mismos y a nuestras comunidades. ¿Realmente nos preocupamos? ¿Cómo puede una comunidad poner de manifiesto su interés por todos sus niños? Cabe mencionar varios aspectos. En primer término, la comunidad puede brindar un adecuado apoyo financiero a los organismos que brindan cuidados infantiles, educación para padres y servicios de protección del niño. Si bien los servicios profesionales no son en sí mismos la respuesta, pueden constituir una parte esencial de ésta, sobre todo si trabajan en colaboración con sistemas de apoyo informales (como las redes sociales de los vecindarios) y grupos de autoayuda (como Padres y Madres Anónimos) con el fin de establecer mejores normas sobre el cuidado y los derechos de los niños.

En lo que concierne a las necesidades especiales de los adolescentes, el lugar lógico para empezar a trabajar es el de los organismos que ya se ocupan de otras necesidades humanas, o sea los servicios sociales y de salud mental ya establecidos. Salvo que haya un cambio fundamental en la gestión de los servicios humanos, este es el mecanismo más apto para ayudar a los jóvenes abusados si se pretende que esa ayuda sea inmediata. Estas agencias tienen la misión de servir a las personas perturbadas. Su funcionamiento ya está establecido. Sólo deben dirigir su atención a los jóvenes abusados y modificar en consonancia sus programas, políticas y procedimientos para adecuarlos a ellos. Si bien prevenir el abuso del adolescente exigirá introducir cambios en muchos otros ámbitos y en nuestras propias actitudes, será preferible comenzar donde podemos lograr más en menos tiempo, con el menor esfuerzo y el menor gasto posible. Los profesionales de estos organismos ya están entrenados y en funciones. Se precisa un lapso menor para la puesta en marcha del servicio del que se necesitaría en caso de crear un nuevo organismo. Aunque no siempre será éste el mejor curso de acción, en el caso de los servicios para adolescentes pensamos que es más eficaz remodelar que construir desde cero.

Cuando se mencionan los servicios para adolescentes, la gente suele imaginar que un nuevo grupo de consultantes vendrá a recargar aún más un sistema ya sobrecargado. La carga es real, pero en parte la cuestión reside en desplazar recursos destinados a ocuparse del adolescente abusado como "perturbación" y encauzarlos hacia los esfuerzos tendientes a ocuparse de ese adolescente en su condición de "perturbado". Abogamos por que el cambio siga estas dos vías: 1) adaptar los organismos ya existentes para satisfacer las necesidades de los adolescentes; y 2) ampliar la capacidad de los servicios ofrecidos para dar cabida a todos lo que necesitan ayuda. Lo primero exigirá poco o ningún financiamiento. Lo segundo requerirá expandir o derivar recursos. La lucha por un financiamiento adecuado de los servicios para jóvenes es un esfuerzo de antigua data que debe continuar, pues incluso en términos pecuniarios el coste de la ayuda empalidece cuando se lo compara con el de ignorar el problema, sobre todo si se adopta una estrategia flexible, con voluntarios y grupos de autoayuda.

Un buen primer paso para adaptar la estructura de servicios sociales existente a las particulares necesidades de los adolescentes es que los profesionales tomen conciencia de que muchos de los jóvenes perturbados que ellos tratan son víctimas de abusos, y como tales tienen necesidades especiales. Teniendo esto presente, los organismos establecidos podrían modificar sus servicios para satisfacer las necesidades de tales jóvenes. Las líneas telefónicas que atienden llamadas en situaciones de crisis podrían ampliarse de modo de ofrecer el servicio durante las 24 horas, de modo tal que el joven tenga siempre una voz amiga que lo pueda ayudar cuando lo requiera. Los servicios residenciales pueden comenzar a ofrecer ayuda durante parte de la jornada, permitiendo que los adolescentes les hagan visitas regulares en los momentos de previsible dificultad, como los fines de semana. Esto haría que los jóvenes siguieran formando parte de sus respectivas comunidades y evitaría los peligros de la internación. Hay una urgente necesidad de un mayor número de refugios temporarios, en los que los jóvenes reciban protección fuera del hogar, sin tener por ello que responder a ninguna pregunta, cuando los problemas domésticos (en especial los crónicos) alcanzan ocasionalmente las proporciones de una crisis aguda. Otra forma en que la comunidad podría demostrar su preocupación es que los centros y organismos de salud mental inquieran a sus consultantes jóvenes sobre los posibles abusos que sufren en sus hogares como parte de los programas regulares preventivos y de asesoramiento.

Lograr la cooperación de las instituciones

Una de las razones de que, al menos en Estados Unidos, el sistema de servicio social no consiga satisfacer las necesidades de los jóvenes maltratados deriva de la forma gradual en que se desarrolló, siguiendo el modelo médico de la rehabilitación. Cada organismo fue creado como respuesta a un problema específico y organizado con el objeto de satisfacer una necesidad específica. Consecuencia de ellos es que el sistema se basa en programas divididos en categorías, que se ocupan exclusivamente del alcoholismo o la drogadicción, la planificación familiar, la orientación vocacional, etc. Los profesionales que trabajan en el sistema deben ser capaces de rotular cada problema antes de asignar al consultante al servicio correspondiente, o, a la inversa, antes de asignar el servicio al consultante. Por más que algunos profesionales pretendan ayudar a la persona en su totalidad, navegan en contra de una fuerte corriente burocrática.

Los asistentes sociales saben que la mayoría de los problemas que presenta una familia ante distintos organismos suelen tener como origen la misma disfunción. Un único problema puede presentar muchos síntomas y tener múltiples consecuencias. Si una familia está a cargo de una madre soltera desocupada y alcohólica, por ejemplo, puede terminar atendida por numerosos organismos, y de hecho eso ocurre con frecuencia. Si los organismos asistenciales estuvieran pensados de modo de ocuparse de todas las necesidades que pueda presentar una familia, ésta sería atendida de manera más amplia y con menos estigmatización. Algunos servicios alternativos para jóvenes han adoptado este enfoque genérico y ofrecen servicios médicos, legales y de salud mental a cualquier adolescente que los requiera, independientemente de la naturaleza del problema que lo llevó a la consulta.

Brindar apoyo a programas de este tipo es una de las maneras en que una comunidad puede demostrar que se preocupa de sus jóvenes. Una comunidad puede dejar bien en claro ante todas las familias que abomina de la violencia hogareña y defiende el adecuado cuidado de los menores. Esto implica elegir a funcionarios públicos cuyas opiniones en esta materia favorezcan claramente un medio protector no violento para los niños. Implica poner el acento en que las escuelas sean modelos positivos de disciplina no violenta y de cuidado activo, y no ejemplos de abuso o de descuido.

Como ya apuntamos, estos modelos positivos no deben darse por descontados. Hay que contratar a jueces, fiscales y funcionarios policiales que pongan en práctica este objetivo en su manejo cotidiano de los casos de maltrato infantil. Hay que ofrecer apoyo activo a los programas comunitarios de defensa del niño y la familia, como la "semana de toma de conciencia del abuso infantil", en los cuales los dirigentes comunitarios (principalmente del gobierno y las empresas) declaren expresamente su apoyo a las relaciones familiares no violentas y a las normas estrictas de cuidado del niño. Los grupos cívicos deben tomar la delantera en esta toma de conciencia comunitaria, utilizando como lema la frase "Ahorrémosle esto al niño". Además, la comunidad puede hacer manifiesta su especial inquietud por las víctimas adolescentes. En lugar de exigirles a los asistentes sociales individuales que elijan entre niños y adolescentes, proponemos que las comunidades suscriban la designación de uno o más especialistas en el abuso adolescente dentro de su personal regular.

Estos especialistas reunirían todos los informes vinculados a los adolescentes y se ocuparían de éstos en forma exclusiva. Los organismos del servicio de protección normalmente están en condiciones de autorizar determinados servicios (como las guarderías para los niños pequeños), pero por lo común no ofrecen tratamiento por sí mismos. Su papel se aproxima más al corretaje, defensa y derivación de los individuos hacia organismos específicos, y de las víctimas adolescentes en general hacia la comunidad total. Este papel es precisamente el indicado en muchos casos de abuso sobre adolescentes.

Los servicios de protección no pueden manejar los múltiples problemas que presentan las familias abusivas. Su éxito depende del éxito que tenga la derivación a organismos de servicios humanos. Esto subraya la necesidad de que entre los diversos organismos haya buena comunicación y una relación de confianza. En estos momentos, la mayoría de las comunidades sólo ofrecen a las familias abusivas o negligentes servicios esporádicos inmediatos que a veces son independientes de otros programas comunitarios, en parte porque con frecuencia las derivaciones fracasan, ya sea porque los consultantes se niegan a acudir al servicio, porque el organismo se niega a atenderlos debido a que no reúnen los requisitos, o porque las conexiones entre los organismos son inadecuadas. Muchas familias con problemas requieren diversos tipos de ayuda, desde psicoterapia hasta planificación familiar, pasando por el manejo del presupuesto. Dado que los servicios de protección del niño han sido pensados para actuar en situaciones de crisis, por lo general no están en condiciones de atender esas necesidades divergentes de largo plazo. Otros organismos deben colaborar.

Por desgracia, la actual estructura de la mayoría de los sistemas de servicio social alientan la competencia en lugar de la cooperación. A menudo los profesionales se ven obligados a rivalizar por el financiamiento de su actividad y por la clientela. Si todos los organismos de servicio funcionaran como una unidad dedicada a brindar ayuda ante cualquier problema (el enfoque genérico), la gente recibiría una atención más amplia y coherente. Esto requiere introducir cambios en las organizaciones, pues a menos que todas las agencias de servicio de una comunidad sean unitarias en su función, les costará mucho interactuar como si estuvieran guiadas por el mismo espíritu. Una manera de forjar esta alianza es mediante el enfoque del consejo comunitario, en el cual la estructura de poder de la comunidad entra en una relación regular con la red de organismos de servicio social en torno de la cuestión del maltrato.

Un consejo comunitario de esta índole puede fijar y sustentar normas y estructuras de cooperación, y brindar la dinámica necesaria para que se produzca la cooperación allí donde, de no hacerlo, se sucumbiría a las rivalidades entre los diversos organismos. Trabajar con familias menesterosas entraña tomar decisiones en muchos campos: médico, legal, psicológico. Ningún individuo o agencia que actúe solo puede tomar estas trascendentales decisiones con eficacia. Si no existen sistemas de apoyo comunitario que proporcionen retroalimentación al servicio de protección y a otras entidades involucradas, es improbable que se busquen las mejores soluciones ya sea para los jóvenes o para la comunidad. Todo esto implica solicitar a varias personas, cada una de las cuales posee pericia en algún campo, que resuelvan en forma conjunta qué servicios deberá recibir una familia dada. El concepto del equipo multidisciplinario es muy interesante para los casos de abuso infantil y particularmente pertinente en los de abuso adolescente.

Lamentablemente, con demasiada frecuencia a este concepto sólo se adhiere de palabra pero no en los hechos. Los equipos multidisciplinarios pueden evaluar la situación y hacer recomendaciones para el manejo inmediato de la crisis y la rehabilitación a largo plazo. Los participantes principales de tales equipos son los miembros del servicio de protección, si bien pueden también participar en ellos *part-time* enfermeras, pediatras, asistentes sociales encargados de encontrar hogares sustitutos, abogados, personal policial y judicial, y psicólogos. Lo habitual es que el equipo no brinde el servicio en forma directa; decide cuál es el mejor curso de acción y, en el caso ideal, cumple la importantísima función del seguimiento de los casos. En todas sus deliberaciones ocupa un lugar central el destino extrahogareño que se le dará al individuo afectado. A menos que se analicen con realismo las implicaciones de los hogares sustitutos, el manejo del caso será sólo un producto ficticio de la imaginación del equipo.

Una de las primeras responsabilidades de la comunidad de servicio social es asegurarse de que ninguna persona sea internada sin necesidad. Los jóvenes maltratados corren gran riesgo de ser internados, debido sobre todo a las heridas psicológicas que sufrieron, las reiteradas situaciones en que se vieron imposibilitados de manejar el problema y la inclinación de los padres a rechazarlos. Es probable que su comportamiento sea anómalo en algún sentido y que no sepan atenerse a las "reglas del juego" en su trato con la burocracia. Los profesionales de servicio tienen que tomar los recaudos para que la reclusión sea sólo un último recurso. Los dirigentes comunitarios deben aumentar el número y la calidad de los destinos posibles para ubicar a estos individuos de modo tal que la última instancia no se convierta en primera por omisión de las demás.

En los últimos veinte años han surgido en Estados Unidos organismos de ayuda para adolescentes con toda clase de problemas: casas para fugitivos del hogar, centros de atención para situaciones de crisis, programas de rehabilitación de drogadictos, clínicas de planificación de la familia, líneas telefónicas de socorro y organismos de derivación. Sin duda, su existencia mejoró la suerte de los jóvenes con dificultades, pero hay tres problemas principales que anulan su eficacia: 1) su número es insuficiente, y casi no existen fuera de las grandes ciudades; 2) la mayoría de ellos tienen una endeble base fiscal; y 3) muchos no mantienen buenas relaciones laborales con las agencias de servicio social de sus respectivas comunidades. Una de las funciones más importantes que debe cumplir un organismo alternativo es la de defensa. En el plano colectivo, esto implica crear grupos de presión para apoyar los legítimos derechos de los jóvenes. En lo individual, significa preocuparse por la suerte de los adolescentes que buscaron ayuda acudiendo al organismo. Ambos procesos pueden hacer que el organismo alternativo entre en pugna con los ya establecidos. Pueden funcionar siempre y cuando aquél cuente con buenas conexiones entre los profesionales y los dirigentes comunitarios que comprenden y avalan sus objetivos.

A fin de tener acceso a una ayuda pronta e idónea, es preciso contar con una nómina de miembros de otros organismos comunitarios que comparten tales objetivos. Gran parte del éxito o del fracaso de una derivación depende de los individuos que trabajan dentro de los organismos. Además, habrá que actuar como intermediario entre las diferentes instituciones que pueden ocuparse de un determinado adolescente. Evitar la interferencia es un servicio indispensable que se cumple para el consultante, y el común denominador de todas las entidades que defienden a los jóvenes. La nómina de profesionales leales forma parte esencial de dichos esfuerzos de defensa si se pretende que sean algo más que un puro revuelo momentáneo. Esa nómina incluirá tanto a las personas que trabajan en los lugares donde habitualmente transcurre la vida del adolescente (escuelas, grupos de jóvenes) como a las que trabajan en los contextos donde se atiende a los jóvenes con problemas.

Es imperativo que las agencias de protección del niño y otros organismos funcionen en forma cooperativa. Una comunidad atenta puede tomar la delantera y forjar de antemano esas relaciones de cooperación. La insuficiencia del apoyo comunitario es uno de los motivos por los cuales el trabajador social medio no dura mucho en su profesión, sobre todo si la desarrolla en servicios de protección. El agotamiento –ese problema tan debatido, que provoca un índice tan alto de rotación en los puestos– es causado por la gran cantidad de casos que deben atenderse, así como otras tensiones que abruman al individuo y lo tornan incapaz de hacer un buen trabajo.

Los profesionales que se hallan al borde del estrés suelen manifestar síntomas comunes: tienden a restar importancia a su compromiso con el consultante y mantienen respecto de éste una distancia física; no establecen contacto visual con él; abrevian la duración de las entrevistas; rotulan al consultante en forma desdeñosa; comienzan a tratar a los consultantes como meros "casos"; se atienen a lo que indican los reglamentos en todos los detalles; pero pese a todo, cumplen un horario de trabajo excesivo. De todas las áreas de la asistencia social, los servicios de protección del niño deben constituir una de las más arduas. Amén de los sentimientos normales de responsabilidad que suscita el hecho de brindar un servicio humanitario, los profesionales deben tomar decisiones de las que a veces depende, literalmente, la vida o la muerte del consultante. Tienen que resolver quién será apartado de su hogar, quién debe recibir tal o cual tipo de cuidados, y quién puede ser beneficiado por el servicio.

A estos profesionales se les ha encomendado la tarea de rescatar a seres humanos que atraviesan circunstancias muy penosas. Ninguna formación los protege totalmente del desgaste emocional que causa tratar de ayudar a tantos individuos desesperados. Este tipo de estrés tiene efectos previsibles, algunos de los cuales son: inhibición y negación de la propia ira, angustia ante la posibilidad de sufrir un daño físico, necesidad de recibir una gratificación emocional de parte de sus consultantes, sentimientos de incompetencia, temor por las consecuencias de las decisiones adoptadas, rechazo y proyección de las responsabilidades o, por el contrario, el sentimiento de ser totalmente responsable por las familias de que debe ocuparse, dificultad para trazar una línea divisoria entre lo personal y lo profesional, necesidad de control y aun sentimientos de victimización. Probablemente estos profesionales duden por momentos de su propia solvencia personal y laboral. Necesitan apoyo. Debemos reconocer que no es humanamente posible que una persona funcione bien si debe cargar con una responsabilidad tan abrumadora durante un período prolongado sin contar con una buena dosis de aliento y retroalimentación que lo compense.

Debemos proporcionarles a estos especialistas algún escape ocasional para evitar que se extenúen de manera sistemática.

Necesitan intervalos de descanso; un tiempo para asistir a cursos internos de capacitación o para ponerse a tono con el papeleo atrasado, por ejemplo. Otro instrumento es el grupo de apoyo integrado por sus pares. En estos grupos, quienes se ocupan profesionalmente del abuso pueden compartir sus experiencias, frustraciones y soluciones. Un grupo de apoyo de esta índole puede ser tan útil para quienes deben sufrir vicariamente el abuso varias veces al día, como lo es para las víctimas y victimarios reales. Sin embargo, aunque estos grupos de apoyo son importantes, no es menor la importancia de que la comunidad entera les brinde su soporte. Como ya mencionamos, la fragmentación de nuestro sistema asistencial es uno de los motivos de que el joven abusado no reciba mejor atención. Una prostituta adolescente que huyó de su casa, donde era objeto de abuso sexual, y tiene además un problema de drogadependencia, tal vez sea atendida en los tribunales, en una clínica con internación, en un programa de tratamiento de drogadictos y en un hogar sustituto sin que nadie repare en que sufrió abusos. Hasta que la comunidad emprenda un esfuerzo concertado para coordinar la forma de tratar el maltrato adolescente, la gente seguirá enterrada en los expedientes.

El problema de la violencia familiar afecta a casi todos los organismos de servicio social. Las personas que deben ayudar a otras personas a hacer frente a estos problemas necesitan operar dentro de un marco coherente, pues independientemente de su dedicación a la tarea, ningún organismo puede suponer que por sí solo es capaz de ayudar a los jóvenes abusados. Alguien debe reunir a todos los profesionales de servicio de un lugar, y no importa quién sea el que tome la iniciativa. Tanto los organismos alternativos como los servicios de protección del niño, los tribunales de menores, los centros de salud mental, los grupos de voluntarios y las escuelas están en condiciones de convocar a todos estos profesionales para que se unan. Entidades como la Comisión Nacional para Impedir el Abuso Infantil y APSAC podrían cumplir un papel a través de sus filiales locales. En diversas comunidades, diferentes organismos han tomado la iniciativa; lo importante es que alguien lo haga.

El primer paso que debe dar una coalición de esta índole es averiguar qué sucede en la comunidad en cuestión. Carecemos en Estados Unidos de un sistema nacional de servicio social; lo que hay es una suma inconexa de más de tres mil sistemas individuales de distrito. Esto implica que es preciso realizar en cada lugar una encuesta para conocer los recursos disponibles. Esta encuesta inicial debe efectuarse con rapidez, ya que después de todo no es más que un medio para alcanzar un fin, y si se profundiza demasiado el escrutinio, puede entorpecerse todo el proceso a raíz del tiempo que ello demandaría. Una vez realizada dicha encuesta, el ente organizador podría convocar a una conferencia que abarque a toda la comunidad a fin de discutir el tema y la respuesta que ha tenido la comunidad ante él. El mismo grupo podría trazar una estrategia para ocuparse de las víctimas del abuso.

La idea es crear un sistema que asegure que, en cualquier punto del mismo en que se incorporen los niños y jóvenes, serán orientados hacia la ayuda que necesitan. Una vez adoptadas las decisiones básicas, este grupo puede capacitar a la comunidad local de servicio aumentando su conciencia acerca del problema y ayudándola a enfrentarlo. También puede comenzar a involucrar a otros grupos del lugar. Por ejemplo, ofrecer un seminario intensivo sobre la comprensión con que debe verse a quienes trabajan en los servicios de protección del niño, o bosquejar los síntomas y la dinámica del abuso para los especialistas en salud mental. Podría auspiciar una sesión de instrucción para padres sustitutos sobre la manera de aumentar sus habilidades de relación y elevar la autoestima de las víctimas que tienen a su cargo. Podría reunir a los administradores, representantes, legisladores y funcionarios encargados de la aplicación de las leyes a fin de analizar sus funciones divergentes o antagónicas respecto del abuso, sopesando en qué casos se necesita protección y en cuáles rehabilitación.

Se podría requerir la opinión sobre problemas específicos de las personas que tramitan ante la justicia procesos por abuso; por ejemplo, dichas personas podrían explicar qué elementos debe incluir exactamente la presentación ante un tribunal. Una tarea esencial de este grupo es la educación pública. Inculcarle a la gente que no necesita soportar el maltrato no sirve de nada si luego no tiene adónde acudir en busca de ayuda.

Las comunidades en la que se iniciaron campañas de concientización de la población adelantan que es previsible que aumente el número de casos de abuso de los que se informa. Por lo tanto, antes de que la población esté al tanto del problema, ya deben haberse creado los mecanismos para responder a él. El objetivo es despertar la comprensión y el interés de la gente, y no que reaccione en forma instintiva. Las necesidades existen y superarán a cualquier sistema que no esté en condiciones de ocuparse de estos casos. Por tal motivo, los programas de educación pública deben poner el acento en la importancia de los grupos de autoayuda y de los voluntarios como elementos complementarios auxiliares de los programas profesionales de servicios.

Fortalecer a las familias

Una de las maneras de ayudar a prevenir el maltrato infantil es apoyar a las familias en momentos de crisis, por ejemplo cuando el desempleo o una enfermedad causan un estrés agudo. Una segunda manera es brindar servicios especiales a las familias que corren un alto riesgo de maltratos a raíz de los valores de los padres o sus experiencias previas, o de alguna particular dificultad evolutiva del niño. Una tercera manera es fortalecer a la familia como entidad social. Esto último toca el núcleo del problema y puede realizárselo de varias formas. Es fácil advertir que el fortalecimiento de las familias es parte esencial de nuestros esfuerzos por solucionar el problema del maltrato. Si incrementamos los recursos psicológicos y sociales de los padres, aumentaremos la probabilidad de que brinden un cuidado apropiado a sus hijos.

Pero no podemos ignorar que nuestro análisis muestra bien a las claras que debe irse más allá de las nociones convencionales acerca del fortalecimiento de la familia, según las cuales basta con dotarla de los elementos para que se las arregle sola y sea autosuficiente. De hecho, es precisamente esta mentalidad individualista la que hemos criticado en repetidas oportunidades. Creemos que uno de los modos más importantes de fortalecer a la familia es construir puentes entre sus miembros y el mundo externo. Nuestro objetivo es brindar, más allá de las habilidades de superación individuales, la capacidad de lograr una dependencia positiva (que, en rigor, es una interdependencia).

Nuestra perspectiva ecológica nos dice que las familias dependen de otros sistemas sociales, les guste o no. Estas conexiones deben operar en favor y no en desmedro de la familia. Esta es la idea básica que subyace a nuestra propuesta de apertura y de construcción de puentes sociales como manera de fortalecer a la familias. El sistema de atención de la salud puede aprovecharse como sistema de apoyo a la familia. El nacimiento de un niño ofrece una oportunidad especial para fomentar estas conexiones sociales: hasta las familias aisladas o enajenadas están dispuestas a incrementar sus relaciones sociales cuando nace un niño, y debemos capitalizar esta buena disposición. Podría designarse para cada una un "visitante sanitario", como lo recomendó el Consejo Asesor sobre el Abuso Infantil (Melton y Barry, 1994). Esta persona comenzaría a visitar a la familia antes aun del nacimiento del niño y continuaría haciéndolo bastante tiempo después. Todavía no contamos con datos para saber si esta función la puede cumplir un paraprofesional, además de las enfermeras y otros especialistas, pero lo esencial es que se entable una relación duradera con la misma persona.

Estos convenios pueden establecerse asimismo con otras instituciones, como las escuelas. En verdad, nuestra meta sería crear una trama social sin solución de continuidad en la cual, a medida que el niño y la familia avanzan en su ciclo vital, vayan pasando sin saltos bruscos de una institución a otra. El obstetra o la partera son los puentes que comunican con el visitante sanitario; éste es el puente que comunica con la maestra jardinera de la guardería o del nivel preescolar, que a su vez será el puente más tarde con la maestra de la escuela primaria. Este enfoque fortalece las relaciones entre la familia y la comunidad y se sustenta sobre bases firmes como parte de la ecología de la vida del niño.

Pero el concepto del visitante sanitario integra otro más amplio. Muchos analistas han comentado que la idea que se suele tener acerca de la medicina hace que se tienda a curar enfermedades en lugar de promover la salud. En el caso del abuso y el descuido del niño, lo primero es mucho menos provechoso que lo segundo. Si pensamos en el sistema de atención sanitaria como un sistema de apoyo a la familia, de inmediato advertiremos que va de la mano con la medicina preventiva; por ejemplo, con las visitas al bebé sano, las campañas de vacunación, el asesoramiento alimentario y sobre la modalidad de vida. En ambos casos, la familia establece una relación con prestadores de servicios de salud. Sin embargo, para nuestros fines la relación es óptima cuando en ella se combina la conexión con determinados individuos durante un período prolongado (para crear sentimientos de apego) y el contacto con una amplia variedad de individuos (a fin de incorporar un elemento de objetividad). Seamos claros: aquí no hablamos de algún enfoque invasivo de la privacidad, del tipo del "Gran Hermano"*, sino más bien de una extensión natural de nuestras prácticas familiares tradicionales, que tenga en cuenta las necesidades de la familia (tal vez a este enfoque podría bautizárselo mejor como el de la "Gran Hermana"). Y este proceso se inicia con el nacimiento del niño.

A medida que avanza nuestro conocimiento del parto y de la temprana infancia, se torna evidente que cuando más activa sea la participación de los padres y su control de la situación, mayor será su apego al niño. Y cuanto más fuerte sea este apego, menos probable es que la familia tenga dificultades en el cuidado del bebé. De ahí que para promover lazos familiares más estrechos pueda apelarse al parto centrado en la familia (como lo hace el método Lamaze), la participación del padre en el parto, la lactancia natural materna y el contacto del bebé con sus progenitores desde el primer minuto de vida. Como en todos nuestros empeños, también aquí el objetivo es potenciar los recursos psicológicos y sociales de la familia. Al considerar al nacimiento un suceso social y capitalizar su poder implícito, aprovechamos la oportunidad que nos ofrece de reconocer y fomentar el papel que cumplen las redes de ayuda naturales y los

---

* Sobre las expresiones Gran Hermano y Gran Hermana, véase la nota del traductor en el Capítulo 3. (*N. del T.*)

vecinos naturales. ¿De quiénes recibe la gente la mayoría de la ayuda que necesita día a día? Casi todos confiamos sobre todo en nuestros parientes, amigos y vecinos. Así como nuestra economía depende del sistema de la libre empresa, nuestros servicios sociales nos son provistos principalmente a través de intercambios de ayuda que no dependen de profesionales. Una vez que hayamos reconocido esto, habremos dado un importante paso adelante.

En este punto nos asaltan varias preguntas. ¿Cuáles son las redes actualmente existentes en las que está sustentada la familia o en las que podría estarlo? ¿Hay en el vecindario individuos particularmente inclinados a ayudar a los demás o interesados en hacerlo? ¿Acaso estos individuos podrían brindar el eslabón faltante entre el profesional responsable de la protección del niño y las familias de una cierta zona? Si invertimos tiempo y energía en ganarnos la confianza de las redes de ayuda naturales de un lugar, podemos aprovechar esa relación para mejorar la prevención, la identificación de los casos y su tratamiento. Todos nuestros esfuerzos forman parte de una campaña coherente destinada a aumentar el acceso del profesional a los recursos sociales de la comunidad y el acceso de la comunidad a la pericia y experiencia del profesional.

Todos necesitamos alguna vez un amigo, y todo amigo necesita alguna vez ayuda para ser tanto un buen amigo como un buen ciudadano. Alice Collins y Diane Pancoast (1976) denominaron a esta estrategia "modelo de la consulta". En él el profesional trabaja con ciudadanos y vecinos clave en bien de los niños y de sus familias. En lo posible, recurre a voluntarios que han recibido para ello alguna formación y a grupos de autoayuda. Los grupos de autoayuda, como Padres y Madres Anónimos, son eficaces y su coste es comparativamente reducido. La eficacia en materia de costes va a tener sin duda creciente importancia en los años venideros. Pero los voluntarios, por más que estén muy motivados y bien instruidos, y los grupos de autoayuda, por más que sean afectuosos y se comprometan a nivel emocional, no van a resolver todos los problemas. Ninguna estrategia lo hará por sí sola. Pueden, empero, contribuir a manejar mejor muchas situaciones, liberando así al profesional para aquellas otras que son o demasiado volátiles o demasiado poco atractivas como para que convoquen la intervención de los legos. Además, con esa ayuda los recursos profesionales pueden concentrarse de un modo que hoy rara vez es posible.

Programas como el denominado "Constructores de Hogares" podrían tener una mayor difusión. En él, un equipo de asesores especializados se congrega en torno de una familia con la cual han fracasado todos los enfoques convencionales y está a punto de quebrarse. El equipo terapéutico pasa todo el tiempo con esa familia (hasta un máximo de seis semanas, si es necesario) tratando de rescatar a padres e hijos de la disfunción.

Cuando en una familia abusiva los hijos llegan a la adolescencia, tal vez sus padres ya los sometieron a una atención inapropiada durante más de una década. En tales circunstancias, es probable que ni los adolescentes ni sus padres se sientan bien con su relación ni estén dispuestos a discutir el asunto –una especie de fracaso– con extraños. En contraste, los padres que nunca abusaron de sus hijos tal vez no tengan una familia idílica, pero al menos se han abstenido de incurrir en el abuso durante diez años como mínimo. Esto significa que se las ingeniaron como padres (al menos en comparación con los que cometieron abusos con sus hijos desde que éstos eran niños) hasta el momento en que no pudieron hacer frente al desafío de vérselas con un adolescente. Estarán mejor dispuestos a discutir su parentalidad pues tienen sentimientos positivos sobre ésta y por lo tanto quizás sean más flexibles en cuanto a modificar su comportamiento a fin de recobrar el estado de equilibrio en que vivieron originariamente. En este caso, la tarea es mayormente una rehabilitación.

Un aspecto muy importante del problema es la necesidad de trabajar con los padres cuando el adolescente ha dejado el hogar (por ejemplo, por haberse fugado), con el objeto de suavizar el reingreso del joven a la familia. Si se dispone de un hogar colectivo o sustituto bien preparado, éste puede ser el mejor curso de acción para las víctimas de antigua data. La sensatez de apartar o no a un niño de su familia es una cuestión evolutiva: será más apropiado hacerlo con adolescentes que con niños, más con los que sufren problemas crónicos que con los que padecen una situación aguda. Los organismos de cada localidad podrían brindar muchos servicios concretos de este tipo a los jóvenes abusados y sus familias, a veces más a un grupo que a otro. Los centros de salud mental pueden ofrecerles grupos de apoyo a los padres abusivos; brindar asesoramiento a los padres de un joven que se fugó para que, como dijimos, la reincorporación de éste al hogar sea menos conflictiva; ofrecer a la familia instrucción relativa al desarrollo, incluyendo información sobre la etapa adolescente dentro del ciclo vital. También podrían alertar a los padres sobre las posibles consecuencias del castigo físico, promover formas no violentas de resolución de los conflictos y ocuparse de los espinosos problemas que genera la sexualidad del adolescente, en particular cuando hay de por medio padrastros o madrastras. Los organismos que se ocupan de los refugios deberían considerar la ubicación de un joven fuera de su hogar como lo que es: un convenio. Los adolescentes tienen plena capacidad para dejar cualquier medio que no les guste.

En el caso de los adolescentes, la relación con el refugio es un convenio mutuo en el cual se debe contar con el consentimiento del adolescente si se pretende que tenga éxito. Los asistentes sociales individuales deben analizar además los posibles efectos perniciosos de ubicar a un adolescente en una comunidad que le es desconocida. Si se atiende adecuadamente a la red social del adolescente, su ubicación puede ser más duradera y eficaz. Los parientes que se preocupan por el adolescente son una fuente de recursos para los profesionales que le están buscando un hogar, aunque para recurrir a ellos tal vez sea necesario revisar algunas normas legislativas y administrativas. Una idea particularmente promisoria para la ubicación apropiada de los adolescentes es la que encarnó en el concepto de hogares sustitutos terapéuticos. Estos se diferencian de los hogares sustitutos tradicionales en que los padres sustitutos son reclutados especialmente por su capacidad para tratar con niños seriamente perturbados; reciben una suma mayor que los padres sustitutos convencionales y una formación especial; y pueden acudir a otros medios de apoyo profesional y social. En la mayoría de los casos sólo se destina un niño a cada hogar; es raro que se asignen más de dos niños por hogar.

A cada consejero psicológico o asistente social individual se le asignan entre ocho y veinte jóvenes, generalmente con la expectativa de que llevará a cabo con éstos como mínimo una sesión de tratamiento semanal. Además, los padres sustitutos tienen un contacto directo por semana con los profesionales. Esto se halla en marcado contraste con los hogares sustitutos convencionales, en los que a veces pasaban varias semanas o aun meses antes de la nueva visita del asistente social. A menudo, en los hogares sustitutos terapéuticos se procura que diversas familias se unan en una red cohesiva a fin de proporcionar apoyo emocional y social a sus integrantes. Esto se asemeja casi a la creación de una "familia extensa" para cada hogar, pues se alienta a los padres sustitutos para que se ayuden recíprocamente en la forma en que lo han hecho siempre los miembros de las familias extensas.

Cambio de valores

Sin embargo, por importantes que sean los cambios que los organismos e instituciones en su conjunto pueden hacer no son suficientes. Nuestra perspectiva ecológica nos indica que hay riesgos provenientes de nuestro macrosistema, de los esquemas que empleamos para definir y organizar nuestra vida. Tenemos que realizar, respecto de estos problemas culturales básicos, un lento y difícil progreso. Dos ámbitos principales merecen aquí nuestra atención: 1) los criterios que utilizamos para determinar los méritos de las personas; y 2) nuestras normas acerca de lo que entendemos como un comportamiento aceptable en los conflictos familiares. En las personas de medios económicos moderados, nuestra ética materialista socava el sentido del propio valor y contribuye al conflicto familiar. Si un individuo, basándose en el hecho de que no ha logrado acumular riqueza, siente que no es suficientemente bueno, sentirá que tampoco lo es en las actividades que desarrolla. Esto es aplicable a la parentalidad. La adhesión a esta ética materialista en quienes gozan de seguridad económica es lamentable. Puede provocar problemas innecesarios, pues el sentimiento de la propia valía es un elemento clave para una conducta parental sensible.

Es evidente que un cambio de valores podría resolver la cuestión para la clase media; pero para los pobres eso no basta, y la pobreza sigue siendo el problema central de las familias en que se da el abuso infantil. En nuestra sociedad materialista, la indigencia económica está muy difundida y se vincula con el empobrecimiento social. No es de extrañar que si a la gente se le recuerda día tras día que no vale tanto como la mayoría porque gana menos, no siempre pueda sentirse o actuar como un padre o madre competente. Por ello, el abuso infantil es en realidad un fenómeno de clase. Ciertamente, éste es el contexto del cual surgen las víctimas adolescentes con una historia de abuso. Cada vez que un progenitor abusivo les pega a sus hijos, refuerza su propia convicción de ser inadecuado. El rechazo de nuestra ética materialista y la redistribución de la riqueza son objetivos que muchos tienen en el mundo y por los cuales seguirán luchando.

El papel de la redistribución de los recursos en lo que hace a aminorar el problema del abuso no es sino otra razón para abogar por ello. No obstante, en términos de los efectos directos sobre el maltrato, las reglas básicas que establecemos para los conflictos familiares son más importantes que las cuestiones económicas. Si vemos a los miembros de una familia golpearse o abofetearse, eso no nos perturba tanto como cuando vemos que un desconocido hace lo propio: lo primero es normal, lo segundo, un acto delictivo. En general, cuando el miembro de una familia no quiere escuchar razones, aceptamos que otro recurra a la violencia. Pero deberíamos considerar tan seriamente reprochable la violencia familiar como la que ejerce un extraño. A tal fin necesitamos brindar a las familias mecanismos no violentos para dirimir sus conflictos.

En este campo, el modelo de instrucción de la familia nos ofrece un ejemplo. Las personas necesitan aprender a pelearse entre sí de un modo razonable y ventilar sus mutuos agravios en una forma no violenta, controlada. El modelo requiere confiar en la exposición racional de los reclamos sin emitir juicios de valor, en la negociación que lleve a soluciones de transacción y en medidas efectivas para concretar lo que se haya decidido. Los padres necesitan sugerencias prácticas para ello, en particular cuando las fuerzas naturales que operan en una familia en la que los hijos llegan a la adolescencia van en la dirección opuesta.

Estudiar la ecología humana del maltrato infantil

Ningún análisis del abuso y el descuido del niño es completo si no se plantea que en este tema se precisan investigaciones más inteligentes. Los problemas metodológicos que éstas entrañan son enormes (National Research Council, 1993). Encontrar una muestra adecuada para su estudio, crear medidas apropiadas para utilizar con esa muestra, establecer comparaciones válidas entre distintos grupos y tipos de tratamiento: todo ello puede bastar para hacer que el investigador caiga en la desesperación o llegue a transigir con una insuficiente solución de compromiso entre lo expeditivo y lo válido. Precisamente la dificultad del desafío torna más importante aún que las comunidades apoyen las investigaciones futuras. Pese a sus limitaciones y a que no ofrecen respuestas completas, las que se han hecho hasta ahora son útiles.

Pero necesitamos saber más, y en el examen que hemos realizado hasta aquí hay muchas hipótesis que podrían dar lugar a estudios sobre la forma de impedir el maltrato infantil trabajando sobre la ecología humana de la familia desde el microsistema hacia el macrosistema. Esta necesidad de una mayor información se torna acuciante cuando se trata de los adolescentes.

Los frutos de la perspectiva evolutiva

Nuestros planes de acción pueden sacar partido de nuestra conciencia social práctica para lanzarse a la búsqueda de un mundo ideal en el que la comunidad y la familia trabajen juntas en bien del desarrollo de niños y jóvenes. Aunque la mayoría de las cuestiones que hemos tratado sirven para todos, algunas tienen mayor relevancia para los niños que para los adolescentes (y viceversa). Creemos que los problemas económicos básicos son los prioritarios para proteger a los niños pequeños, en tanto que las cuestiones relativas a los "derechos" son particularmente importantes para los adolescentes que requieren del apoyo de la comunidad para negociar con sus padres ciertas normas básicas. Los problemas especiales de los adolescentes derivan de la escasa credibilidad que se les concede como víctimas y de la necesidad de "potenciarlos" (según la expresión de Edward Albee) o restituirles su poder para que lo usen en su propia defensa.

En materia de prevención, hay dos puntos centrales: 1) deben brindarse más respuestas comunitarias eficaces frente al maltrato infantil para interrumpir la serie de los "adultos que sufrieron abusos cuando eran niños"; y 2) hay que mejorar las habilidades sociales, tanto de los padres como de los jóvenes, para ayudarlos a navegar por las encrespadas aguas de la adolescencia temprana.

El maltrato a los jóvenes constituye un problema social. Manis (1974) propuso tres criterios para evaluar el grado de importancia de los problemas sociales: 1) la *primacía*, o sea, el hecho de que el problema sea causa de otros problemas y el resultado de múltiples factores; 2) la *magnitud*, o sea, la frecuencia o difusión del problema en la población; y 3) la *gravedad*, o sea, el grado o nivel de daño que provoca. Según esto, el maltrato es un problema serio fundamentalmente debido a su primacía y su gravedad. Tiene primacía porque fomenta muchos otros problemas (entre ellos la huida del hogar, la delincuencia, el abuso infantil futuro y las deficiencias psicológicas) y porque surge de una compleja serie de fuerzas psicológicas y sociales que operan en la familia; y tiene gravedad porque parecería que muchas de sus víctimas padecen un funcionamiento muy menoscabado, que bien puede prolongarse en la adultez. La magnitud es lo menos grave del problema, ya que la mayoría de las familias no maltratan a sus hijos. Sin embargo, por su primacía y gravedad, aun con los porcentajes comparativamente reducidos de la población involucrada, el maltrato reviste el carácter de un problema importante.

Como vemos, para superarlo tenemos que cambiar muchas cosas y en muchos planos. Debemos introducir algunos cambios organizativos en nuestros sistemas de servicio social. Debemos reunir más información sobre el abuso y el maltrato. Debemos movilizar los recursos con que cuentan las escuelas. Debemos modificar las leyes en lo tocante al estatuto de los jóvenes en general, y de su relación con su familia en particular. Y lo que es más importante, debemos modificar nuestro modo de pensar acerca de la familia, la juventud, la violencia y el poder. Como siempre, todos estos patrones deben ser examinados en el contexto social en que se dan. Maestros, profesores, asesores psicológicos, funcionarios de la justicia, policías, necesitan tener clara conciencia de la posibilidad de que los jóvenes con los que tratan pueden haber sido objeto del abuso o el descuido. Paralelamente, es necesario que estas figuras tutelares consideren el papel que desempeñan las discapacidades de aprendizaje en la conducta de los jóvenes perturbados. Es especialmente importante que el personal clave de las escuelas y de los organismos de aplicación de la ley conozcan el sistema asistencial del lugar en que viven y a su personal. Ningún empeño por cambiar la forma en que una comunidad trata a los adolescentes abusados puede dejar de lado a esas dos instituciones, las escuelas y los organismos de la justicia penal, ni a los funcionarios que las dirigen. No existe ningún sucedáneo para los contactos y conexiones personales.

Las escuelas deben participar en las actividades preventivas

Las escuelas han hecho grandes avances en algunos aspectos de la ayuda a las víctimas de abusos, sobre todo al cumplir con las exigencias de las leyes que establecieron la presentación obligatoria de informes. En Estados Unidos, casi todos los grandes distritos escolares y la mayoría de los pequeños ofrecen a las víctimas derivaciones y algunos servicios de asesoramiento psicológico. La mayoría, también, ha implementado una política formal sobre el abuso, y muchos de los distritos de mayor tamaño hasta realizaron campañas para educar a la población. Pero aún les falta desempeñar su papel más eficaz en el área de la prevención. Ninguna campaña comunitaria que confía en mejorar la suerte de los niños abusados puede soslayar a las escuelas. A través de ellas es posible llegar a casi todos los niños y jóvenes sin temor a la rotulación.

Los esfuerzos preventivos pueden cobrar muchas formas. Las escuelas preocupadas por la cuestión pueden sensibilizar a los docentes de la escuela elemental y media frente a los conflictos parentofiliales, de modo tal que sean capaces de abordar estos temas de manera informal con sus alumnos. Los maestros pueden sensibilizarse también ante las necesidades especiales de los niños y jóvenes abusados, a los que incluso podrían brindarles una atención especial en sus clases. Las asociaciones cooperadoras pueden auspiciar clases para padres sobre la resolución no violenta de los conflictos, la sexualidad y la dinámica de las familias reconstituidas, incluyendo a los padrastros y madrastras, y quizás adoptar una postura oficial contra los castigos corporales en la escuela. Los establecimientos educativos pueden dar clases sobre conducta en la vida y desarrollo humano (algunos ya lo hacen) que preparen a los jóvenes para las decisiones que deberán tomar cuando sean padres. Al mostrar a los adolescentes lo que un bebé es capaz de hacer, estas clases podrían contribuir a eliminar las expectativas irreales que tienen muchos progenitores abusivos. Un curso sobre el desarrollo del adolescente les permitiría a los jóvenes tener un mayor conocimiento de sí mismos. Una vez que comprendan mejor la adolescencia, el curso podría incluso ayudarlos a tratar con sus propios hijos cuando lleguen a esa edad, si bien aún no se ha podido documentar la eficacia que tiene a largo plazo la educación de los padres. Además, las escuelas podrían ayudar a los adolescentes asignados a hogares sustitutos o asilos para que se reintegren a la vida escolar al volver de tales instituciones.

Otra ayuda que podría brindar la escuela a los adolescentes es reconocer que la enseñanza tradicional resulta frustrante para los que no tienen éxito en ella. A nadie le gusta enfrentarse diariamente con sus fracasos; sin embargo, se pretende que los alumnos de bajo rendimiento académico concurran regularmente a la escuela y se conduzcan en forma correcta mientras están en ella. En lugar de planear para estos alumnos algún tipo de educación alternativa, las escuelas suelen expulsarlos. Finalmente, las escuelas pueden tener un papel activo en la promoción de grupos de autoayuda para jóvenes y de concientización acerca de los abusos que padecen los adolescentes, a fin de que los procesos tan eficaces de los grupos de pares operen en favor de las víctimas.

La reforma del sistema de los tribunales de menores

Más que las escuelas, es el sistema de la justicia penal el que se ocupa directamente del abuso de niños y adolescentes. Dado que muchos jóvenes maltratados llegan a los tribunales a raíz de haber cometido alguna infracción o delito, los abogados y jueces deben estar atentos a la presencia de síntomas de abuso. Las correlaciones que antes establecimos entre el abuso y los actos delictivos graves (particularmente los que implican el empleo de la violencia) son tan fuertes que no es ingenuidad recomendar que se adopte como actitud suponer, hasta que se pruebe lo contrario, que el joven ha sido maltratado. La premisa de que un joven "es inocente en virtud del abuso que sufrió" es un buen punto de partida para abordar los casos de los jóvenes que cometieron crímenes violentos, pues al tribunal le está diciendo que se requiere una intervención y, al mismo tiempo, que la rehabilitación del transgresor y de sus habilidades sociales es un prerrequisito para su buen comportamiento futuro. El reconocimiento e incorporación al proceso judicial de la historia familiar del delincuente puede modificar en forma notoria el curso de su caso.

El sistema penal es lento. Los adolescentes que llegan a él sólo como consecuencia del abuso deberían tener prioridad en el orden del día, por el posible daño evolutivo. Los casos que entrañan acusaciones penales contra los padres y audiencias sobre la dependencia del adolescente de su familia en su condición de niño tienen que coordinarse de modo de evitar demoras indebidas. El sistema jurídico es tan complicado, que el adolescente necesita a alguien que lo ayude a abrirse paso en él. Los tribunales podrían proporcionarles la ayuda de un voluntario que lo vigile y lo acompañe a las audiencias para asegurar que sus intereses sean debidamente respetados. Estos voluntarios, denominados "custodios *ad litem*" ("para el caso en cuestión"), reciben habitualmente una formación legal o paralegal. En la actualidad sus servicios se están volviendo más habituales en Estados Unidos.

En los casos de abuso debe aligerarse el peso de la prueba. Puesto que es poco probable que el adolescente porte en su cuerpo huellas del daño físico que ha sufrido, deben adoptarse otros criterios más amplios para brindarle los servicios que requiere. Alguien –tal vez el equipo multidisciplinario que describimos con anterioridad– debe contar con la autoridad de decidir si puede o no proporcionarse ayuda a la familia. Una vez adoptada dicha decisión, los engranajes de la máquina burocrática deben moverse con presteza.

Una solución poco utilizada para las familias disfuncionales con adolescentes es la *emancipación* de estos últimos, o sea, el proceso que permite a un menor de edad vivir independientemente de sus padres, concediéndole los derechos correspondientes. En muchos estados de Estados Unidos y muchos países del mundo existen procedimientos de emancipación, aunque casi todos exigen el consentimiento de los progenitores. Si el hogar es un lugar poco hospitalario para el joven y éste es capaz de vivir solo, la emancipación es una solución total. Darle al adolescente la escasa ayuda económica que precisa para mantener su propia vivienda lleva menos tiempo y energía que asignarlo al cuidado de un adulto o de una institución, y evita el riesgo de que sea maltratado por la persona que supuestamente debe cuidarlo. Para muchos jóvenes, en especial los que han sufrido un abuso grave y prolongado, la vida independiente pueden representar un reto insuperable debido al daño que padeció su psique y sus habilidades sociales; pero hay otros que pueden manejar muy bien su independencia. Como es obvio, el permiso de los padres suele ser un obstáculo para que se concrete este arreglo, y sería menester modificar las leyes para que algún tercero pueda desempeñar en esto un papel mayor. Tal fue el propósito de las iniciativas legales adoptadas en Suecia respecto de los procedimientos que les permiten a los hijos "divorciarse" de sus padres.

Si las circunstancias son propicias, la vida independiente es una solución legítima que debería constituir una alternativa válida. Para satisfacer la amplia gama de necesidades que manifiestan los jóvenes maltratados tenemos que recurrir a todas las opciones posibles. En ese mismo espíritu, debemos reconocer que los jóvenes que huyeron de sus hogares son "emancipados funcionales". Tal como están hoy las cosas, la falta de derechos y de recursos priva a esos jóvenes de todo medio de sustento legítimo. Hay que admitir que, más allá de los motivos que los han llevado a dejar su hogar, ya viven como individuos independientes y hay que lograr que lo hagan al amparo de la ley. Si aún están en la edad para concurrir a la escuela, deberían hacerlo, y también tendría que autorizárselos a firmar contratos, alquilar una vivienda, recibir atención médica pública y trabajar en horarios nocturnos.

Tenemos que permitir que los jóvenes reciban ayuda aunque no cuenten para ello con el permiso de sus padres. El otorgamiento de estos derechos no significa avalar la huida del hogar ni alentarla; simplemente está destinado a que el que ya se fugó de la casa pueda sobrevivir. Con ello se comenzaría a aliviar el peso que esta situación implica para el joven. Si se pudiera, debería brindarse asesoramiento psicológico a los padres mientras su hijo o hija está fuera del hogar, a fin de determinar las causas subyacentes a la conducta de éste y facilitar su reincorporación a la familia. Enviar a los menores a la cárcel es una costumbre repulsiva que en Estados Unidos ya ha sido abolida en el plano nacional y en muchos estados. Ahora los que defienden a los jóvenes están procurando que los demás estados acaten la directiva nacional de abrir las puertas de las prisiones para los transgresores del orden jurídico, grupo que incluye a muchas víctimas de abusos.

Además, debemos proteger a los jóvenes de los abusos que pueden padecer cuando se los recluye dentro o fuera del sistema penal. Hay en marcha varios estudios que están investigando la naturaleza, causas y efectos del abuso y el descuido dentro de las instituciones con internado. Otros proyectos procuran establecer procedimientos para la elevación de reclamos sobre abusos en dichas instituciones, lo cual incluye el estímulo a la presentación de informes, la fijación de normas de procedimiento para estos últimos y la adopción de medidas correctivas. El gobierno nacional norteamericano, a través de su Programa de Discapacidades Evolutivas, ayuda a los estados que desean nombrar defensores de los jóvenes en tales instituciones. El abuso institucional, como el parental, florece en medio del aislamiento y el secreto. Si queremos que las instituciones cumplan mejor la misión para la cual fueron fundadas, tenemos que otorgarles un grado más coherente de apertura.

La movilización de la comunidad

Si queremos que nuestras comprensión de las familias abusivas sea provechosa, tiene que convertirse en la base para la acción. La perspectiva ecológica desarrollada en este libro implica que dicha acción no puede limitarse a estrategias de intervención destinadas a cambiar en forma directa a la familia o al entorno en un solo plano. Como se ha dicho tantas veces, el maltrato a niños y jóvenes es un indicador social de la calidad de vida en una comunidad o sociedad. Por lo tanto, los problemas del maltrato no se abordarán adecuadamente si lo hace sólo un sector de la comunidad, ya se trate de los profesionales de servicio, los padres abusivos o los investigadores. Fundándonos en esto, definimos como nuestra meta última la prevención primaria del maltrato infantil, y proponemos que para su concreción se movilice a toda la comunidad.

Uno de los modelos para una organización total de la comunidad según estos lineamientos se apoya en conceptos tomados de los campos de las investigaciones sobre evaluación y del marketing. Michael Patton (1978) desarrolló un enfoque de la evaluación que incorpora a los usuarios de ésta en todo el proceso de la investigación. Aplicado a la organización comunitaria como medida de prevención primaria del maltrato infantil, el concepto de Patton involucra a toda la comunidad de modo tal que sus habitantes se comprometan con el proceso por el cual se pretende que la sociedad en su conjunto apoye una buena crianza.

Por su parte, desde el área del marketing Philip Kotler (1975) nos ha brindado sus principios sobre las organizaciones sin fines de lucro. Estos principios establecen un marco conceptual sistemático para difundir e instrumentar un programa de prevención primaria en una cierta comunidad. El paso inicial en la movilización de la comunidad para la prevención primaria consiste en identificar y luego organizar a los decisores y a los usuarios de la información que sean pertinentes. Sugerimos que en nuestro caso la comunidad procure identificar a los miembros de las profesiones de servicio social, los funcionarios municipales y del distrito, los representantes de los empresarios y de los trabajadores, los dirigentes de la educación y de la salud, así como a miembros de familias (incluidos los adolescentes) que pertenecen a diversos vecindarios.

Podría ponerse en marcha un proceso educativo grupal con esta gente centrado en las preguntas de una evaluación. Para empezar, el grupo estudiaría, entre otras cosas, el proceso evolutivo en su relación con el maltrato y la perspectiva ecológica propuesta en este libro. La segunda etapa consistiría en dividir el grupo total en equipos de tareas menores, que enfocarían cada zona geográfica de la comunidad como un "mercado" segmentándola en vecindarios y definiendo a éstos en torno de variables como la edad, el estilo de vida, el estatus socioeconómico y las características del empleo. Además, definiría a las redes sociales formales e informales en torno de variables como los tipos de servicios brindados y los indicadores demográficos.

El grupo de tareas elegiría entonces los objetivos de su accionar. En este punto es crucial que los miembros de la comunidad tengan poder decisorio. Los decisores y los usuarios de la información deben entonces identificar los sistemas y vecindarios que necesitan un cambio, así como aquellos otros que ya funcionan instrumentando medidas de prevención. Puede planearse y otorgarse apoyo financiero e institucional a aquellos sistemas de la comunidad que ya están proporcionando servicios de cuidado de la casa y de los niños, de salud, de apoyo para padres y de recreación. Desde luego, la comunidad tiene que seleccionar y dotar de la autoridad correspondiente a un conductor que coordine las tareas de los grupos, supervise el funcionamiento de los servicios a los que se subsidia, contrate a otras personas ya sea *part-time* o *full-time* para que lleven a cabo los planes de los grupos, y coordine las relaciones públicas.

A medida que se disciernen las necesidades insatisfechas y se desarrollan programas de cambio, serán presentados a toda la comunidad en forma sistemática utilizando el modelo del marketing. La filosofía de la prevención primaria y nuestra perspectiva ecológica nos exigen que estos programas sean realizados de modo tal que brinden apoyo a todas las familias y no sólo a las de alto riesgo. Entre los posibles rubros del curso de acción podrían hallarse: identificar las redes naturales de ayuda y ofrecerles servicios de asesoramiento; iniciar un programa de partos centrados en la familia; desarrollar el apoyo de los exosistemas, particularmente entre la familia y la escuela; planificar una campaña para modificar la imagen de los jóvenes como elementos perturbadores; desarrollar grupos de apoyo y de autoayuda para jóvenes. Se tomarán como objetivo algunos sistemas sociales informales, tales como los vecindarios o grupos de apoyo, y se los describirá según sus características demográficas y de otra índole. Las decisiones relativas a la promoción girarán en torno del uso de los medios masivos de comunicación, así como de los contactos personales y en pequeños grupos, a fin de publicitar el "producto". Si bien los medios de comunicación son importantes para la educación de la población, los contactos directos son esenciales como mecanismo de asesoramiento en las redes de ayuda naturales. Por último, deberán estudiarse los costes financieros y psicológicos, sobre todo en un área tan sensible como es el apoyo brindado a la familia para la protección de sus niños y jóvenes.

Esperanzas para el futuro

Si puede convencerse a una persona de que el maltrato que recibió es cosa del pasado y de que por el hecho de haber sido víctima de un abuso no es un individuo de segunda categoría, tenderá a recobrarse de los efectos del abuso. Tenemos que hacer llegar este mensaje a todas las víctimas y a la comunidad que desea ayudarlas, a fin de que ésta intente darles bases realistas para pensar que de hecho cuentan con esa ayuda. Si en algún "negocio" estamos, es en el negocio de la esperanza, como lo prueban estos fragmentos de entrevistas realizadas con distintos jóvenes maltratados:

PREGUNTA: ¿Crees que tienen alguna esperanza los otros muchachos que han tenido el mismo problema que tú?

RESPUESTA: La tienen si son fuertes. Para manejar algo como esto, uno tiene que ser muy fuerte. Debe dejar que el pasado no sea más que el pasado, que no ocupe el lugar del presente. Así hice yo. He enfrentado el hecho de que es cierto, de que suceden cosas como éstas. Y no soy el único, lo sé. Los que no quieren decir nada sobre el asunto ni hacer nada al respecto son los que han sido más lastimados.

P: ¿Quién te ayudó?

R: Si no hubiera sido por el consejero escolar, y mi maestra, y la madre de mi novia, no habría podido terminar la secundaria y tener mi título. Todo se habría acabado.

P: ¿Qué te resultó de mayor ayuda en todo este tiempo?

R: Tendría que responder que fue mi asistenta social. Ella fue la que más me ayudó. No sé... en realidad no fue mi asistenta social, sino la atención que me prestaba. Me trataba como a un ser humano. No como a un piojo al que se pudiera pisotear, como hacían mis padres.

P: ¿Fue un cambio muy grande?

R: Oh, sí, realmente lo fue. Cambió toda mi manera de ver la vida. Yo pensaba que no era bueno. Ella cambió totalmente mi manera de ver. Me sentí un ser humano. Sentí que tenía algo por lo cual vivir.

Si estos jóvenes lo han logrado es porque, a través de los sistemas formales o informales de apoyo, encontraron a su comunidad. Todo el mundo necesita una comunidad que lo proteja, pero las víctimas del maltrato dependen decisivamente de ello.

P: ¿Fue algo muy riesgoso?

R: Sí... fue como caminar sobre una delgada capa de hielo. Uno tiene que recordar también que el pasado es el pasado. Y no puede seguir con esos padres que se la pasaron golpeándolo toda la vida. Puede lamentarse de eso, pero después de lamentarse tiene que empezar a caminar, usted me entiende, ¿no? Salir de eso. No quedar atrapado ahí.

Nuestra esperanza es que aproximándonos al maltrato con un enfoque ecológico y evolutivo todos podamos evitar quedar atrapados en este problema.

REFERENCIAS BIBLIOGRÁFICAS

Aber, J. L., Allen, J. P., Carlson, V., & Cicchetti, D. (1989). The effects of maltreatment on development during early childhood: Recent studies and their theoretical, clinical and policy implications. In D. Cicchetti &V. Carlson (Comps.), *Child maltreatment* (pp. 579-619). Nueva York: Cambridge University Press.

Adams-Tucker, C. (1982). Proximate effects of sexual abuse in childhood: A report on 28 children. *American Journal of Psychiatry*, 139,135-152.

Albee, G. (1979, June). *Politics, power, prevention and social change.* Paper presented at the Vermont Conference on the Primary Prevention of Psychopathology, Burlington, VT.

Alexander, J. F. (1973). Defensive and supportive communications in normal and deviant families. *Journal of Consulting and Clinical Psychology*, 40, 223-23 1.

Alexander, P. C. (1990). Interventions with incestuous families. In S. W. Henggeler & E. M. Borduin (Comps.), *Family therapy and beyond: A multisystematic approach to treating the behavior problems in children and adolescents.* Pacific Grove, CA: Brooks/Cole.

Alfaro, J. (1976, January 1). Report of the New York State Assembly Select Committee on Child Abuse. *Child Protection Report*, 2.

Alfaro, J. D. (1981). Report on the relationship between child abuse and neglect and later socially deviant behavior. In R. J. Hunner & Y. E. Walker (Comps.), *Exploring the relationship between child abuse and delinquency* (pp. 175-219). Monclair, NJ: Allanheld, Osman.

Allen-Hagen, B., & Sickmund, M. (1993). *Juveniles and violence: juvenile offending and victimization.* Washington, DC: Office of Juvenile Justice and Delinquency Prevention.

Alley, J., Cundiff, B., & Terry, J. (1976, January 26). Child abuse in Georgia, 1975-1977. *Morbidity and mortality report* (pp. 33-35). Atlanta: Centers for Disease Control.

American Humane Association. (1977). *Annual report of the national clearinghouse on child abuse and neglect.* Denver, CO: Autor.

American Humane Association. (1988). *Highlights of official child neglect and abuse reporting-1986.* Denver, CO: Autor.

American Professional Society on the Abuse of Children (APSAC). (1995).

Practice guidelines: Psychosocial evaluation of suspected psychological maltreatment in children and adolescents. Chicago: Autor.

Aries, P. (1962). *Centuries of childhood: A social history of family life.* Nueva York: Random House.

Aronfreed, J., & Paskal, V. (1969). Altruism, empathy and the conditioning of positive affect. In L. Berkowitz (Comp.), *Advances in experimental social psychology.* Orlando: Academic Press.

Astley, R. (1953). Multiple metaphyseal fractures in small children: Metaphyseal fragility of bone. *British Journal of Radiology,* 26, 577.

Attanucci, J. (1995). Timely characterization of mother-daughter and family-school relations: narrative understandings of adolescence. *Journal of Narrative and Life History,* 3, 99-116.

Atten, D., & Milner, J. (1987). Child abuse potential and work satisfaction in day-care employees. *Child Abuse & Neglect,* 11, 1 17-123.

Bandura, A. (1977). Social learning theory. Englewood Cliffs, NJ: Prentice Hall. Bandura, A., & Walters, R. (1959). *Adolescent aggression.* Nueva York: RonaldPress.

Barnett, D., Manley, J. T., & Cicchetti, D. (1991). Continuing toward and operational definition of psychological maltreatment. *Development and Psychopathology,* 3, 19-29.

Baumrind, D. (1971). Current patterns of parental authority. *Developmental Psychology Monograph,* 4, 1-103.

Baumrind, D. (1979). A dialectical materialist's perspective on knowing social reality. *New Directions in Child Development,* 2, 61-82.

Bavolek, S., Kline, D., McLaughlin, J., & Publicover, P. (1979). *The development of the adolescent parenting inventory (API): Identification of high-risk adolescents prior to parenthood.* Paper prepared at the Utah State University, Department of Special Education, Provo, UT.

Becker, J. V. (1994). Offenders: Characteristics and treatment. In R. E.Behrman (Comp.), *The future of children,* 4(2), 176-197. Los Altos, CA: The David and Lucille Packard Foundation.

Bedard, C., & Garbarino, J. (1996). *The UN convention on the rights of the child as a tool in child protection.* Ithaca, NY: Cornell University, Family Life Development Center.

Bee, H. L. (1967). Parent-child interaction and distractibility in 9-year-old children. *Merrill-Palmer Quarterly,* 13, 175-190.

Bell, C. (1991). Traumatic stress and children in danger. *Journal of Health Care for the Poor and Underserved,* 2, 175-188.

Bender, L., & Curran, F. (1940). Children and adolescents who kill. *Criminal Psychologist,* 1, 297-322.

Berdie, J., Berdie, M., Wexler, S., & Fisher, B. (1983). *An empirical study of families involved in adolescent maltreatment: Final report* (Grant No.90-CA-837/01). Washington, DC: National Center on Child Abuse and Neglect, Department of Health and Human Services.

Berenson, A. B., San Miguel, V. V., & Wilkinson, G. S. (1992). Violence and its relationship to substance use in adolescent pregnancy. *Journal of Adolescent Health,* 13(6), 470-474.

Berkowitz, L. (1957). Effects of perceived dependency relationships upon conformity to group expectations. *Journal of Abnormal and Social Psychology,* 55, 350-354.

Berliner, L., & Conte, J. R. (1990). The process of victimization: The victim's perspective. *Child Abuse and Neglect,* 114,29-40.

Berliner, L., & Elliott, D. M. (1996). Sexual abuse of children. In J. Briere,L. Berliner, J. A. Bulkley, C. Jenny, & T. Reid (Comps.), *The APSAC handbook on child maltreatment* (pp. 51-71). Thousand Oaks, CA: Sage.

Beutler, L. E., Williams, R. E., & Zetzer, H. A. (1994). Efficacy of treatment for victims of child sexual abuse. In R. E. Behrman (Comp.), *The future of children,* 4(2), 156-175. Los Altos, CA: The David and Lucille Packard Foundation.

Binet, A., & Simon, T. (1916). *The development of intelligence in children.*(E. S. Kite, Trans.). Baltimore, MD: Williams and Wilkins.

Blatt, E. (1990). Staff supervision and the prevention of institutional abuse and neglect. *Journal of Child and Youth Care,* 4, 73-80.

Blatt, E., & Brown, S. (1985, April). Reporting practices of workers in New York State psychiatric facilities. Paper presented at the New York State Conference on *Child Abuse and Neglect,* Albany, NY.

Blos, P. (1979). *Adolescent passage.* NewYork: International University Press.

Blum, R., & Runyan, C. (1980). Adolescent abuse: The dimensions of the problem. *Journal of Adolescent Health Care,* 1, 121-126.

Bourne, R., & Newberger, E. (Comps.). (1979). *Critical perspectives on child abuse.* Lexington, MA: Lexington Books.

Brannan, C., Jones, R., & Murch, J. (1992). *Castle Hill report: Practice guide.* Shrewsbury, England: Shropshire County Council.

Brazelton, B. (1977, October). *How the normal newborn shapes his environment.* Address presented at a seminar on Treatment of the Abused and Neglected Child, Denver, CO.

Briere, J. N., & Elliott, D. M. (1994). Immediate and long-term impacts of child sexual abuse. In R. E Behrman (Comp.), *The future of children,* 4(2), 54-69. Los Altos, CA: The David and Lucille Packard Foundation.

Bronfenbrenner, U. (1970). *Two worlds of childhood.* Nueva York: Russell Sage Foundation.

Bronfenbrenner, U. (1975). The origins of alienation. In U. Bronfenbrenner & M. Mahoney (Comps.), *Influences on human development.* Hinsdale, IL: Dryden Press.

Bronfenbrenner, U. (1979). *The ecology of human development.* Cambridge, MA: Harvard University Press.

Bronfenbrenner, U., & Mahoney, M. (1975). The structure and verification of hypothesis. In U. Bronfenbrenner & M. Mahoney (Comps.), *Influences on human development* (pp. 3-37). Hinsdale, IL: Dryden Press.

Bronfenbrenner, U., McClelland, P., Wethington, E., Moen, P., & Ceci, S. (1996). *The state of Americans*. Nueva York: Free Press.

Browne, A., & Finkelhor, D. (1986). Impact of sexual abuse: A review of the research. *Psychological Bulletin,* 99, 66-77.

Budlong, M., Holden, M., & Mooney, A. (1993). *Therapeutic crisis intervention: A train the trainer curriculum* (3ra ed.). Ithaca, NY: Family Life Development Center.

Burgess, R., & Conger, R. (1978). Family interaction patterns in abusive, neglectful and normal families. *Child Development,* 49,163-173.

Burgess, A., Janus, M., McCormack, A., & Wood, J. (1986). *Canadian runaways: Youth in turmoil and running for their lives.* Paper presented at the Symposium on Street Youth, Toronto, Ontario, Canada.

Bybee, D., & Mowbrary, C. T. (1993). Community response to child sexual abuse in day-care settings. *Families in Society,* 74(5), 268-281.

Caffey, J. (1946). Multiple fractures in long bones of infants suffering from chronic subdural hematoma. *American Journal of Roentgenology,* 56, 163-173.

Campbell, A. (1976). Subjective measures of well-being. *American Psychologist,* 31, 117-124.

Caspi, A., & Bem, D. (1990). Personality continuity and change across the life course. In L. Pervin (Comp.), *Handbook of personality theory and research* (pp. 549-575). NewYork: Guilford Press.

Chamberland, C., Bouchard, C., & Bevadry, J. (1986). Abusive and negligent behavior toward children: Canadian and American realities. *Canadian Journal of Behavioural Sciences,* 18, 391-412.

Cicchetti, D. (1989). How research on child maltreatment has informed the study of child development: Perspective from developmental psychopathology. In D. Cicchetti & V. Carlson (Comps.), *Child maltreatment* (pp. 377-431). Nueva York: Cambridge University Press.

Cicchetti, D., Toth, S., & Bush, M. (1988). Developmental psychopathology and incompetence in childhood: Suggestions for intervention. In B. Lahey & A. Kazdin (Comps.), *Advances in clinical child psychology* (pp. 1-73). NewYork: Plenum.

Cochran, M., & Brassard, J. (1979). Social networks and child development. *Child Development,* 50, 601-616.

Collins, A., & Pancoast, D. (1976). *Natural helping networks.* Washington, DC: National Association of Social Workers.

Conte, J. R., & Schuerman, J. R. (1987). Factors associated with an increased impact on child sexual abuse. *Child Abuse and Neglect,* 11, 201-21 1.

Coopersmith, S. (1967). *The antecedents of self-esteem.* San Francisco: H. W. Freeman.

Corder, B. (1976). Adolescent parricide: A comparison with other adolescent murder. *American Journal of Psychiatry,* 133, 957.

Coser, R. (1975). The complexity of roles as a seedbed of individual autonomy. In L. C. Coser (Comp.), *The idea of social structure: Papers in honor of Robert K. Merton* (pp. 256-263). NewYork: Harcourt.

Coulton, J., Korbin, J., Su, M., & Chow, J. (1995). Community level factors and child maltreatment rates. *Child Development*, 66,1262-1276.

Crane, J. (1991). The epidemic theory of ghettos and neighborhood effects on dropping out and teenage childbearing. *American Journal of Sociology*, 96(5), 1226-1259.

Crittenden, P. M. (1985). Social networks, quality of child rearing, and child development. *Child Development*, 56,1299-1313.

Crittenden, P. M., Claussen, A. H., & Sugarman, D. B. (1994). Physical and psychological maltreatment in middle childhood and adolescence. *Development and Psychopathology*, 6, 145-164.

Crockenberg, S. B. (1981). Infant irritability, mother responsiveness, and social support influences on the security of infant-mother attachment. *Child Development*, 52, 857-865.

Crockenberg, S., & McCluskey, K. (1986). Change in maternal behavior during the baby's first year of life. *Child Development*, 57, 746-753.

Curtis, G. C. (1963). Violence breeds violence. Perhaps? *American Journal of Psychiatry*, 120, 386-387.

Daly, D. L., & Dowd, T. P. (1992). Characteristics of effective, harm-free environments for children in out-of-home care. *Child Welfare*, 71(6), 487-496.

Deccio, G., Horner, W., & Wilson, D. (1994). High-risk neighborhoods and high-risk families: Replication research related to the human ecology of child maltreatment. *Journal of Social Service Research*, 18(3-4), 123-137.

Devereux, E. C. (1970). The role of peer group experience in moral development. In J. P. Hill (Comp.), *Minnesota Symposia on Child Psychology*, 4, 94-140. Minneapolis: University of Minnesota Press.

Dickens, C. (1839). *Oliver Twist*. Philadelphia: Lea and Blanchard.

Dodge, K. A., Pettit, G. S., Bates, J. E., & Valente, E. (1995). Social information-processing patterns partially mediate the effect of early physical abuse on later conduct problems. *Journal of Abnormal Psychology*, 104,632-643.

Dodge-Reyome, N. (1990). Executive directors' perceptions of the prevention of child abuse and maltreatment in residential facilities. *Journal of Child and Youth Care*, 4, 45-60.

Donabedian, A. (1980). *The definition of quality and approaches to its assessment*. Ann Arbor: Health Administration Press.

Doris, J., Mazur, R., & Thomas, M. (1995). Training in child protective services: A commentary on the amicus brief of Bruck and Ceci (1993/1995). *Psychology, Public Policy and Law*, 1, 479-493.

Downing, D. (1978). A selective study of child mortality. *Child Abuse and Neglect*, 2, 101-108.

Dubanoski, R., Inaba, M., & Gerkewicz, K. (1983). Corporal punishment in the schools: Myths, problems and alternatives. *Child Abuse and Neglect*, 7(3), 271-278.

Duncan, J. (1977). The immediate management of suicidal attempts in children and adolescents: Psychological aspects. *Journal of Family Practice*, 4, 77-80.

Durkin, R. (1982). No one will thank you: First thoughts on reporting institutional abuse. *Child and Youth Services*, 4(1-2),109-113.

Eckenrode, J., & Wethington, E. (1990). The process and outcome of mobilizing social support. In S. Duck & R. C. Silver (Comps.), *Personal relationships and social support* (pp. 83-103). Thousand Oaks, CA: Sage.

Edens, F. M., & Smit, G. N. (1992). Effectiveness of a skills training program for residential child care workers. *Children and Youth Services Review*, 14, 541-552.

Egeland, B., Jacobvitz, D., & Sroufe, L. A. (1988). Breaking the cycle of abuse: Relationship predictors. *Child Development*, 59, 1080-1088.

Egeland, B., Pianta, R., & O~Brien, M. A. (1993). Maternal intrusiveness in infancy and child maladaptation in early school years. *Development and Psychopathology*, 5, 359-370.

Egeland, B., Sroufe, L. A., & Erickson, M. (1983). The developmental consequence of different patterns of maltreatment. ChildAbuse and Neglect, 7, 459-469.

Ehrenshaft, D. (1992). Pre-school child sexual abuse: The aftermath of the Presidio case. *American Journal of Orthopsychiatry*, 62(2), 234-244.

Elder, G. (1974). *Children of the Great Depression.* Chicago: University of Chicago Press.

Elder, G., Nguyen, T., & Caspi, A. (1985). Linking family hardship to children's lives. *Child Development*, 56, 361-375.

Elliott, D. S., Huizinga; D., & Menard, S. (1989). *Multiple problem youth: Delinquency, substance use, and mental health problems.* Nueva York: Springer-Verlag.

Elmer, E. (1979). Child abuse and family stress. *Journal of Social Issues*, 35, 60-71.

Erikson, E. (1963). *Childhood and society* (2a. ed). NewYork: Norton. Ewigman B., Kivlahan C., & Land, G. (1993). The Missouri child fatality study: Underreporting of maltreatment fatalities among children younger than five years of age, 1983 through 1986. *Pediatrics*, 91, 330-337.

Ewing, C. P. (1990). *When children kill: The dynamics of juvenile homicide.* Lexington, MA: Lexington Books.

Faller, K. C. (1989). The myth of the "collusive mother": Variability in the functioning of mothers of victims of intrafamilial abuse. *Journal of Interpersonal Violence*, 3, 190-196.

Farber, E., & Joseph, J. (1985). The maltreated adolescent: Patterns of physical abuse. *Child Abuse and Neglect*, 9, 201-206.

Farber, E., Kinast, C., McCoard, W., & Falkner, D. (1984). Violence in families of adolescent runaways. *Child Abuse and Neglect*, 8, 295-299.

Fawcett, S., Bernstein, G., Czyzewski, M., & Greene, B. (1988). Behavior analysis and public policy. *Behavior Analysis*, 11, 11-25.

Fellin, P., & Litwak, E. (1968). The neighborhood in urban American society. *Social Work* 13, 72-80.

Feshbach, N. (1973). The effects of violence in childhood. *Journal of Clinical Child Psychology*, 28, 28-31.

Finkelhor, D. (1979). What's wrong with sex between adults and children? Ethics and the problem of sexual abuse. *American Journal of Orthopsychiatry*, 49, 692-697.

Finkelhor, D. (1994). Current information on the scope and nature of child sexual abuse. In R. E. Behrman (Comp.), *The future of children*, 4(2), 31-53. Los Altos, CA: The David and Lucille Packard Foundation.

Finkelhor, D. (1995). The victimization of children: A developmental perspective. *American Journal of Orthopsychiatry*, 65(2),177-193.

Finkelhor, D., & Baron, L. (1986). High-risk children. In D. Finkelhor (Comp.), *A sourcebook on child sexual abuse* (pp. 60-88). Thousand Oaks, CA: Sage.

Finkelhor, D., Hotaling, G., Lewis, I. A., & Smith, C. (1990). Sexual abuse in a national study of adult men and women: Prevalence, characteristics, and risk factors. *Child Abuse and Neglect*, 14, 19-28.

Finkelhor, D., Hotaling, G., & Sedlak, A. (1990). *National incidence study of missing, abducted, runaway, and throwaway children.* A final report to the Office of Juvenile Justice and Delinquency Prevention, Washington, DC.

Fischer, R. (1976). Consciousness as role and knowledge. In L. Allman & D. Jaffe (Comps.), *Readings in abnormal psychology: Contemporary perspectives.* Nueva York: Harper and Row.

Fisher, B., Berdie, J. Cook, J., Radford-Barker, J., & Day, J. (1979). *Adolescent abuse and neglect: Intervention strategies and treatment approaches.* San Francisco: Urban and Rural Systems Associates.

Fitchen, J. (1981). *Poverty in rural America: A case study.* Boulder, CO: Westview Press.

Fontana,V. J. (1968). Further reflections on maltreatment of children. *Nueva York State Journal of Medicine*, 68, 2214-2215.

Fox, K. A. (1974). *Social indicators and social theory.* Nueva York: John Wiley and Sons.

Francis, C. (1978). Adolescent suicidal attempts: Experienced rejection and personal constructs. *Dissertation Abstracts International*, 38(9-B), 4453.

Freud, A., & Dann, S. (1951). An experiment in group upbringing. *The Psychoanalytic Study of the Child*, 6, 127-168.

Freudenberger, H. (1977). Burn-out: Occupational hazard of the child care worker. *Child Care Quarterly*, 6, 90-99.

Friedman, R. (1978, February). *Adolescents as people: No kidding around.* Paper presented at the conference of A Community Response to the Adolescent in Conflict, Jacksonville, FL.

Friedrich, W. N. (1991). *Casebook of sexual abuse treatment.* NewYork Norton.

Garbarino, J. (1976). A preliminary study of some ecological correlates of child abuse: The impact of socioeconomic stress on mothers. *Child Development*, 47, 178-185.

Garbarino, J. (1977). The human ecology of child maltreatment: A conceptual model for research. *Journal of Marriage and the Family*, 39, 721-736.

Garbarino, J. (1981). An ecological perspective on child maltreatment. In L. Pelton (Comp.), *The social context of child abuse and neglect.* Nueva York: Human Sciences Press.

Garbarino, J. (1982). *Children and families in the social environment.* Hawthorne, Nueva York: Aldine de Gruyter.

Garbarino, J. (1987). Family support and the prevention of child maltreatment. In S. Kagan, R. Powell, B. Weissbourd, & E. Zigler (Comps.), *America's family support programs.* New Haven, CT: Yale UniversityPress.

Garbarino, J. (1995). *Raising children in a socially toxic environment.* San Francisco: Jossey-Bass.

Garbarino, J., & Associates. (1992). *Children and families in the social environment* (2d ed.). Hawthorne, NY: Aldine de Gruyter.

Garbarino, J., & Bronfenbrenner, U. (1976, May). *Research on parent-child relations and social policy: Who needs whom?* Paper presented at the Symposium on Parent-Child Relations: Theoretical, Methodological and Practical Implications, University of Trier, West Germany.

Garbarino, J., & Carson, B. (1979a). *Mistreated youth in one community.* Paper. Boys Town, NE: Center for the Study of Youth Development.

Garbarino, J., & Carson, B. (1979b). *Mistreated youth versus abused children.* Boys Town, NE: Center for the Study of Youth Development.

Garbarino, J., & Crouter, A. (1 978a). Defining the community context of parent-child relations: The correlates of child maltreatment. *Child Development,* 49, 604-616.

Garbarino, J., & Crouter, A. (1978b). A note on assessing the construct validity of child maltreatment report data. *American Journal of Public Health,* 68, 898-899.

Garbarino, J., Dubrow, N., Kostelny, K., & Pardo, C. (1992). *Children in danger: Coping with the consequences of community violence.* San Francisco: Jossey-Bass.

Garbarino, J., & Gilliam, G. (1980). *Understanding abusive families.* Lexington, MA: Lexington Books.

Garbarino, J., Guttman, E., & Seeley, J. (1986). *The psychologically battered child: Strategies for identification, assessment, and intervention.* San Francisco: Jossey-Bass.

Garbarino, J., & Kostelny, K. (1992). Child maltreatment as a community problem. *International Journal of Child Abuse and Neglect,* 16(4), 455-464.

Garbarino, J, Schellenbach, C., Sebes, J., & Associates. (1986). *Troubled youth, troubled families.* Hawthorne, NY: Aldine de Gruyter.

Garbarino, J., & Sherman, D. (1980). High-risk neighborhoods and high risk families: The human ecology of child maltreatment. *Child Development,* 5(1), 188-198.

Garbarino, J., Stocking, S. H., & Associates. (1980). *Protecting children from abuse and neglect.* San Francisco: Jossey-Bass.

Garbarino, J., Wilson, J., & Garbarino, A. (1986). The adolescent runaway. In l-Garbarino, C. Schellenbach, & J. Sebes. (Comps.), *Troubled youth, troubled families* (pp. 41-56). Hawthorne, NY: Aldine de Gruyter.

Gardner, J. J., & Cabral, D. A. (1990). Sexually abused adolescents: A distinct group among sexually abused children presenting to a children's hospital. *Journal of Pediatric Child Health,* 26, 22-24.

Garmezy, N. (1977). Observations on research with children at risk for child and adult psychopathology. In M. F. McMillan & S. Henao (Comps.), *Child psychiatry treatment and research.* Nueva York: Brunner/ Mazel.

Gelles, R. (1978). Violence toward children in the United States. *American Journal of Orthopsychiatry,* 48, 580-592.

Gelles, R. J., & Cornell, C. P. (1990). *Intimate violence in families* (2a. ed.). Thousand Oaks, CA: Sage.

Germain, C. (1978). Space: An ecological variable in social work practice. *Social Casework,* 59, 522.

Gil, D. (1975). Unraveling child abuse. *American Journal of Orthopsychiatry,* 45, 346-356.

Gil, D. G. (1970). *Violence against children: Physical child abuse in the United States.* Cambridge, MA: Harvard University Press.

Gil, E. (1991). *The healing power of play.* NewYork: Guilford.

Gilligan, C. (1982). *In a different voice.* Cambridge, MA: Harvard University Press.

Gilligan, J. (1992). *Violence: Our deadly epidemic and its causes.* Nueva York: Putnam.

Gilligan, J. (1996). *Violence: Our deadly epidemic and its cure.* Nueva York: Putnam.

Gilmartin, B. (1978). The case against spanking. *Human Behavior,* 7(2), 18-23.

Giovannoni, J. (1991). Social policy considerations in defining psychological maltreatment. *Development and Psychopathology,* 3, 51-59.

Giovannoni J., & Becerra, R. (1979). *Defining child abuse.* NewYork: Free Press.

Gladwell, M. (1996, June 3). *The tipping point.* The New Yorker, 32-38.

Goldstein, A. P., & Glick, B. (1987). *Aggression replacement training Champaign,* IL: Research Press.

Goleman, D. (1996). *La inteligencia emocional.* Buenos Aires: Vergara.

Goodall, J. (1990). *Through a window.* Boston: Houghton Mifflin.

Gordon, L. (1988). *Heroes of their own lives: the politics and history of family violence: Boston 1880-1960.* NewYork: Viking-Penguin.

Gray, C. (1978). *Empathy and stress as mediators in child abuse: Theory, research and practical implications.* Unpublished doctoral dissertation, University of Maryland.

Grotberg, E. (1976). *200years of children* (DHEW Publication No. (OHD) 77-30103). Washington, DC: U.S. Department of Health, Education and Welfare, Office of Human Development, Office of Child Development.

Gutierres, S., & Reich, J. (1981). A developmental perspective on runaway behavior: Its relationship to child abuse. *Child Abuse and Neglect,* 60, 89-94.

Haggerty, R. J., Sherrod, L. R., Garmezy, N., & Rutter, M. (Comps.). (1994). *Stress, risk, and resilience in children and adolescents.* Nueva York: Cambridge University Press.

Haldopoulos, M. A., & Copeland, M. (1991). Case studies of child care volunteers found to be at risk for abuse. *Early Child Development and Care,* 68, 149-158.

Hall,V. D. (1954). *A primer of Freudian psychology.* NewYork: World Publishing.

311

Halpern, R. (1995). *Rebuilding the inner city: A history of neighborhood initiatives to address poverty in the United States.* Nueva York: Columbia University Press.

Harris, H., & Howard, K. (1979). Phenomenological correlates of perceived quality of parenting: A questionnaire study of high school students. *Journal of Youth and Adolescence 8(2),* 171-180.

Hart, S. N., Brassard, M., & Carlson, H. C. (1996). Psychological maltreatment. In J. Briere, L. Berliner, J. Bulkley, C. Jenny, & R. Reid (Comps.), *The APSAC handbook on child maltreatment* (pp. 72-89). Thousand Oaks, CA: Sage.

Haugaard, J., & Garbarino, J. (1997). *Catastrophic maltreatment.* Ithaca, NY: Cornell University, Family Life Development Center.

Hawes, J. (1828). Lecture addressed to the young men of Hartford and New Haven. Hartford, CT: O. D. Cooke. Cited in President's Science Advisory Committee (1974). *Youth: Transition to adulthood.* Chicago: University of Chicago Press.

Hawley, A. (1950). Human ecology: *The theory of community structure.* Somerset, NJ: Ronald Press.

Hechler, D. (1988). *The battle and the backlash: The child sexual abuse war.* San Francisco: New Lexington Press.

Herrenkohl, R. (1977, April). *Research: Too much, too little?* Proceedings of the Second Annual Conference on Child Abuse and Neglect. Vol. 1: Issues on Innovation and Implementation, Houston, TX.

Hershberger, S. (1996). *Violence within the family: Social psychological perspectives.* Boulder, CO: Westview Press.

Hill, J. (1980). The early adolescent and the family. In M. Johnson (Comp.), *Seventy-ninth yearbook of the National Society for the Study of Education.* Chicago: University of Chicago Press.

Hirschi, T. (1969). *Causes of delinquency.* Berkeley: University of California Press.

Hoffman, M. L., & Saltzstein, H. D. (1967). Parent discipline and the child's moral development. *Journal of Personality and Social Psychology,* 5, 45-57.

Homans, G. (1975). *The human group.* London: Routledge and Kegan Paul.

Houten, T., & Golembiewski, M. (1976). *A study of runaway youth and their families.* Washington, DC: Youth Alternatives Project.

Howard, J. (1978). *Families.* NewYork: Simon & Schuster.

Hunter, J., Goodwin, D. W., & Wilson, R. J. (1992). Attributions of blame in child sexual abuse victims: An analysis of age and gender influences. *Journal of Child Sexual Abuse,* 1, 75-90.

James M., & Krisberg, B. (1994). *Images and reality: juvenile crime, youth violence, and public policy.* San Francisco: National Council on Crime and Delinquency.

Janus, M., McCormack, A., Burgess, A., & Hartman, C. (1987). *Adolescent runaways: Causes and consequences.* Lexington, MA: Lexington Books.

Jeffrey, M. (1976). Practical ways to change parent-child interaction in families of children at risk. In R. Helfer & H. C. Kempe (Comps.), *Child abuse and neglect.* Cambridge, MA: Ballinger.

Johnson, R. N. (1972). *Aggression in man and animals*. Philadelphia: W. B. Saunders.

Jordan, T. (1987). *Victorian childhood: Themes and variations*. Albany: State University of New York Press.

Jurich, A. (1979). Parenting adolescents. *Family Perspective*, 3, 137-149.

Justice, B., & Justice, R. (1976). *The abusing family*. Nueva York: Human Sciences Press.

Kandel, D., & Lesser, G. (1972). Youth *in two worlds* San Francisco: JosseyBass.

Katz, I. (1967). The socialization of academic motivation in minority group children. In D. Levine (Comp.), *Nebraska symposium on motivation*, 1967 (pp. 133-191). Lincoln: University of Nebraska Press.

Kaufman, J., & Zigler, E. (1989). Do abused children become abusive adults? *American Journal of Orthopsychiatry*, 57, 186-192.

Keller, M. (1975). Development of role-taking ability. *Human Development*, 19,120-132.

Keller, R. A., Cicchinelli, L. F., & Gardner, D. M. (1989). Characteristics of child sexual abuse treatment programs. *Child Abuse and Neglect*, 13, 361-368.

Kelly, J., & Drabman, R. (1977). Generalizing response, suppression of self injurious behavior through an overcorrection punishment procedure: Case study. *Behavior Therapy*, 3, 468-472.

Kempe, C. H. (1973). A practical approach to the protection of the abused child and rehabilitation of the abusing parent. *Pediatrics*, 51, 804-812.

Kempe, C. H., & Helfer, R. E. (1975). *Helping the battered child and his family*. Nueva York: Lippincott.

Kempe, C. H., Silverman, F. N., Steele, B. F., Droegemueller, W., & Silver, H. K. (1962). The battered child syndrome. *Journal of the American Medical Association*, 181, 17-24.

Kendall-Tackett, K. A. (1994a). Postpartum depression and the mother-infant relationship. *APSAC Advisor*, 7, 11-38.

Kendall-Tackett, K. A. (1994b). Postpartum rituals and the prevention of postpartum depression: A cross-cultural perspective. *Newsletter of the Boston Institute for the Development of Infants and Parents*, 13, 3-6.

Kendall-Tackett, K. A., Williams, L. M., & Finkelhor, D. (1993). Impact of sexual abuse on children: A review and synthesis of recent empirical studies. *Psychological Bulletin*, 113, 164-180.

Kent, J. (1976). A follow-up study of abused children. *Journal of Pediatric Psychology*, 1, 25-31.

Kessen, W. (Comp.). (1975). *Childhood in China*. New Haven, CT: Yale University Press.

King, C. H. (1975). The Ego and integration of violence in homicidal youth. *American Journal of Orthopsychiatry*, 45,134-135.

Kogan, L., Smith, J., & Jenkins, S. (1977). Ecological validity of indicator data as predictors of survey findings. *Journal of Social Service Research*, 1, 117-132.

Kohn, M. (1977). *Class and conformity: A study of values* (2a.ed.). Chicago: University of Chicago Press.

Konopka, G. (1966). *The adolescent girl in conflict*. Englewood Cliffs, NJ: Prentice-Hall.

Korbin, J. (1987). Child sexual abuse: Implications from the cross-cultural record. In N. Scheper-Hughes (Comp.), *Child survival: Anthropological perspective on the treatment and maltreatment of children* (pp. 247-267). Dordrecht, Holland: Reidel.

Korbin, J. E. (1991). Cross-cultural perspectives and research directions for the 21st Century. *Child Abuse and Neglect*, 15, 67-77.

Kotler, P. (1975). *Marketing for nonprofit organizations*. Englewood Cliffs, NJ: Prentice-Hall.

Kratcoski, P. (1985). Youth violence directed toward significant others. *Journal of Adolescence*, 8(2),145-157.

Kreider, D. G., & Motto, J. (1974). Parent-child role reversal and suicidal states in adolescence. *Adolescence*, 9(35), 365-370.

Kromkowski, J. (1976). *Neighborhood deterioration and juvenile crime*. South Bend, IN: South Bend Urban Observatory.

Lazoritz, S. (1990). Whatever happened to Mary Ellen? *Child Abuse and Neglect*, 14, 143-149.

Leichter, H. J., & Mitchell, W. E. (1967). *Kinship and casework*. Nueva York: Russell Sage Foundation.

Lempers, J. D., Clark-Lempers, D., & Simons, R. L. (1989). Economic hardship, parenting, and distress in adolescence. *Child Development*, 60, 25-39.

Lenoski, E. F. (1974). *Translating injury data into preventive and health care services-Physical child abuse*. Los Angeles: University of Southern California School of Medicine.

Lerman, P. (1994). Child protection and out-of-home care: System reforms and regulating placements. In G. B. Melton & F. D. Barry (Comps.), *Protecting children from abuse and neglect* (pp. 353-437). Nueva York: Cuilford Press.

Levine, M. L., & Levine, A. (1970). A social history of helping services: Clinic, court, school and community. Nueva York: Appleton-Century-Crofts.

Levy, A., & Kahan, B. (1991). *The pindown experience and the protection of children: The report of the Staffordshire child care inquiry 1990* (No. 903363496). Scotland: Staffordshire County Council.

Lewis, D. O. (1992). From abuse to violence: Psycho-physiological consequences of maltreatment. *Journal of the American Academy of Child Adolescent Psychiatry*, 31, 383-391.

Lewis, D. O., Mallouh, C., & Webb, V. (1989). Child abuse, delinquency, and violent criminality. In D. Cicchetti & V. Carlson (Comps.), *Child maltreatment: Theory and research on the causes and consequences of child abuse and neglect*. Cambridge: Cambridge University Press.

Lewis, D. O., Moy, E., Jackson, D. D., Aaronson, R., Restifo, N., Serra, S., & Simos, A. (1985). Biopsychosocial characteristics of children who later murder: A prospective study. *American Journal of Psychiatry*, 142(10), 1161-1167.

Lewis, D. O., Pincus, J. H., Feldman, M., Jackson, L., & Bard, B. (1986). Psychiatric, neurological and psychoeducational characteristics of fifteen death row inmates in the United States. *American Journal of Psychiatry*, 143(7), 838-845.

Lewis, D. O., Shanok, S. S., Pincus, J. H., & Glaser, G. H. (1979). Violent juvenile delinquents: Psychiatric, neurological, psychological, and abuse factors. *Journal of the American Academy of Child Psychiatry*, 18, 307-319.

Libbey, P., & Bybee, R. (1979). The physical abuse of adolescents. *Journal of Social Issues*, 35, 101-126.

Loeber, R., & Dishion, T. (1983). Early predictors of male delinquency: A review. *Psychological Bulletin*, 94, 68-99.

Loeber, R., & Strouthammer-Loeber, M. (1986). Family factors as correlates and predictors of juvenile conduct problems and delinquency. In N. Tonry & N. Morris (Eds.), *Crime and justice: An annual review of research* (Vol. 7, pp. 29-150). Chicago: University of Chicago Press.

Lofquist, W. (1983). *Discovering the meaning of prevention: A practical approach to positive change*. Tucson, AZ: AYD Publications.

Lourie, I. (1977). The phenomenon of the abused adolescent: A clinical study. *Victimology*, 2(2), 268-276.

Madonna, P. G., Van Scoyk, S., & Jones, D. P. H. (1991). Family interactions within incest and nonincest families. *American Journal of Psychiatry*, 148, 46-49.

Magnuson, E. (1983). Child abuse: The ultimate betrayal. *Time*.

Manis, J. (1974). Assessing the seriousness of social problems. *Social Problems*, 22, 1-15.

Mannarino, A. P., Cohen, J. A., & Berman, S. R. (1994). The Children's Attributions and Perceptions Scale: A new measure of sexual abuse-related factors. *Journal of Clinical Child Psychology*, 23, 204-2 1 1.

Margolin, L. (1990). Child abuse by babysitters: An ecological-interactional interpretation. *Journal of Family Violence*, 5(2), 95-105.

Margolin, L. (1991). Child sexual abuse by non-related caregivers. *Child Abuse and Neglect*, 15(3), 213-221.

Martin, H. (1976). *The abused child: A multidisciplinary approach to developmental issue at treatment*. Cambridge, MA: Ballinger.

Maslow, A. (1954). *Motivation and personality*. Nueva York: Harper and Row.

Masten, A. S., Morison, P., Pelligrini, D., & Tellegen, A. (1990). Competence under stress: Risk and protective factors. In J. Rolf, A. S. Masten, D. Cicchetti, K. H. Nuechterlein, & S. Weintraub (Comps.), *Risk and protective factors in the development of psychopathology* (pp. 236-256). Cambridge: Cambridge University Press.

Mattingly, M. (1977). Sources of stress and burn-out in professional child care work. *Child Care Quarterly*, 6,127-137.

Maxwell, M. G., & Widom, C. S. (1996). The cycle of violence revisited 6 years later. *Archives of Pediatric and Adolescent Medicine*, 150, 390-395.

McClain, P., Sacks, J., Froehlke, R., & Ewigman, B. (1993). Estimates of fatal child abuse and neglect, United States, 1979 through 1988. *Pediatrics*, 91, 338-343.

McClelland, D. (1973). Testing for competence rather than intelligence. *American Psychologist*, 28, 1-14.

McClelland, J. (1986). Job satisfaction of child care workers: A review. *Child Care Quarterly*, 15, 82-89.

McIntire, S., Angle, C., & Schlicht, M. (1977). Suicide and self-poisoning in pediatrics. *Advances in Pediatrics*, 24, 291-309.

McGee, R. A., & Wolfe, D. A. (1 99 1). Psychological maltreatment: Toward an operational definition. *Development and Psychopathology*, 3, 3-18.

McGrath, T. (1985-1986). Overcoming institutionalized child abuse: Creating a positive therapeutic climate. *Journal of Child Care*, 2, 59-65.

McLeer, S. V., Deblinger, E. B., Atkins, M. S., Foa, E. B., & Ralphe, D. L. (1988). Post-traumatic stress disorder in sexually abused children. *Journal of the American Academy of Child and Adolescent Psychiatry*, 27,650-654.

Megargee, E. I. (1971). The role of inhibition in the assessment and understanding of violence. In J. L. Singer (Comp.), *Control of aggression in violence* (pp. 125-147). NewYork: Academic Press.

Melton, G., & Barry, F. (Comps.). (1994). *Protecting children from abuse and neglect: Foundations for a new national strategy*. NewYork: Guilford Press.

Mercer, M. (1982). Closing the barn door: The prevention of institutional abuse through standards. *Child and Youth Services*, 4,127-132.

Milgram, S. (1974). *Obedience to authority*. NewYork: Harper and Row.

Miller, A. (1984). *Thou shalt not be aware: Society's betrayal of the child*. Nueva York: Farrar, Straus & Giroux.

Miller, G. (1987). State-sponsored child abuse. *Child and Adolescent Social Work*, 4, 10-1 1.

Miller, P. A., & Eisenberg, N. (1988). The relation of empathy to aggressive and externalizing/antisocial behavior. *Psychological Bulletin*, 103, 324-344.

Mirringhoff, M. (1996). America's social health: Trends and comments. *The Social Report*. Nueva York: Fordham University.

Moffitt, T. E. (1993). Adolescence-limited and life-course persistent antisocial behavior: A developmental taxonomy. *Psychological Review*, 100, 674-701.

Moran, P., & Eckenrode, J. (1992). Protective personality characteristics among adolescent victims of maltreatment. *Child Abuse and Neglect*, 16, 743-754.

Mundy, P., Robertson, M., Roberts, J., & Greenblatt, M. (1990). The prevalence of psychotic symptoms in homeless adolescents. *Journal of the American Academy of Child and Adolescent Psychiatry*, 29(5), 724-731.

Nadler, R. (1979). Child abuse in gorilla mothers. *Caring*, 5,1-3.

National Center on Child Abuse and Neglect (NCCAN). (1978). *Child sexual abuse: Incest, assault, and sexual exploitation*. (Publication No. 79-30166). Washington, DC: Department of Health, Education and Welfare.

National Center on Child Abuse and Neglect (NCCAN). (1993). *A report on the maltreatment of children with disabilities*. Washington, DC: Department of Health and Human Services.

National Center on Child Abuse and Neglect (NCCAN). (1995). *Child maltreatment 1993: Reports from the states to the National Conference on Child Abuse and*

Neglect. Washington, DC: U.S. Department of Health and Human Services.

National Child Abuse Coalition. (1993a, July/August). President signs family support bill. *Memorandum,* 1-2.

National Child Abuse Coalition. (1993b, August/September). Title XX funding increases, addresses child maltreatment. *Memorandum,* 2-3.

National Child Abuse Coalition. (1994, April/May). Home visiting services funded. *Memorandum,* 3.

National Committee to Prevent Child Abuse. (1996). *Current trends in child abuse reporting and fatalities: The results of the 1995 annual fifty state survey.* (Working Paper No. 808). Chicago: Autor.

National Network of Runaway and Youth Services. (1988, January). *Preliminary findings from the National Network's survey of runaway and homeless youth.* Testimony before the U.S. House of Representatives Subcommittee on Human Resources.

National Research Council. (1993). *Understanding and preventing violence.* Washington, DC: National Academy Press.

Nelson, B. (1984). *Making an issue of child abuse.* Chicago: University of Chicago Press.

Newberger, C. M., &White, K. M. (1989). Cognitive foundations for parental care. In D. Cicchetti &V. Carlson (Comps.), *Child maltreatment: Theory and research on the causes and consequences of child abuse and neglect* (pp. 302-316). NewYork: Cambridge University Press.

New York State Commission on Quality of Care (1992). *Child abuse and neglect in the New York State Office of Mental Health and Office of Mental Retardation and Developmental Disabilities Residential Programs.* Albany, NY: Autor.

Newell, H. W. (1934). Psychodynamics of maternal rejection. *American Journal of Orthopsychiatry,* 4, 387-403.

Nilson, P. (1981). Psychological profiles of runaway children and adolescents. In C. F. Wells & I. R. Stuart (Comps.), *Self-destructive behavior in children and adolescents* (pp. 84-98). Nueva York: Van Nostrand Reinhold.

Nunno, M., & Motz, J. (1988). The development of an effective response to the abuse of children in out-of-home care. *Child Abuse and Neglect,* 12,521-528.

Nye, F. I. (1959). Family relationships. In W. McCord & J. McCord (Comps.), *Origins of crime.* Nueva York: Columbia University Press.

Oates, R. K., Forest, D., & Peacock, A. (1985). Self-esteem of abused children. *Child Abuse and Neglect,* 9, 159-163.

Offer D., & Offer, J. (1974). Normal adolescent males: The high school and college years. *Journal of the American College Health Association,* 22, 209-215.

O'Keefe, M. (1995). Predictors of child abuse in martially violent families. *Journal of Interpersonal Violence,* 10, 3-25.

Olafson, E., Corwin, D., & Summit, R. (1993). Modern history of child sexual abuse awareness: Cycles of discovery and suppression. *Child Abuse and Neglect,* 17, 7-24.

Olsen, L., & Holmes, W. (1986). Youth at risk: Adolescents and maltreatment. *Children and Youth Services Review*, 8,13-35.

Osofsky, J., Wewers, S., Hann, D., & Fick, A. (1993). Chronic community violence: What is happening to our children? *Psychiatry*, 56, 36-45.

Osterrieth, P. A. (1969). Adolescence: Some psychological aspects. In G. Caplan & S. Leborici (Comps.), *Adolescence: Psychosocial perspectives*. (pp. 11-21). NewYork: Basic Books.

Parke, R., & Collmer, C. W. (1975). Child abuse: An interdisciplinary analysis. In E. M. Hetherington (Comp.), *Review of child development research* (Vol. 5). Chicago: University of Chicago Press.

Patterson, G. R. (1982). *Coercive family process*. Eugene, OR: Castalia.

Patterson, G. R. (1986). Performance models for antisocial boys. *American Psychologist*, 41(4), 432-444.

Patterson, G. R., & Reid, J. B. (1970). Reciprocity and coercion: Two facets of social systems. In C. Neuringer & J. Michael (Comps.), *Behavior modification in clinical psychology* (pp. 133-177). NewYork: Appleton Century Crofts.

Patton, M. (1978). *Utilization-focused evaluation*. Thousand Oaks, CA: Sage.

Paulson, M., & Stone, D. (1974). Suicidal behavior of latency-age children. *Journal of Clinical Child Psychology*, 3(2), 50-53.

Paykel, E. S. (1976, September). Life stress, depression and attempted suicide. *Journal of Human Stress*, 3-12.

Pelcovitz, D., Kaplan, S., Samit, C., Krieger, R., & Cornelius, P. (1984). Adolescent abuse: Family structure and implications for treatment. *Journal of Child Psychiatry*, 23, 85-90.

Pelton, L. (1978). The myth of classlessness in child abuse cases. *American Journal of Orthopsychiatry*, 48, 569-579.

Pelton, L. (1981). *The social context of child abuse and neglect*. Nueva York: Human Sciences Press.

Pelton, L. (1994). The role of material factors in child abuse and neglect. In G. Melton & F. Barry (Comps.), *Protecting children from abuse and neglect* (pp. 131-181). Nueva York: Guilford Press.

Piaget, J. (1952). *The origins of intelligence in children* (M. Cook, Trans.). Nueva York: International Universities Press.

Pianta, R. C., Egeland, B., & Hyatt, A. (1986). Maternal relationship history as an indicator of developmental risk. *American Journal of Orthopsychiatry*, 56, 385-398.

Polansky, N., Chalmers, M., Buttenweiser, E., & Williams, D. (1979). The isolation of the neglectful family. *American Journal of Orthopsychiatry*, 49, 149-152.

Polansky, N., Chalmers, M., Buttenweiser, E., & Williams, D. (1981). *Damaged parents: An anatomy of child neglect*. Chicago: University of Chicago Press.

Polit, D. G., White, C. M., & Morton, T. D. (1990). Child sexual abuse and premarital intercourse among high-risk adolescents. *Journal of Adolescent Health Care*, 11(3), 231-234.

Powers, J., & Eckenrode, J. (1988). The maltreatment of adolescents. *Child Abuse and Neglect*, 12(2), 189-199.

Powers, J., Eckenrode, J., & Jaklitsch, B. (1990). Maltreatment among runaway and homeless youth. *Child Abuse and Neglect*, 14, 87-98.

Powers, J., & Jaklitsch, B. (1989). Understanding survivors of abuse: Stories of homeless and runaway adolescents. Lexington, MA: Lexington Books.

Powers, J., Mooney, A., & Nunno, M. (1990). Institutional abuse: A review of the literature. *Journal of Child and Youth Care*, 4, 81-95.

Putnam, R. (1993). What makes democracy work? National Civic Review, 82, 101-107.

Quinton, D., Rutter, M., & Liddle, C. (1984). Institutional rearing, parenting difficulties and marital support. *Psychological Medicine*, 14, 107-124.

Radke, M. J. (1946). The relation of parental authority to children's behavior and attitudes. Minneapolis: University of Minnesota Press.

Rao, K., DiClemente, R. J., & Ponton, L. E. (1992). Child sexual abuse of Asians compared with other populations. *Journal of the American Academy of Child and Adolescent Psychiatry*, 31, 880-886.

Reidy, T. J. (1977). The aggressive characteristics of abused and neglected children. *Journal of Clinical Psychology*, 33, 1140-1145.

Riesman, D. (1950). The lonely crowd. New Haven, CT: Yale University Press.

Rindfleisch, N., & Baros-Van Hull, J. (1982). Direct careworkers' attitudes toward the use of physical force with children. *Child and Youth Services*, 4, 115-125.

Rindfleisch, N., & Foulk, R. C. (1992). Factors that influence the occurrence and the seriousness of adverse incidents in residential facilities. *Journal of Social Service Research*, 16(3-4), 65-87.

Rindfleisch, N., & Nunno, M. (1992). Progress and issues in the implementation of the 1984 out-of-home care protection amendment. *Child Abuse and Neglect*, 16, 693-708.

Robertson, M. (1989). Homeless youth: Patterns of alcohol use. A report to the National Institute of Alcohol Abuse and Alcoholism. Berkeley, CA: Alcohol Research Group.

Rodning, C., Beckwith, L., & Howard, J. (1989). Characteristics of attachment organization and play organization in prenatally drug-exposed toddlers. *Development and Psychopathology*, 1, 277-289.

Rohner, R. (1975). *They love me, they love me not*. New Haven, CT: Human Relations Area Files Press.

Rohner, R., & Nielsen, C. (1978). *Parental acceptance and rejection: A review of research and theory*. New Haven, CT: Human Relations Area Files Press.

Rosenbaum, J., Fishman, N., Brett, A., & Meaden, P. (1993). Can the Kerner Commission's housing strategy improve employment, education and social integration for low-income blacks? *North Carolina Law Review*, 71, 1519-1556.

Rosenthal, J., Motz, J., Edmonson, D., & Groze, V. (199 1). A descriptive study of abuse and neglect in out-of-home placement. *Child Abuse and Neglect*, 15, 249-260.

Rotenberg, M. (1977). Alienating individualism and reciprocal individualism: A cross-cultural conceptualization. *Journal of Humanistic Psychology*, 17, 3-17.

Russell, D. (1984). The prevalence and seriousness of incestuous abuse: Stepfathers vs. biological fathers. *Child Abuse and Neglect*, 8,15-22.

Rutter, M. (1989). Pathways from childhood to adult life. *Journal of Child Psychology and Psychiatry*, 4, 91-115.

Rutter, M., & Quinton, D. (1984). Parental psychiatric disorder: Effects on children. *Psychological Medicine*, 14, 853-880.

Sameroff, A. J., & Feil, L. A. (1985). Parental concepts of development. In I. Sigel (Comp.), *Parental belief systems: The psychological consequences for children*. Hillsdale, NJ: Erlbaum.

Sattin, D., & Miller, J. (1 97 1). The ecology of child abuse within a military community. *American Journal of Orthopsychiatry*, 53,127-143.

Satir, V. (1972). *Peoplemaking*. Palo Alto, CA: Science and Behavior Books.

Saunders, B. E., Villeponteaux, L. A., Lipovsky, J. A., & Kilpatrick, D. G. (1992). Child sexual assault as a risk factor for mental disorder among women: A community survey. *Journal of Interpersonal Violence*, 7, 189-204.

Schmitt, B. (1987). Seven deadly sins of childhood: Advising parents about difficult developmental stages. *Child Abuse and Neglect*, 2, 421-432.

Schorr, L. B. (1988). *Within our reach: Breaking the cycle of disadvantage*. Nueva York: Doubleday.

Schwartz, I. M. (1991). Out-of-home placement of children: Selected issues and prospects for the future. *Behavioral Sciences and the Law*, 9, 189-199.

Sedlak, A. J., & Broadhurst, D. D. (1996). *The third national incidence study of child abuse and neglect (NIS-3): Final report*. Washington, DC: U.S. Department of Health and Human Services, National Center on Child Abuse and Neglect.

Seely, H., & Craig, J. (1993, July 25). Beaten by the system. *Syracuse Herald American*, 1-13.

Sendi, I., & Blomgren, P. (1975). A comparative study of predictive criteria in the predisposition of homicidal adolescents. *American Journal of Psychiatry*, 132, 423-425.

Seng, M. J. (1989). Child sexual abuse and adolescent prostitution: A comparative analysis. *Adolescence*, 24(95), 665-675.

Sgroi, S. M. (1982). Handbook of clinical intervention in child sexual abuse. Lexington, MA: Lexington Books.

Shaffer, D., & Caton, C. (1984). *Runaway and homeless youth in New York City: A report to the Ittleson Foundation*. New York: Division of Child Psychiatry, New York State Psychiatric Institute and Columbia University of Physicians and Surgeons.

Shaver, P. R., Goodman, G. S., Rosenberg, M. S. & Orcutt, H. (1991). The search for a definition of psychological maltreatment. *Development and Psychopathology*, 3, 79-86.

Silverman, F. (1953). Roentgen manifestations of unrecognized skeletal trauma in infants. *American Journal of Roentgenology*, 69, 413.

Slater, P. E. (1970). *The pursuit of loneliness: American culture at the breaking point.* Boston: Beacon Press.

Smith, C. J. (1976). Residential neighborhoods as humane environments. *Environment and Planning,* 8, 311-326.

Smith, M. B. (1968). School and home: Focus on achievement. In A. H. Passow (Comp.), *Developing programs for the educationally disadvantaged.* Nueva York: Teachers College Press.

Snow, K. (1994). "Aggression: Just part of the job?" The psychological impact of aggression on child and youth workers. *Journal of Child and Youth Care,* 9(4),11-30.

Snyder, H., & Sickmund, M. (1995). *Juvenile offenders and victims: A national report.* Washington, DC: Office of Juvenile Justice and Delinquency Prevention.

Solarz, A. (1988). Homelessness: Implications for children and youth. *Social Policy Report,* 3, 1-16. Society for Research in *Child Development,* Washington, DC.

Spencer, J. W., & Knudsen, D. D. (1992). Out-of-home maltreatment: An analysis of risk in various settings for children. *Children and Youth Services Review,* 14, 485-492.

Sroufe, A., & Rutter, M. (1984). The domain of developmental psychopathology. *Child Development,* 55, 17-29.

Stacey, W., & Shupe, A. (1983). *The family secret.* Boston: Beacon Press.

Stack, C. B. (1974). *All our kin: Strategies for survival in a Black community.* Nueva York: Harper and Row.

Steele, B. (1970). Violence in our society. *The Pharos of Alpha Omega Alpha,* 33, 42-48.

Steinberg, L. (1977, August). Research in the ecology of adolescent development: *A longitudinal study of the impact of physical maturation on changes in the family system in early adolescence.* Paper presented at the Conference on Research Perspectives in the Ecology of Human Development, Cornell University, Ithaca, NY.

Steirlin, H. (1974). *Separating parents and adolescents.* NewYork: Quadrangle.

Stern, G., & Kruckman, L. (1983). Multi-disciplinary perspectives on postpartum depression: An anthropological critique. Social Science and Medicine, 17, 1027-1041.

Straus, M. (1980). Stress and child abuse. In C. H. Kempe & R. E. Helfer (Comps.), The battered child (3ra ed., pp. 86-103). Chicago: University of Chicago Press.

Straus, M. (1988). Abused adolescents. In M. B. Straus (Comp.), Abuse and victimization across the life span. Baltimore: Johns Hopkins University Press.

Straus, M. (1994). Beating the devil out of them: Corporal punishment in American families. Nueva York: Free Press.

Straus, M., & Gelles, R. (1987). Measuring intrafamily conflict and violence: The conflict tactics (CT) scales. *Journal of Marriage and the Family,* 41, 75-88.

Straus, M., Gelles, R., & Steinmetz, S. (1980). Behind closed doors. Nueva York: Doubleday.

Streit, J. (1974). A test and procedure to identify secondary school children who have a high probability of drug abuse. *Dissertation Abstracts International,* 34, 10-13.

Sugarman, M. (1977). Paranatal influences on maternal-infant attachment. *American Journal of Orthopsychiatry,* 47, 407-421.

Summit, R., & Kryso, J. (1978). Sexual abuse of children: A clinical spectrum. *American Journal of Orthopsychiatry,* 48, 237-251.

Sundrum, C. (1984). Obstacles to reducing patient abuse in public institutions. Hospital and Community Psychiatry, 35, 238-243.

Symonds, P. (1938). A study of parental acceptance and rejection. *American Journal of Orthopsychiatry,* 8, 679-688. Teicher, J. (1973). Why adolescents kill themselves. In J. Segal (Comp.), The mental health of the child. Nueva York: Arno Press.

Thomas, G. (1980). Dimensions of the problem of child abuse and neglect in residential placement that distinguish it from child abuse and neglect in the family context. In Teshmony before the US House of Representatives. Athens GA: Regional Institute of Social Welfare Research.

Thomas, G. (1990). Institutional child abuse: The making and prevention of an un-problem. *Journal of Child and Youth Care,* 4,1-22.

Thomas,W., &Thomas,D.(1928). *The child in America.*Nueva York: Knopf

Thompson, R. (1994). Social support and the prevention of child maltreatment. In G. Melton & F. Barry (Comps.), *Protecting children from abuse and neglect* (pp. 40-130). NewYork: Guilford Press.

Thompson, R. A. (1995). Preventing child maltreatment through social support. Thousand Oaks, CA: Sage.

Tietjen, A. (1980). Integrating formal and informal support systems: The Swedish experience. In J. Garbarino & H. Stocking (Comps.), *Protecting children from abuse and neglect* (pp. 15-36). San Francisco: Jossey-Bass.

Tolan, P., & Guerra, N. (1993). What works in reducing adolescent violence: An empirical review of the field. Chicago: University of Chicago Press.

Toolan, J. M. (1975). Suicide in children and adolescents. American Journal of Psychotherapy, 29, 339-344.

Tronick, E., Als, H., Adarnson, L., Wise, S., & Brazelton, B. (1978). The infant's response to entrapment between contradictory messages in face-to-face interaction. *Child Psychiatry,* 17,1-13.

Tucker, L. (1976). A comparison of the value preferences of emotionally disturbed adolescents and their parents with normal adolescents and their parents. *Adolescence,* 11, 549-567.

Twain, M. (1997). *Las aventuras de Huckleberry Finn,* Buenos Aires: Colihue.

U.S. Advisory Board on Child Abuse and Neglect. (1990). *Child abuse and neglect: Critical first steps in response to a national emergency* (Stock No. 017-092-00104-5). Washington, DC: U.S. Government Printing Office.

U.S. Advisory Board on Child Abuse and Neglect. (1991). *Creating caring com-*

munities: Blueprint for an effective federal policy on child abuse and neglect. Washington, DC: U.S. Department of Health and Human Services, Administration for Children and Families.

U.S. Advisory Board on Child Abuse and Neglect. (1994). *A nation's shame: Fatal child abuse and neglect in the United States.* Washington, DC: U.S. Department of Health and Human Services, Administration for Children and Families.

U.S. Advisory Board on Child Abuse and Neglect. (1995). A nation's shame: Fatal child abuse and neglect in the United States. Washington, DC: U.S. Department of Health and Human Services.

U.S. Department of Health and Human Services, National Center on Child Abuse and Neglect. (1996). *Child maltreatment 1994: Reports from the states to the National Center on Child Abuse and Neglect.* Washington DC: U.S. Government Printing Offfice.

U.S. Department of Health and Human Services, Offfice of Human Development Services Administration for Children, Youth and Families. (1984). *Runaway youth centers: FY 1984 report to Congress.* Washington, DC: Autor.

U.S. Department of Justice. (1992). *Crime in the United States, 1992.* Washington, DC: Autor.

U.S. Federal Bureau of Investigation. (1978). *Crime in the United States, 1977.* Washington, DC: U.S. Department of Justice.

U.S. Federal Bureau of Investigation. (1995). *1994 uniform crime reports, supplemental homicide reports.* Washington, DC: U.S. Department of Justice.

U.S. Government Accounting Offfice. (1992). *Child abuse: Prevention programs need greater emphasis* (GAO/HRD-92-99). Washington, DC: Autor.

Vissing, T., Straus, M., Gelles, R., & Harrop, J. (1991). Verbal aggression by parents and psychosocial problems of children. *Child Abuse and Neglect,* 15, 223-238.

Walker, E., Downey, G., & Bergman, A. (1989). The effects of parental psychopathology and maltreatment on child behavior: A test of the diathesis-stress model. *Child Development,* 60, 15-24.

Wallace, R. (1989). Homelessness, contagious destruction of housing, and municipal service cuts in New York City: Demographics of a housing deficit. *Environment and Planning* 1, 1585-1603.

Wallace, R. (1990). Urban desertification, public health and public order: "planned shrinkage," violent death, substance abuse and AIDS in the Bronx. *Social Science and Medicine,* 31, 801-813.

Walters, D. (1975). *Physical and sexual abuse of children: Causes and treatment.* Bloomington: Indiana University Press.

Walters, R., & Parke, R. (1964). Social motivation, dependency, and susceptibility to social influence. In L. Berkowitz (Comp.), *Advances in experimental social psychology* (pp. 232-276). Nueva York: Academic Press.

Wandersman, A., Florin, P., Friedmann, R., & Meir, R. (1987). Who participates, who does not, and why? An analysis of voluntary neighborhood organizations in the United States and Israel. *Sociological Forum, 2*, 534-555.

Warren, D. (1980). Support systems in different types of neighborhoods. In J. Garbarino & H. Stocking (Comps.), *Protecting children from abuse and neglect* (pp. 61-93). San Francisco: Jossey-Bass.

Weatherly, D. (1963). Self-perceived rate of physical maturation and personality in late adolescence. *Child Development, 35*, 1197-1210.

Webb, W. (1952). *The great frontier.* Austin: University of Texas Press.

Weissman, M., & Paykel, E. (1973). Moving and depression in women. In R. S. Weiss (Comp.), *Loneliness* (pp. 154-164). Cambridge, MA: MIT Press.

Weissman, M., & Paykel, E. (1974). *The depressed woman.* Chicago: University of Chicago Press.

Welsch, R. S. (1976). Severe parental punishment and delinquency: A developmental theory. *Journal of Clinical Child Psychology, 5*, 17-21.

Wexler, R. (1990). *Wounded innocents: The real victims of the war against child abuse.* Amherst, NY: Prometheus.

White, R. (1959). Motivation reconsidered: The concept of competence. *Psychological Review, 66*, 297-333.

White, R., & Watt, N. (1973). *The abnormal personality.* Nueva York: Ronald Press.

Widom, C. S. (1989). The cycle of violence. *Science, 244*, 160-166.

Widom, C. S. (1991). Childhood victimization: Risk factor for delinquency. In M. E. Colten & S. Gore (Comps.), *Adolescent stress: Causes and consequences* (pp. 201-221). Hawthorne, NY: Aldine de Gruyter.

Wiehe, V. (1990). *Sibling abuse: Hidden physical, emotional and sexual trauma.* San Francisco: New Lexington Press.

Williams, L. (1994). Recall of childhood trauma: A prospective study of women's memories of child sexual abuse. *Journal of Consulting and Clinical Psychology, 62*, 1167-1176.

Williamson, J. M., Borduin, C. M., & Howe, B. A. (1991). The ecology of adolescent maltreatment: A multilevel examination of adolescent physical abuse, sexual abuse and neglect. *Journal of Consulting and Clinical Psychology, 59*(3), 449-457.

Wilson, W. J. (1987). *The truly disadvantaged: The inner city, the underclass and public policy.* Chicago: University of Chicago Press.

Wolberg, L. (1944). The character structure of the rejected child. *Nervous Child, 3*, 74-88.

Wolfe, D. A. (1985). Child-abusive parents: An empirical review and analysis. *Psychological Bulletin, 97*, 462-482.

Wolfe, D. A. (1987). *Child abuse: Implications for child development and psychopathology.* Thousand Oaks, CA: Sage.

Wollack, I., & Magura, S. (1996). Parental substance abuse as a predictor of child maltreatment re-reports. *Child Abuse and Neglect, 20*, 1183-1193.

Women report past abuse. (1991, May 4). *The Boston Globe.*

Woodson, R. (1996). Welfare reform: a message from the receiving end,

National Forum: The Phi Kappa Phi Journal, 76,15-19.

Woolley, P., & Evans, W. (1955). Significance of skeletal lesions in infants resembling those of traumatic origin. *Journal of the American Medical Association,* 158, 539-543.

Wyatt, G. E., & Powell, G. J. (Comps.). (1988). *Lasting effects of child sexual abuse.* Thousand Oaks, CA: Sage.

Wynne, E. (1975, March). *Privacy and socialization to adulthood.* Paper presented at the annual meeting of the American Educational Research Association, Washington, DC.

Yahares, H. (1978). *Why young people become antisociaL* Washington: U.S. Government Printing Office.

Yates, G., MacKenzie, R., Pennbridge, J., & Cohen, E. (1988). A risk profile comparison of runaway and non-runaway youth. *American Journal of Public Health,* 78, 820-821.

Yoshikawa, H. (1994). Prevention as cumulative protection: Effects of early family support and education on chronic delinquency and its risks. *Psychological Bulletin,* 115, 28-54.

Young, R., Godfrey, W., Mathews, B., & Adams, G. (1983). Runaways: A review of negative consequences. *Family Relations,* 32, 275-281.

Zierler, S., Feingold, L., Laufer, D., Velentgas, P., Kantrowitz-Gordon, I., & Mayer, X. (1991). Adult survivors of childhood sexual abuse and subsequent risk of HIV infection. *American Journal of Public Health,* 81(5),572-575.

Zuckerman, B. (1994). Effects on children and parents. In D. Besharov (Comp.), When drug addicts have children (pp. 49-63). Washington, DC: *Child Welfare League of America.*

Zuravin, S., & Taylor, R. (1987). The ecology of child maltreatment: Identifying and characterizing high-risk neighborhoods. *Child Welfare,* 66, 497-506.

SOBRE LOS AUTORES

JAMES GARBARINO es director del Centro para el Desarrollo de la Vida Familiar y profesor de Desarrollo Humano y Estudios sobre la Familia en la Cornell University, Ithaca, estado de Nueva York. Antes de incorporarse a la Cornell University fue presidente del Instituto Erikson de Estudios Avanzados sobre el Desarrollo del Niño en Chicago, estado de Illinois. Es autor o compilador de dieciséis libros; entre ellos cabe mencionar los siguientes: *Children and Families in the Social Environment* (1992); *Children in Danger: Coping with the Consequences of Community Violence* (1992); *No Place To Be a Child: Growing Up in a War Zone* (1991); *Raising Children in a Socially Toxic Environment* (1995); *What Children Can Tell Us* (1989); *The Psychologically Battered Child* (1986), y el libro para niños *Let's Talk About Living in a World with Violence* (1993).

Garbarino actuó como consultor en informes sobre niños y familias para periódicos, revistas y la televisión, y en 1981 recibió el Premio Silver en el Festival Internacional de Cine y Televisión de Nueva York como coautor de la película *Don't Get Stuck There: A Film on Adolescent Abuse*. En 1985 colaboró con John Merrow en la producción de un programa en vídeo sobre el abuso psicológico titulado "Assault on the Psyche". Ha actuado como testigo, en su condición de especialista científico, en causas penales y civiles vinculadas con problemas de violencia en relación con los niños.

La Conferencia Nacional sobre el Abuso y el Descuido del Niño le concedió en 1985 el primer Premio C. Henry Kempe como reconocimiento por sus esfuerzos en aras de los niños abusados y descuidados. En 1975 fue nombrado Becario Spencer por la Academia Nacional de Educación y en 1981 Becario Nacional por la Fundación Kellogg. En 1979, y nuevamente en 1981, recibió el Premio Mitchell de la Conferencia Woodlands sobre Sociedades Sustentables. En 1987 se lo eligió presidente de la División de Niños, Jóvenes y Servicios Familiares de la Asociación Psicológica Norteamericana (American Psychological Association, APA). En 1988 la Asociación Humanística Norteamericana le concedió el Premio Vincent De Francis por sus importantes contribuciones a la protección del niño en todo el país. En 1989 recibió el Premio para los Aportes Profesionales Sobresalientes al Servicio Público de la APA. En 1992, la Sociedad para el Estudio Psicológico de las Cuestiones Sociales le concedió el premio a las investigaciones sobre abuso infantil. En 1993 recibió el Premio Bradnt F. Steele del Centro Nacional Kempe para el Abuso y el Descuido del Niño. En 1994, la División de Niños, Jóvenes y Servicios Familiares de la APA le otorgó su Premio Nicholas Hobbs. Ese mismo año recibió el Premio Dale Richmond de la División de Pediatría Conductal y Evolutiva de la Academia Norteamericana de Pediatría. En 1995, la St. Lawrence University lo nombró doctor honorario de Letras y Humanidades.

JOHN ECKENRODE es profesor de Desarrollo Humano y de Estudios sobre la Familia, y director adjunto en el Centro para el Desarrollo de la Vida Familiar, Colegio de Ecología Humana, Cornell University. Obtuvo su bachillerato universitario en Psicología (1972) en la Universidad de Nôtre Dame, y tanto la licenciatura (1975) como el doctorado (1979) en Psicología en la Tufts University. Antes de sumarse al claustro docente de la Cornell University fue investigador asociado de ciencias de la conducta, durante cuatro años, en la Facultad de Salud Pública de Harvard.

Las actividades de investigación de Eckenrode se centraron principalmente en el estrés y los procesos de superación, el abuso y el descuido del niño, y la evaluación de programas de intervención temprana para madres e hijos en situaciones de riesgo. Es autor de numerosos artículos científicos y capítulos de libros. En 1995, la Sociedad para el Estudio Psicológico de las Cuestiones Sociales le concedió el Premio en Memoria de Robert Chin al mejor trabajo de investigación de ese año sobre abuso y descuido del niño. Junto con Susan Gore ha compilado dos libros anteriores: *The Social Context of Coping* (1991) y *Stress Between Work and Family* (1990).

FRANK BARRY es director asociado de los servicios de extensión universitaria del Centro para el Desarrollo de la Vida Familiar de la Cornell University, y miembro de la Sociedad para el Desarrollo Comunitario de Milwaukee, estado de Wisconsin. Recibió su bachillerato universitario en Ciencias Sociales en el Earlham College (1959) y su licenciatura en Economía Agraria en la Cornell University (1970). Actuó durante cuatro años en el Consejo Asesor sobre el Abuso y el Descuido del Niño creado en 1989 para asesorar al gobierno nacional en sus políticas sobre abuso infantil. Como culminación de un esfuerzo de cuatro años de duración, en 1993 fue el coautor de las principales recomendaciones del organismo en materia de políticas públicas. También fue coautor, con Gary Melton, de *Protecting Children from Child Abuse and Neglect* (1994); sus escritos más recientes se han centrado en el efecto del entorno comunitario sobre al abuso infantil y otros problemas sociales.

En 1996, Barry recibió el Premio Florence Halpern de Extensión Universitaria, otorgado por la Cornell University, y el Premio Pioneros concedido por la filial de Nueva York de la Comisión Nacional para Impedir el Abuso Infantil.

KERRY BOLGER, especialista en Psicología Evolutiva, es investigadora asociada en el Centro para el Desarrollo de la Vida Familiar de la Cornell University. Recibió su bachillerato universitario en Ciencias de la Conducta en la Universidad de Chicago (1985) y su doctorado en Psicología en la Universidad de Virginia (1996). Sus actuales investigaciones giran en torno del desarrollo social y emocional del niño en el contexto de las relaciones con su familia y sus pares. Por su anterior proyecto de investigación, sobre los niños que crecen en ambientes de alto riesgo, recibió en 1997 el Premio de Tesis de la Sociedad Profesional Norteamericana sobre el Abuso Infantil.

PATRICK COLLINS es director de proyectos del Archivo Nacional de Datos sobre Abuso y Descuido del Niño. Desde 1987 ha dirigido proyectos de investigación en las áreas del abuso infantil, el abuso de ancianos y la violencia sexual. Completó su bachillerato universitario en desarrollo humano y estudios sobre la familia (1986), con calificaciones sobresalientes, en la Cornell University. Trabajó como analista de sistemas para el Instituto Cornell de Investigaciones Sociales y Económicas y como analista investigador para ABT Asociados, hasta incorporarse al Centro para el Desarrollo de la Vida Familiar de la Cornell University.

MARTHA HOLDEN es directora asociada de los servicios de extensión universitaria del Centro para el Desarrollo de la Vida Familiar de la Cornell University, y directora del Proyecto de Cuidado Institucional de los Niños. Como directora de proyectos, ha conducido en Estados Unidos, Canadá y el Reino Unido programas para formación de formadores sobre intervención terapéutica en crisis, dictados a supervisores de instituciones de cuidado de niños, programas de investigación del maltrato institucional y programas de evaluación institucional. Obtuvo su licenciatura en Asesoramiento Psicológico para la salud mental en la Wrigth State University (1975). Fue redactora y editora principal, en 1991, de la reelaboración y actualización del plan de estudios sobre intervención terapéutica en crisis del Centro, plan que estaba en aplicación desde 1982. Además de su amplia experiencia en formación y desarrollo curricular, entre 1979 y 1988 Holden se desempeñó como administradora de una entidad supervisora del funcionamiento diario de una institución para el cuidado de niños, que contemplaba el control de sus recursos educativos. A partir de 1982, estudió las formas de impedir los abusos institucionales de niños mediante la capacitación, la información, la investigación y la influencia en la cultura de la organización.

BRIAN LEIDY es investigador principal asociado del Centro para el Desarrollo de la Vida Familiar del Colegio de Ecología Humana de la Cornell University. Desde su incorporación al Centro, ha trabajado primordialmente como gerente de evaluación de proyectos militares, desarrollando protocolos de evaluación para los programas de prevención del maltrato infantil y la violencia hogareña ofrecidos por el Programa de Defensa de la Familia de la Armada y la Infantería de Marina Norteamericanas. Su tarea actual incluye la evaluación de programas de visitas hogareñas para padres recientes en la Armada, y un programa de prevención de la violencia juvenil en la Infantería de Marina. También ha preparado una reseña del maltrato infantil extrahogareño y de la coocurrencia de abuso infantil y violencia hogareña en las familias del personal militar. Contribuyó asimismo a la evaluación del programa de estudios sobre seguridad del niño establecido por el Centro Nacional para Niños Desaparecidos y Explotados. Antes de ello, Leidy se había desempeñado como investigador principal asociado del Departamento de Estudios de Servicios Humanos, en el Colegio de Ecología Humana de la Cornell University, ofreciendo allí instrucción profesional a los trabajadores de servicios de protección del adulto y administradores de instituciones para el cuidado de adultos.

Leidy obtuvo su doctorado en Estudios sobre Servicios Humanos, con especialidad en la evaluación de programas y la administración, en la Cornell University (1991). Anteriormente había completado su bachillerato universitario en Psicología en la Mansfield State University (1972) y su licenciatura en Administración Pública en el Marywood College (1985). Es miembro de la Pi Alpha Alpha (Sociedad Honorífica Nacional para la Administración y los Asuntos Públicos) y de la Asociación Norteamericana de Evaluación.

MICHAEL NUNNO es director asociado de los servicios de extensión universitaria del Centro para el Desarrollo de la Vida Familiar y, en la actualidad, coinvestigador principal del Instituto de Capacitación de los Servicios de Protección del Niño en el estado de Nueva York, uno de los programas más importantes de Estados Unidos para el personal de servicios de protección del niño. En dicho Instituto es responsable de la formación de más de dos mil personas por año en sus cursos básicos y avanzados. El plan de estudios del Instituto ha sido elogiado en conferencias nacionales e internacionales. Nunno es además investigador principal del Proyecto de Cuidado Institucional de los Niños, encargado de capacitar al personal de las instituciones de cuidado del niño para la identificación y prevención del maltrato infantil en dichas instituciones. Los tres planes de estudio y programas de capacitación derivados de este proyecto fueron desarrollados originariamente gracias a un subsidio otorgado por el Centro Nacional sobre Abuso y Descuido del Niño, y desde 1982 se los viene dictando gratuitamente en Estados Unidos, Canadá, Puerto Rico y el Reino Unido.

Nunno ha recogido una considerable experiencia en el trabajo con organismos estaduales y comunitarios así como con entidades privadas sin fines de lucro de todo Estados Unidos y el Reino Unido en el desarrollo de programas de supervisión y prevención del abuso institucional de niños. Ha publicado trabajos en el *New Child Protective Services Team Handbook* (1988), en *Child Abuse and Neglect: An International Journal,* en *Children and Society* y en *Protecting Children.* Fue además editor del número especial sobre maltrato institucional de *Journal of Child and Youth Care.* Recibió su doctorado en Asistencia Social en el Centro de Estudios Superiores de la City University de Nueva York (1996).

JANE LEVINE POWERS es investigadora principal asociada del Centro para el Desarrollo de la Vida Familiar de la Cornell University desde 1985, trabajando en una variedad de proyectos relacionados con el abuso y el descuido del niño así como con problemas de jóvenes y familias de alto riesgo. Especialista en el desarrollo del adolescente, ha dirigido varios proyectos de investigación en el Centro, incluido el del Equipo de Trabajo Estadual Sobre Fugitivos Abusados (Statewide Teamwork for Abused Runaways, STAR), un proyecto nacional de investigación y demostración vinculado con el mejoramiento de los servicios para los jóvenes maltratados fugitivos o sin hogar del estado de Nueva York. Más recientemente, Powers fue directora de un importante proyecto en el que se analizaron los efectos a largo plazo de un programa de visitas hogareñas realizadas por enfermeras a madres de alto riesgo y sus hijos adolescentes. Es autora del libro *Understanding Survivors of Abuse: Stories of Homeless and Runa-*

way Adolescents (1989) y de numerosos artículos. Obtuvo su doctorado en Psicología Evolutiva en la Cornell University (1985).

MARNEY THOMAS es directora asociada de los servicios de extensión universitaria del Centro para el Desarrollo de la Vida Familiar de la Cornell University, y actualmente es coinvestigadora principal y directora de los proyectos de Prevención y Abuso de Hijos y Esposas de Militares que lleva a cabo el Centro. Estos proyectos realizan investigaciones sobre visitas hogareñas y prevención de la violencia familiar entre los militares y brindan ayuda técnica y formación para los Programas de Defensa de la Familia de la Marina e Infantería de Marina norteamericanas que se desarrollan en todo el mundo. Entre 1988 y 1992, administró el Instituto de Formación de los Servicios de protección del Niño del estado de Nueva York y ha dado cursos sobre abuso y descuido infantiles, evaluación del riesgo, entrevistas forenses, medición y administración de tests y desarrollo del niño.

En la actualidad, Thomas está estudiando la relación entre las pruebas de drogas en recién nacidos con resultado positivo y el posterior maltrato. Su artículo más reciente fue publicado en *Psychology, Public Policy and the Law*. Obtuvo su bachillerato universitario en el Instituto Carnegie de Tecnología (1964), su licenciatura (1968) y su doctorado (1973) en Psicología Evolutiva en la Cornell University.

ÍNDICE DE NOMBRES

ÍNDICE ALFABÉTICO
DE TEMAS